KOMPASS

Los geht's

Endlich Sommerfrische

ÖSTERREICH

44 WANDERTOUREN ZUM ERHOLEN & ERFRISCHEN

ÖSTERREICH

44 WANDERTOUREN ZUM ERHOLEN & ERFRISCHEN

Endlich
Sommer

Inhalt

Grundwissen

Touren 1–44

Unsere Wander-Hacks

Endlich was Neues ausprobieren

Von Vorteil für Mensch & Natur

Impressum

Endlich Feierabend

Endlich Erfrischung & Endlich Fahrtwind

Endlich aufs Wasser & Endlich Sonne

Tourenübersicht

TOUREN 1–11

TOUREN 12–22

Tourenübersicht

TOUREN 23–33

TOUREN 34–44

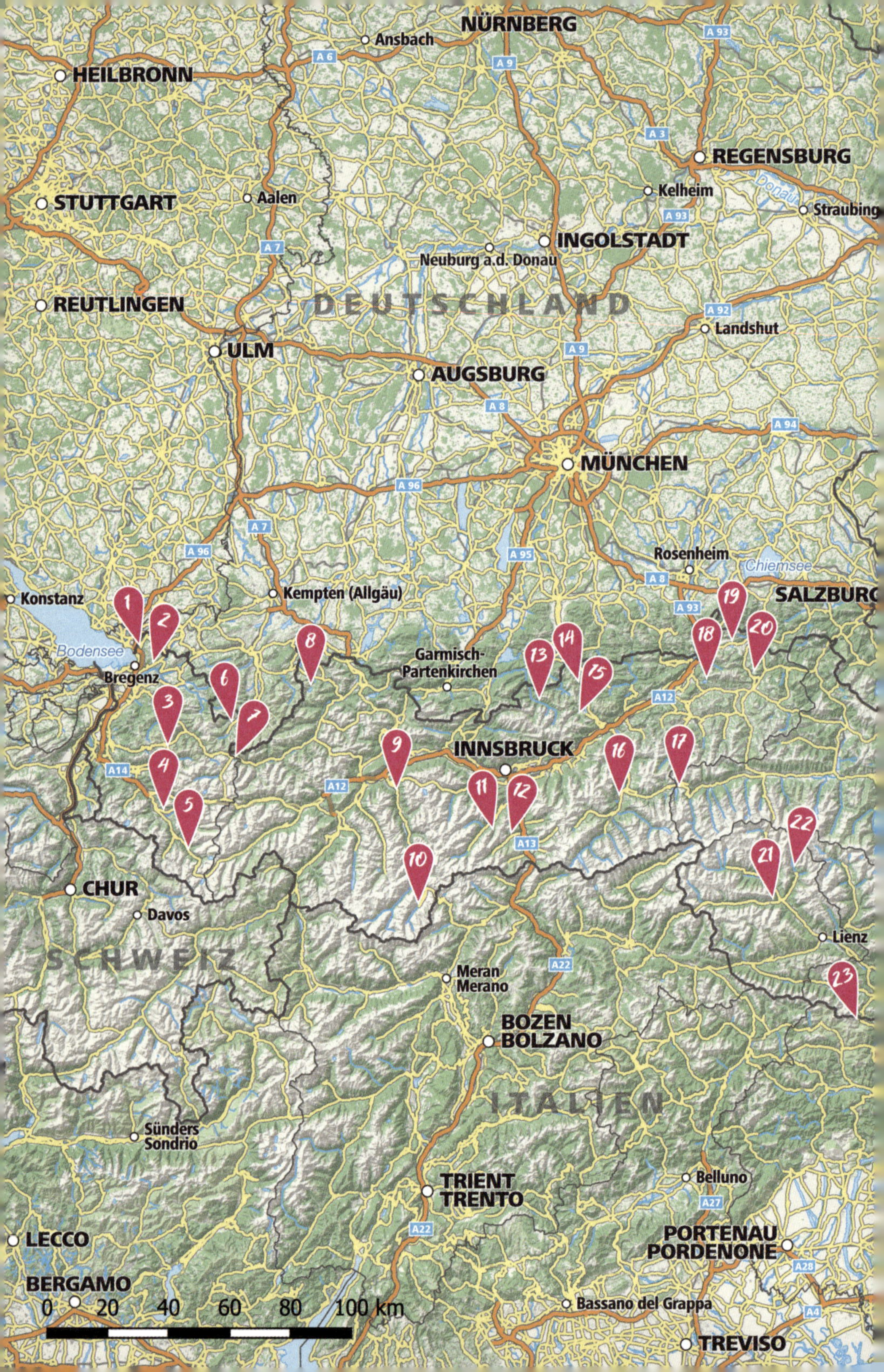

NÜRNBERG
Ansbach
HEILBRONN
REGENSBURG
Kelheim
Straubing
STUTTGART
Aalen
INGOLSTADT
Neuburg a.d. Donau
REUTLINGEN
DEUTSCHLAND
Landshut
ULM
AUGSBURG
MÜNCHEN
Rosenheim
Chiemsee
Konstanz
Kempten (Allgäu)
SALZBURG
Bodensee
Bregenz
Garmisch-
Partenkirchen
INNSBRUCK
CHUR
Davos
Lienz
SCHWEIZ
Meran
Merano
BOZEN
BOLZANO
ITALIEN
Sünders
Sondrio
Belluno
TRIENT
TRENTO
LECCO
PORTENAU
PORDENONE
BERGAMO
Bassano del Grappa
TREVISO
0 20 40 60 80 100 km
A 6
A 9
A 93
A 3
A 7
A 92
A 8
A 94
A 96
A 95
A 12
A 14
A 13
A 22
A 27
A 28
A 4
1
2
3
4
5
6
7
8
9
10
11
12
13
14
15
16
17
18
19
20
21
22
23

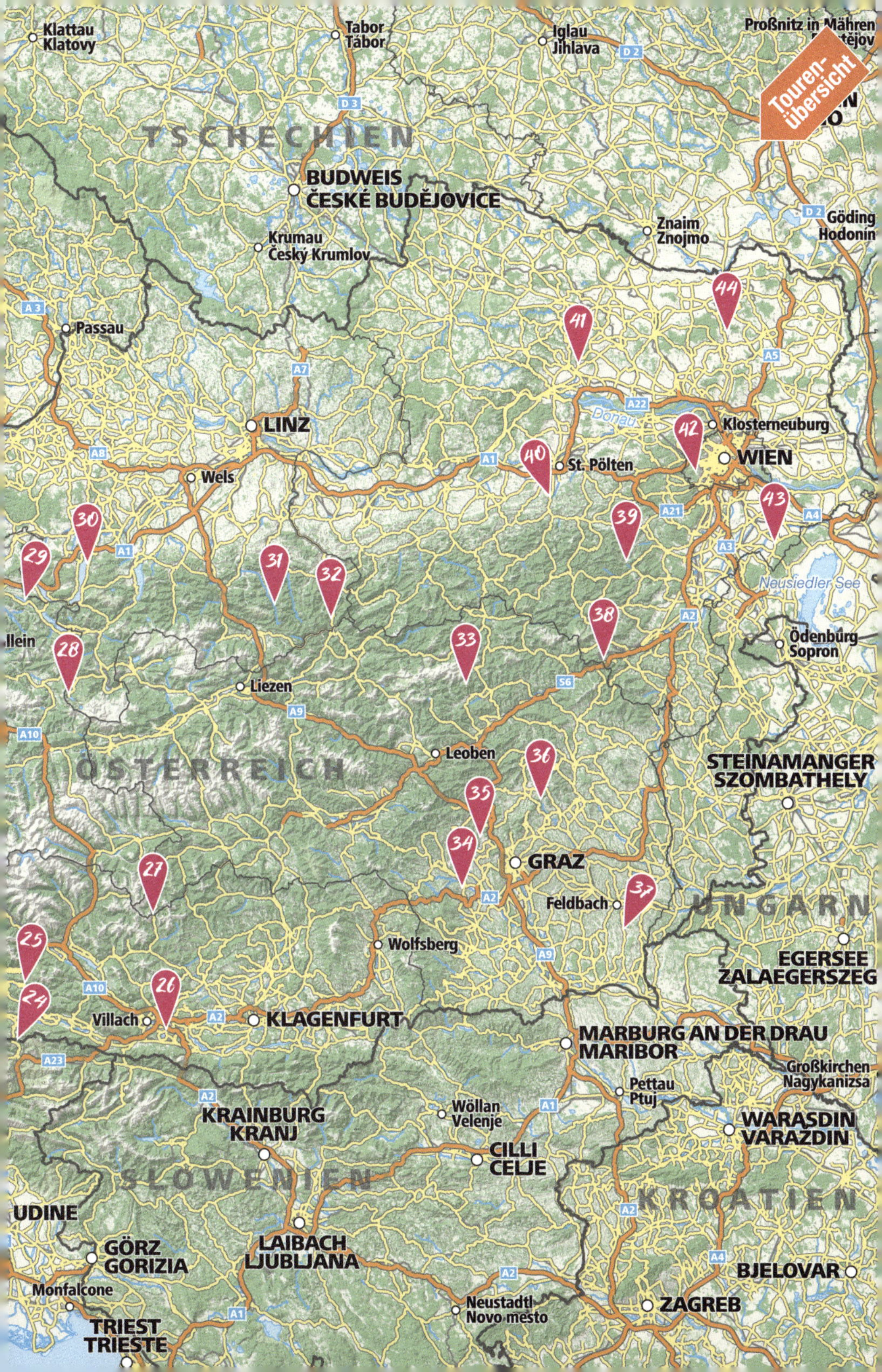

Touren-übersicht
TSCHECHIEN
ÖSTERREICH
SLOWENIEN
KROATIEN
UNGARN
Klattau
Klatovy
Tabor
Tábor
Iglau
Jihlava
Proßnitz in Mähren
BUDWEIS
ČESKÉ BUDĚJOVICE
Krumau
Český Krumlov
Znaim
Znojmo
Göding
Hodonin
Passau
LINZ
Wels
St. Pölten
Klosterneuburg
WIEN
Donau
Neusiedler See
Ödenburg
Sopron
Liezen
Leoben
STEINAMANGER
SZOMBATHELY
GRAZ
Feldbach
Wolfsberg
EGERSEE
ZALAEGERSZEG
Villach
KLAGENFURT
MARBURG AN DER DRAU
MARIBOR
Großkirchen
Nagykanizsa
Pettau
Ptuj
Wöllan
Velenje
KRAINBURG
KRANJ
CILLI
CELJE
WARASDIN
VARAZDIN
UDINE
GÖRZ
GORIZIA
LAIBACH
LJUBLJANA
Monfalcone
TRIEST
TRIESTE
Neustadtl
Novo mesto
ZAGREB
BJELOVAR
24
25
26
27
28
29
30
31
32
33
34
35
36
37
38
39
40
41
42
43
44

Endlich …

geht es los!

44 WANDERUNGEN FÜR DICH

Endlich Sommerfrische! Das weckt Erinnerungen an längst vergangene Kaiser-Zeiten, zu denen es dem Adel und den Reichen vorbehalten war, die Großstädte im Sommer hinter sich zu lassen und ihre Sommerresidenzen und Wochenendhäuser auf dem Land aufzusuchen. Ein Ortswechsel, der Seele und Gesundheit gut tut – eine Zeit, in der die Arbeit zurückgelassen wird und Erholung in der Natur ansteht.

Während die Bezeichnung „Sommerfrische" in den vergangenen Jahrzehnten aus der Mode gekommen ist, feiert sie nun ein Comeback, und ihre Bedeutung könnte aktueller nicht sein. Der Klimawandel führt zunehmend zu Hitzetagen, besonders Städte sind aufgrund ihres hohen Versiegelungsgrads von hohen Temperaturen betroffen. Mehr und mehr Menschen entfliehen für Tagesausflüge, Wochenenden oder längere Urlaube dem urbanen Raum in luftigere Höhen und suchen Entspannung und Erholung an Orten mit angenehmem Klima. Dafür ist oft kein PKW nötig, denn öffentliche Verkehrsmittel werden zunehmend ausgebaut und sind eine schnelle, saubere und kostengünstige Möglichkeit, um aufs Land zu fahren.

Im österreichischen Alpenraum steht dem Revival der Sommerfrische nichts im Weg! Frische Bergluft, kristallklare Seen, saftige Almwiesen und angenehme Temperaturen in höheren Lagen bieten die idealen Voraussetzungen, um „in die Sommerfrische zu gehen". Das Wandern in den oft nahezu unberührten Landschaften ist ein Naturerlebnis der Extraklasse, gibt Kraft und belebt im wahrsten Sinne des Wortes alle Sinne.

Ob kurze Familienwanderung mit anschließender Badefreude im Vilsalpsee in Tirol, fordernde Gipfeltour zum Frischenkofel im Grenzgebiet zwischen Kärnten und Friaul oder ein Ausflug entlang des historischen Semmering-Bahnwanderwegs in den Wiener Alpen – wir haben die schönsten Genusswanderungen an den idyllischsten Plätzen des Landes in diesem Buch zusammengetragen.

Endlich alle 7 Sachen zusammen

Pack-tipps

Deine Packliste

MATERIALCHECK

Bei den Wandertouren handelt es sich ausschließlich um einfache und mittelschwere Wanderungen. Daher benötigen wir auch nicht allzu viele Dinge in unserem Rucksack. Dennoch befinden wir uns in den Alpen, diese sollten mit ihren steilen Hängen und ausgesetzten Wegen nicht unterschätzt werden. Die wichtigsten Utensilien haben wir dir hier noch einmal zusammengestellt:

- ○ Festes Schuhwerk mit griffiger Sohle
- ○ Wetterfeste & atmungsaktive Bekleidung
- ○ Getränke (mind. 1,5 Liter!)
- ○ Erste-Hilfe-Set
- ○ Handy (für den Notruf)
- ○ Wechselkleidung
- ○ Proviant
- ○ Gut sitzender Wanderrucksack
- ○ Teleskop- oder Faltstöcke
- ○ Sonnenschutz (Brille, Hut, Sonnencreme)
- ○ Kälteschutz (Handschuhe, Mütze, Halstuch)
- ○ Kompass und Wanderkarte

Endlich gern gesehen

Verhaltenskodex

BEIM WANDERN

Wandern liegt voll im Trend! Immer mehr Menschen lassen sich von der Faszination in den Bann ziehen, kehren dem Städtealltag den Rücken zu und suchen fernab von Stress und Hektik mehr Ruhe, Ausgleich und Bewegung im Freien. Doch je mehr wir in der Natur unterwegs sind, desto mehr Schaden trägt diese davon – außer, wir gehen sanft mit der sensiblen Umgebung um und versuchen, möglichst viele Aspekte rund um einen Wanderausflug nachhaltig zu gestalten. Um im Einklang mit der Umgebung unterwegs zu sein haben wir wichtige Tipps und einfache Grundregeln zusammengefasst die dir dabei helfen, dein Wandererlebnis dem Ziel der Nachhaltigkeit zu verschreiben und so einen wichtigen Beitrag zur Erhaltung einmaliger Naturschätze zu leisten.
„Take nothing but pictures, leave nothing but footprints" – Nimm nichts anderes mit als Eindrücke, hinterlasse nur (sanfte) Fußspuren – beherzige dieses Motto, dann steht deinem umweltschonenden Bergerlebnis nichts mehr im Weg!

Und das kannst du machen ...

Dos & Don'ts

01 Befolge Bestimmungen: Informiere dich über Regelungen in Naturparks und Schutzgebieten und halte dich an die Hinweise auf Informationstafeln.

02 Bewege dich auf sichtbaren Wegspuren: Durchquere keine Gebiete auf eigene Faust, sondern bleibe auf den festgelegten Routen. Respektiere Privatgrund und schließe Weidegatter.

03 Achte auf „Dos and Don'ts" rund um das Baden in Seen: Respektiere Badeverbote und -empfehlungen und betrete Gewässer nur an ausgewiesenen Badestellen.

04 Vermeide unnötigen Lärm: Achte auf Ruhezonen und bewege dich möglichst leise in der freien Natur.

05 Respektiere den Lebensraum der Tiere: Weiche Tieren unaufgeregt aus und halte Distanz bei Begegnungen.

06 Halte die Umwelt sauber: Hinterlasse keinen Abfall. Versuche dich bei Notdurft von Gewässern fernzuhalten und nimm Klopapier wieder mit ins Tal.

07 Mache kein offenes Feuer und campiere richtig: Nutze nur ausgewiesene Feuerstellen und beachte die aktuelle Waldbrandgefahr. Wenn du im Freien übernachtest, tu das nur an Plätzen, wo dies erlaubt ist.

08 Reise umweltfreundlich: Fahre mit öffentliche Verkehrsmitteln. Falls du mit dem PKW anreist, beachte Fahr- und Parkverbote und nutze ausschließlich offizielle Parkplätze.

Grundwissen

Wandern

SICHERHEIT UND BASICS

Wandern ist ein ideales Mittel, um einfach mal auszuspannen und den Alltag hinter sich zu lassen. Nur der eigenen Bewegung folgen, sich auf seine Schritte und den eigenen Rhythmus konzentrieren. Die Natur und ihre Schönheit genießen. Trotzdem gilt es einiges zu beachten, damit durch unvorhergesehene Ereignisse der Spaß nicht auf der Strecke bleibt.

Der richtige Einstieg: Voller Enthusiasmus aber ohne jegliche Erfahrungen gleich ins Hochgebirge zu starten sind ungünstige Voraussetzungen. Wenn der Körper die Anstrengung nicht gewöhnt ist, werden lange und anstrengende Distanzen schnell zur Qual und verderben jeglichen Spaß. So ist es ratsam, sich erst einmal kleinere Ziele in der näheren Umgebung zu suchen. Zwei bis drei Stunden reine Gehzeit oder 8 bis 12 Kilometer sind dabei vollkommen ausreichend.

Wettercheck: In Vorbereitung auf eine Wanderung solltest du die Vorhersage genau studieren und das Wetter auch während der Wanderung laufend beobachten. Wetterumschwünge und Gewitter sind in den Bergen keine Seltenheit. Es versteht sich von selbst, nicht bei Schlechtwetter aufzubrechen. Am besten informierst du dich beim Österreichischen Alpenverein über das Bergwetter. Bei unsicheren Verhältnissen lieber die Tour absagen und auf einen anderen Tag verschieben.

Notruf bei Unfällen: Im Falle eines Unfalls haben Ruhe bewahren und überlegtes Handeln oberste Priorität. Erst einen Überblick über die Situation verschaffen, dann wird mit der europaweit gültigen Notrufnummer 112 (Alpinnotruf: 140) ein Notruf abgesetzt. Funklöcher oder kein Handy erfordern das alpine Notsignal mittels Rufen, Pfiffen oder Licht: Alle zehn Sekunden eine Minute lang ein Signal, dann eine Minute Pause, dann wieder alle zehn Sekunden eine Minute lang ein Signal geben. Zudem sollten Erste-Hilfe-Maßnahmen durchgeführt werden, falls möglich.

Grundwissen

Wandern

TOUREN-1×1 & LEXIKON

Die Klassifizierung der Touren ist als Richtwert zu verstehen. Schätze dein Können und deine Kräfte realistisch ein und richte deine Tourenauswahl danach aus.

LEICHT: Meist gut markierte, breite Wanderwege ohne Gefahrenstellen, die stellenweise auch etwas steilere, wurzelige und felsige Passagen aufweisen können. Die Routen sind für Anfänger, Kinder sowie fitte, ältere Personen geeignet und setzen keine großartige Bergerfahrung voraus.

MITTEL: Anspruchsvollere Wege und Pfade mit teils unwegsamem Untergrund (steinig, wurzelig, verwachsen, rutschig), die meist gut markiert sind und phasenweise leicht ausgesetzte Abschnitte beinhalten können. Die Routen sind überwiegend länger und setzen Bergerfahrung und eine gute Grundkondition voraus.

SCHWER: Herausfordernde Touren, meist auf schmalen und steilen Steigen in alpinem Gelände. Stellenweise können kurze (durch Drahtseile versicherte) Kletter- und Kraxelpassagen vorkommen, bei denen die Hände zu Hilfe genommen werden müssen. Es ist mit längeren An- und Abstiegen zu rechnen. Langjährige Bergerfahrung, Trittsicherheit und Schwindelfreiheit sowie ausgezeichnete Kondition sind Grundvoraussetzung!

Gehzeiten: Die angeführten Zeitangaben verstehen sich als Richtwerte für die reine Gehzeit ohne Pausen und basieren auf folgenden Erfahrungswerten pro Stunde: Aufstieg 400 Höhenmeter, Abstieg 600 Höhenmeter, 4 km auf flacher Strecke.

Wandersaison: Grundsätzlich lässt es sich im österreichischen Alpenraum von Mai bis Oktober gut wandern, wobei jede Jahreszeit ihren ganz besonderen Reiz hat. Während man in niedereren Regionen schon im April schöne Wanderungen unternehmen kann, hält sich der Schnee in höher gelegenen Gegenden oft bis in den Hochsommer hinein. Im Frühsommer solltest du dich deshalb eher auf gemäßigte Höhenlagen konzentrieren und Touren in hochalpinen Höhen je nach Schneelage erst ab Juli in Angriff nehmen. Der Herbst schafft eine einmalige Wanderkulisse und oft besteht sehr gute Fernsicht. Auch hier gilt es, die Schneesituation durch verfrühte Wintereinbrüche im Auge zu behalten.

Informiere dich am besten in den jeweiligen Regionen über die aktuelle Begehbarkeit der Wege und die Öffnungszeiten der Zufahrtsstraßen und Hütten.

TOUREN 01 – 44 BESCHREIBUNGEN

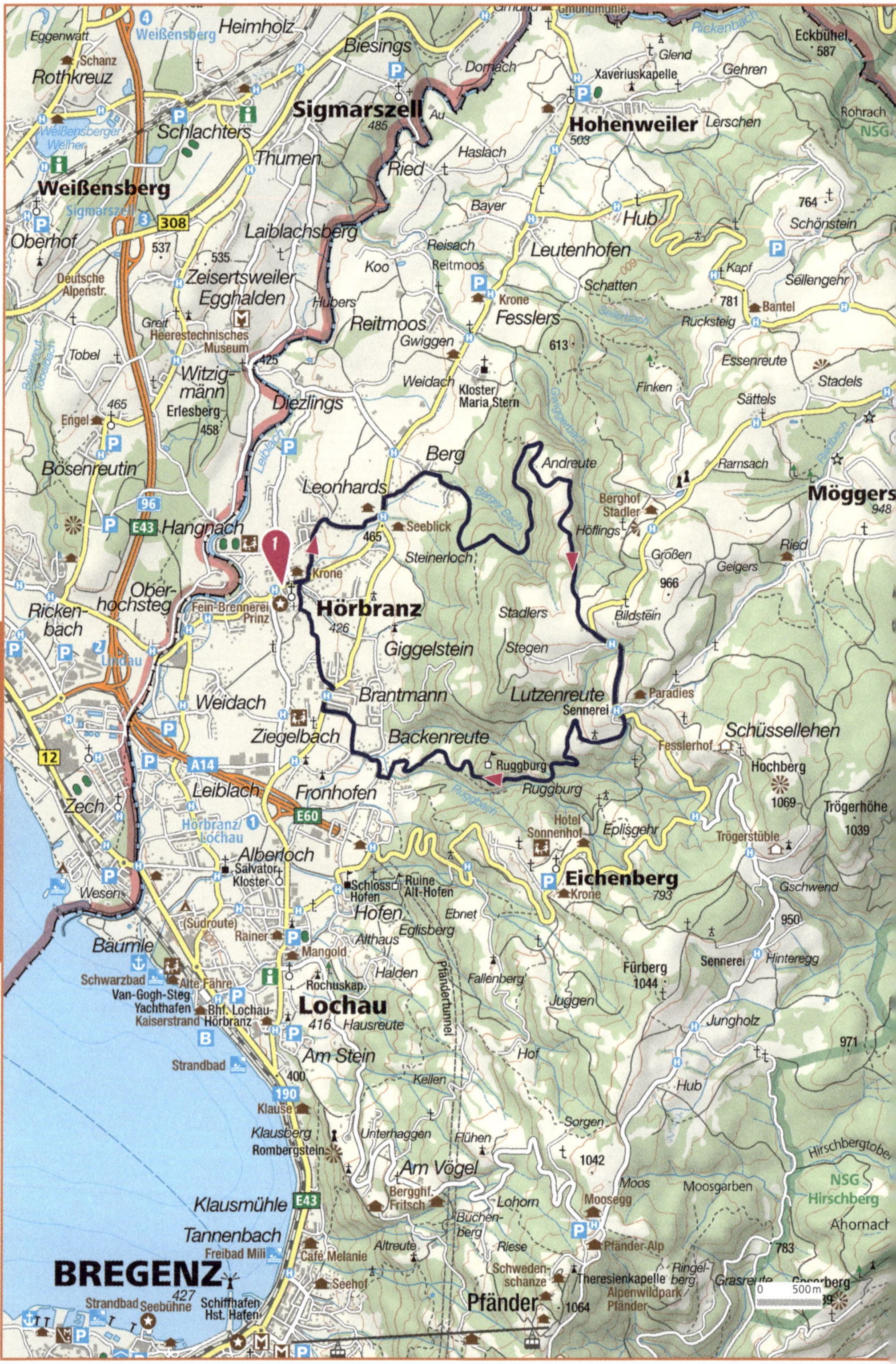

Gmund
Gmundmühle
Eggenwatt
Weißensberg
Heimholz
Biesings
Rickenbach
Eckbühel
587
Schanz
Rothkreuz
Domach
Glend
Gehren
Xaveriuskapelle
Sigmarszell
485
Au
Hohenweiler
503
Lerschen
Rohrach
NSG
Weißensberger Weiher
Schlachters
Thumen
Haslach
Ried
Weißensberg
Sigmarszell
308
Oberhof
537
535
Laiblachsberg
Bayer
Hub
764
Schönstein
Reisach
Reitmoos
Leutenhofen
Koo
Zeisertsweiler
Egghalden
Deutsche Alpenstr.
Kapf
Sellengehr
Schatten
Hubers
Krone
Fesslers
781
Bantel
Reitmoos
Rucksteig
Greit
Heerestechnisches Museum
Gwiggen
613
Tobel
Bösenreute Tobelbach
425
Witzig-männ
Essenreute
Stadels
Weidach
Kloster Maria Stern
Finken
Erlesberg
458
Diezlings
465
Engel
Sättels
Bösenreutin
Berg
Andreute
Ramsach
Leonhards
Möggers
948
96
E43
Hangnach
465
Seeblick
Berghof Stadler
Höflings
Ried
Geigers
Steinerloch
Großen
Krone
966
Ricken-bach
Ober-hochsteg
Fein-Brennerei Prinz
Hörbranz
426
Bildstein
Stadlers
Giggelstein
Stegen
Lindau
Paradies
Weidach
Brantmann
Lutzenreute
Sennerei
Schüssellehen
Ziegelbach
Backenreute
Fesslerhof
12
Hochberg
Ruggburg
1069
Zech
Leiblach
Fronhofen
Ruggburg
Trögerhöhe
A14
1039
Hörbranz/Lochau
E60
Hotel Sonnenhof
Eplisgehr
Trögerstüble
Alberloch
Salvator-Kloster
Eichenberg
Krone
793
Wesen
Schloss Hofen
Ruine Alt-Hofen
Gschwend
Hofen
Ebnet
(Südroute)
950
Rainer
Eglisberg
Bäumle
Althaus
Fürberg
1044
Sennerei
Hinteregg
Mangold
Fallenberg
Schwarzbad
Alte Fähre
Halden
Van-Gogh-Steg
Rochuskap.
Juggen
Yachthafen
Bhf. Lochau-Hörbranz
Kaiserstrand
Lochau
416
Hausreute
Pfändertunnel
Jungholz
971
Am Stein
Strandbad
Hof
400
Kellen
Hub
190
Klause
Sorgen
Klausberg
Unterhaggen
Flühen
Rombergstein
1042
Hirschbergtobel
Am Vögel
Moos
Moosgarben
NSG Hirschberg
Klausmühle
E43
Bergghf. Fritsch
Lohorn
Moosegg
Ahornach
Buchen-berg
Tannenbach
Pfänder-Alp
783
Freibad Mili
Altreute
Riese
Ringel-berg
Café Melanie
Schweden-schanze
Theresienkapelle
Grasreute
BREGENZ
Seehof
Alpenwildpark Pfänder
0
500 m
427
Strandbad
Seebühne
Schiffhafen Hst. Hafen
Pfänder
1064

Panoramatour 01

Lutzenreute

Höhenwandern in der Nordwestecke Vorarlbergs

DAUER	3h 45min
LÄNGE	13 km
HÖHENMETER	435 hm
SCHWIERIGKEIT	MITTEL
MIT ÖFFIS ERREICHBAR	ja

Das erwartet dich ...

Eine gemütliche Rundwanderung entlang vorbildlich beschilderter Forst- und Waldwege im nordwestlichen Grenzgebiet Vorarlbergs. Langer, meist mäßig steiler Aufstieg nach Stadlers, keine technischen Schwierigkeiten. Die beschauliche Gegend bietet entspannungssuchenden Wanderfans alles, was das Herz begehrt – satte Wiesen, dichte Wälder und Ausblicke auf den Bodensee garantieren Glücksmomente der Extraklasse.

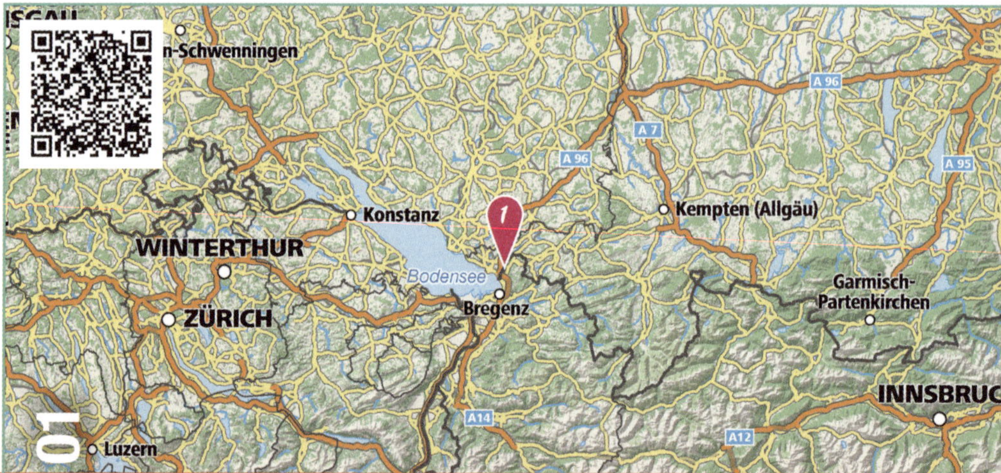

Start & Ziel & Anreise

Ausgangspunkt der Tour ist die Ortschaft Hörbranz in Vorarlberg. Anfahrt über die A 14 von Lindau oder Bregenz bis zur Ausfahrt 1 Hörbranz, dann der Ziegelbachstraße bis Hörbranz-Ortsmitte folgen. Parkmöglichkeiten in unmittelbarer Umgebung der Kirche. Alternativ mit Buslinie 10 oder 19 von Bregenz bis zur Haltestelle „Hörbranz-Gemeindeamt".

Tourenbeschreibung

Unsere angenehm stressfreie Höhenwanderung über der Inselstadt Lindau beginnt oberhalb der Pfarrkirche in Hörbranz (426 m). Die Wanderwegmarkierung zeigt in die Schützenstraße. Im Ortsteil Leonhards folgen wir dem ansteigenden Sträßchen nach Berg und dort der Berger Straße Richtung Andreute. Das am Ortsende beginnende Forststräßchen heizt zu Beginn ein wenig ein. Später, am ulkigen Bärensitz von Berg vorbei, einem überdachten Braunpelzkind, erweist es sich als recht kräfteschonend.

Bei einem Schafweidehang öffnet sich der Blick auf das Westallgäuer Hügelland. Gleich darauf sind die beiden Anwesen Andreute (758 m, 1 ½ Std.) mit beachtlicher Pferdezucht erreicht. Richtung Lutzenreute wandern wir nun auf einem Waldweg, zuletzt durch Viehweiden, zur Parzelle Stadlers. Dort erwartet uns ein überraschender Blick auf die Bregenzer Bucht und in die meist von einem leichten

Dunstschleier eingehüllte Schweizer Bergwelt. Neben dem Pfänderturm ragt am südlichen Horizont die majestätische Schesaplana auf.

Eine ruhige kleine Straße bringt uns in den Eichenberger Ortsteil Lutzenreute (854 m, 2 ¼ Std.). In der über 100 Jahre alten Sennerei, einer der ältesten Rohmilchkäsereien Vorarlbergs, gibt es würzigen Bergkäse zu kaufen. Das Täfelchen „Hörbranz" weist nach einer verdienten Einkehr zu ein paar außerhalb gelegenen Häuser. Ab diesen geht's auf einem kurvigen Forstweg weiter talwärts, wobei nahe den beiden Anwesen von Ruggburg (660 m, 2 ¾ Std.) ein Sturzbach gequert wird.

In Backenreute sind wir wieder zurück im Tal und nehmen den Kirchweg zurück zum Ausgangspunkt nach Hörbranz.

Blick auf Pfänder und die Ortschaft Eichenberg

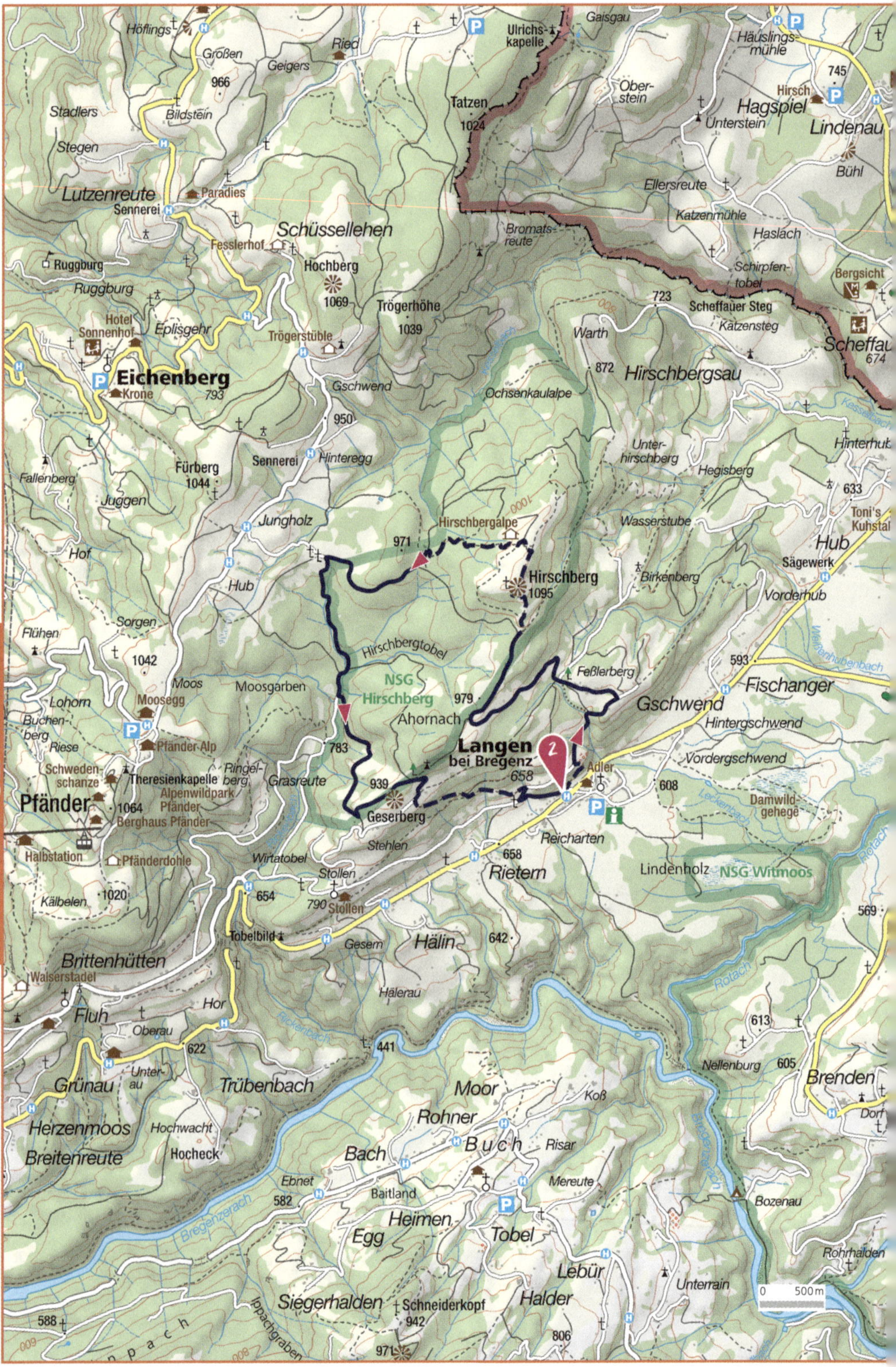
Höflings
Großen
Geigers
Ried
Ulrichs-kapelle
Gaisgau
Häuslings-mühle
966
Stadlers
Bildstein
Tatzen
1024
Ober-stein
Hirsch
745
Hagspiel
Lindenau
Unterstein
Stegen
Bühl
Lutzenreute
Paradies
Ellersreute
Sennerei
Katzenmühle
Schüssellehen
Bromats-reute
Haslach
Fesslerhof
Ruggburg
Hochberg
Schirpfen-tobel
Bergsicht
Ruggburg
1069
Trögerhöhe
1039
723
Scheffauer Steg
Katzensteg
Hotel Sonnenhof
Eplisgehr
Trögerstüble
Warth
Scheffau
674
Eichenberg
793
Krone
Gschwend
872
Hirschbergsau
Ochsenkaulalpe
950
Unter-hirschberg
Hinterhub
Fallenberg
Fürberg
1044
Sennerei
Hinteregg
Hegisberg
633
Juggen
Wasserstube
Toni's Kuhstall
Jungholz
Hirschbergalpe
Hub
Hof
971
Sägewerk
Hirschberg
1095
Birkenberg
Hub
Vorderhub
Flühen
Sorgen
Hirschbergtobel
1042
593
Fischanger
Moos
Moosgarben
Feßlerberg
Lohorn
Moosegg
NSG Hirschberg
979
Gschwend
Buchen-berg
Ahornach
Hintergschwend
Pfänder-Alp
783
Langen bei Bregenz
658
Riese
Vordergschwend
Schweden-schanze
Ringel-berg
Adler
Theresienkapelle
Grasreute
939
608
Pfänder
Alpenwildpark Pfänder
1064
Damwild-gehege
Geserberg
Berghaus Pfänder
Reicharten
Halbstation
Stehlen
Pfänderdohle
Wirtatobel
658
Rietern
Lindenholz
NSG Witmoos
Stollen
Kälbelen
1020
654
790
Stollen
569
Tobelbild
Gesern
Hälin
642
Brittenhütten
Walserstadel
Hor
Häleraú
Rotach
Fluh
613
Oberau
622
441
Nellenburg
605
Unter-au
Grünau
Trübenbach
Moor
Brenden
Koß
Rohner
Dorf
Herzenmoos
Hochwacht
Buch
Risar
Breitenreute
Hocheck
Bach
Ebnet
Mereute
Bozenau
582
Baitland
Heimen
Egg
Tobel
Rohrhalden
Bregenzerach
Lebür
Unterrain
0
500 m
Siegerhalden
Schneiderkopf
942
Halder
588
806
971

Hirschberg

Aussichtsberg am Südhang des Pfändermassivs

DAUER	3h 30min
LÄNGE	11,6 km
HÖHENMETER	732 hm
SCHWIERIGKEIT	MITTEL
MIT ÖFFIS ERREICHBAR	ja

Das erwartet dich ...

Ein schöner Aussichtsberg unweit von Bregenz, der etwas im Schatten des berühmteren Pfänders steht. Am Anfang oft auf Teerstraßen, ansonsten entlang naturbelassener Wald- und Forstwege. Weit reicht der Blick über den Bregenzerwald und gleich unter dem Gipfel lockt die malerische Hirschbergalpe zum Einkehren ein – was will man mehr?

Gipfeltour 02

Start & Ziel & Anreise

Die Tour startet im Ortszentrum von Langen bei Bregenz in Vorarlberg. Auf der A 14 die Ausfahrt 9 Bregenz nehmen, dann auf der Langener Straße der Beschilderung Richtung „Langen b. B." folgen. Parkmöglichkeiten vor dem Gemeindeamt. Alternativ mit Bus 25 von Bregenz bis zur Haltestelle „Langen-Dorf".

Tourenbeschreibung

Die Wanderung beginnt vor dem Gemeindeamt (670 m), ein Wegweiser zeigt die Richtung über die Durchgangsstraße. Auf der anderen Seite folgt man einem schmalen Wiesenpfad mit Handlauf, der recht steil über Wiesen und ein Stück Wald in eine Fahrstraße einmündet. Dem Wegweiser folgend wandert man – leider auf Teer, dafür aber mit weitem Blick – in zwei Schleifen zu den mit Holzschindeln verkleideten Höfen des Feßlerbergs hinauf und gelangt schließlich zu den Häusern von Ahornach (960 m, ½ Std.). Hier ist auch die Grenze des Naturschutzgebietes Hirschberg erreicht.

Wir wenden uns nach Nordost und können auch einen kurzen Blick auf den Hirschberg werfen. Der Forstweg führt nun teilweise am Waldrand, dann wieder durch den Wald moderat ansteigend Richtung Gipfel. An einer Wegteilung verlässt man die Fahrstraße und nimmt den rechts abzweigenden Pfad, der schließlich den

Wald verlässt und zum baumlosen Gipfel des Hirschbergs hinaufführt (1095 m, 1 Std.). Unterhalb des Kreuzes steht eine kleine mit Holzschindeln verkleidete Kapelle, dahinter blickt man auf die Höfe des Pfänderrückens. An Tagen mit sehr guter Fernsicht schaut man nicht nur über die Gipfel des Bregenzerwalds, sondern auch auf das Alpsteinmassiv hinter dem Rheintal. Der Pfänder ist zum Greifen nah. Nach ausgiebiger Gipfelschau steigen wir in wenigen Minuten zur Hirschbergalpe ab (1055 m), die zur Einkehr einlädt. Der Einstieg in den weiteren Verlauf des Rundwegs kann man sich bei Unsicherheit vom Wirt zeigen lassen, er verläuft links des Zaunes die Wiese hinunter zum Waldrand. Ein kurzer Pfad leitet zu einem Forstweg. An der unmarkierten Abzweigung biegen wir links ab. Nun geht es moderat abfallend durch Wald und an Wiesen entlang zum Sepples Kreuz (895 m, 1 ¾ Std.). Von hier aus ist es zum Pfänder nur noch 1 Gehstunde.

Wir folgen aber dem Wegweiser „Wirtatobel Bushaltestelle" nach links und wandern an der Grenze des Naturschutzgebietes entlang durch den Wald, begleitet von einem kleinen Bach. Der Wald bietet an heißen Tagen angenehmen Schatten. Weiter verliert man an Höhe, ignoriert Abzweigungen auf der linken Seite und folgt der Forststraße bis zum Wegweiser „Bergerwuhr" (790 m, 2 ¼ Std.). Hier sind nun endlich auch der Geserberg und das Ziel Langen bei Bregenz ausgeschildert. Nun heißt es die verlorenen Höhenmeter wieder aufzusteigen, mal durch Wald, dann über Wiesen, aber immer auf einem aussichtsarmen Fahrweg. Schließlich kommt ein Wohnhaus in Sicht, bis zu dem wir aber gar nicht laufen, weil schon vorher nach links ein Wegweiser an der Hecke zum Geserberg, zum Hirschberg und nach Ahornach weist. Nochmals heißt es steiler als zuvor über einen Wiesenpfad zur sogenannten Geser Anhöhe aufzusteigen. Auf einen Fahrweg stoßend halten wir uns rechts und erreichen kurz darauf die Anhöhe Geserberg mit einer Bank (930 m, 2 ¾ Std.).

Für den Abstieg nach Langen wählen wir nun den Bergerweg, der laut Wegweiser in 45 Minuten in den Ort führen soll. Wir steigen auf dem Fahrweg zum unterhalb liegenden Bauernhof ab, halten uns dort rechts und biegen hinter der links liegenden Scheune in einen Wiesenpfad ab. Die Abzweigung ist nicht optimal markiert, man erkennt aber am Waldrand einen Wegweiser, der den Einstieg in den abwechslungsreichen Bergerweg markiert. Steil am Waldhang gebaut führt er über mehrere Brücken, die über tief eingeschnittene Erosionsrinnen leiten. Der Weg endet dann schließlich auf einer Wiese unweit eines Wohnhauses.

Der Wanderweg führt hier oberhalb des Wohnhauses über Privatgrund vorbei, das Betreten ist bis auf Widerruf gestattet. Kurz darauf ist wieder die Weggabelung mit Wegweiser erreicht, an der man zu Beginn der Wanderung nach Ahornach aufgebrochen ist. Nun geht es über den steilen Wiesenpfad wieder hinunter zur Straße und zurück zum Parkplatz vor dem Gemeindeamt in Langen.

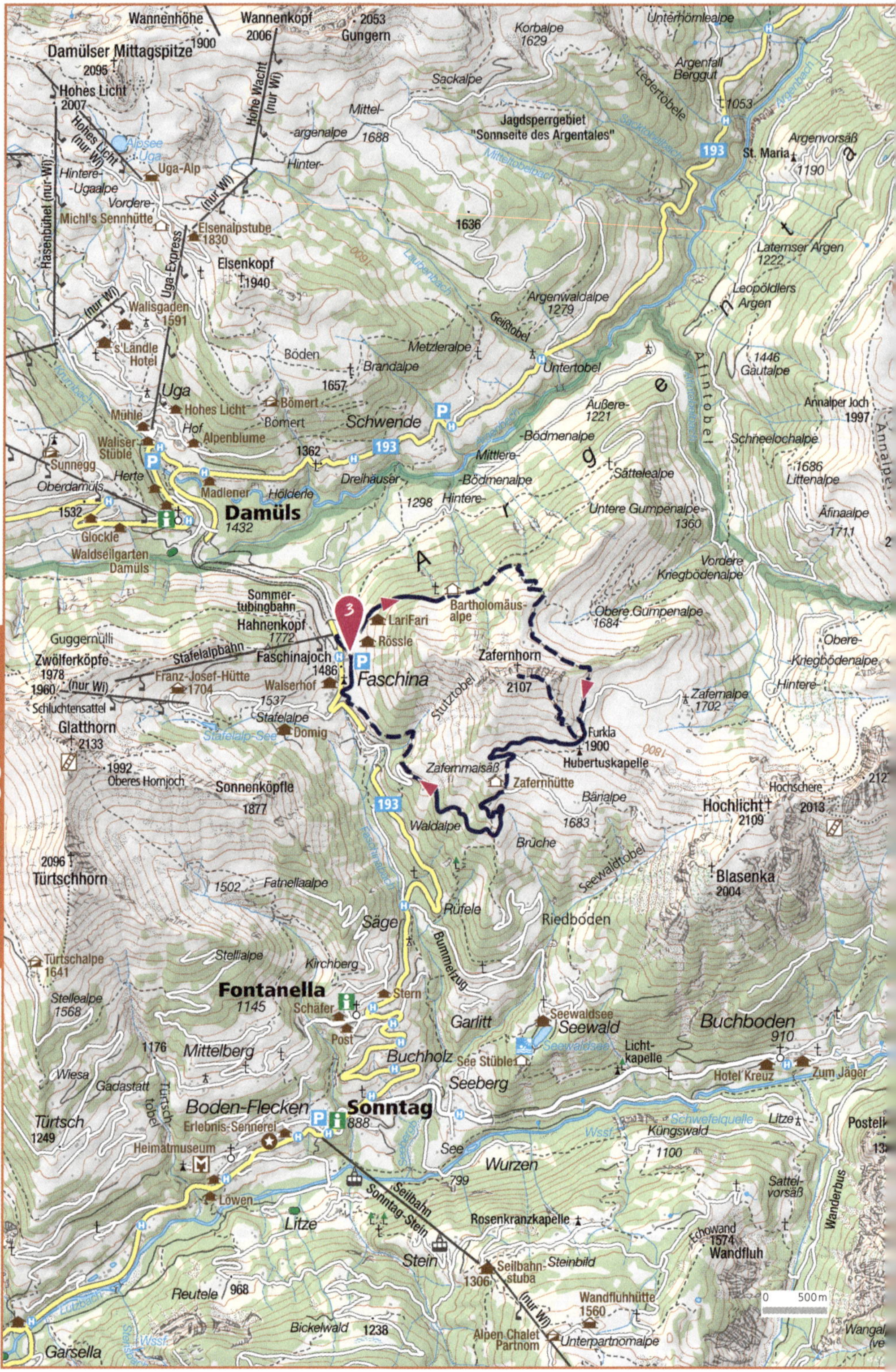

Wannenhöhe
Wannenkopf
2006
2053
Gungern
Damülser Mittagspitze
1900
2095
Hohes Licht
2007
Hohes Licht (nur Wi)
Hohe Wacht (nur Wi)
Alpsee
Uga
Uga-Alp
Hinterе-Ugaalpe
Vordere-
Michl's Sennhütte
Hasenbühel (nur Wi)
Uga-Express
(nur Wi)
Elsenalpstube
1830
Elsenkopf
1940
Walisgaden
1591
s'Ländle Hotel
Uga
Mühle
Hohes Licht
Hof
Alpenblume
Walser-Stüble
Sunnegg
Herte
Oberdamüls
1532
Glöckle
Waldseilgarten Damüls
Madlener
Hölderle
Damüls
1432
Böden
1657
Brandalpe
Bömert
Bömert
1362
Schwende
193
Dreihäuser
Metzleralpe
Korbalpe
1629
Sackalpe
Mittel-
-argenalpe
1688
Hinter-
1636
Jagdsperrgebiet
"Sonnseite des Argentales"
Ledertobele
Unterhörnlealpe
Argenfall
Berggut
1053
193
St. Maria
Argenvorsäß
1190
Latemser Argen
1222
Leopöldlers
Argen
Argenwaldalpe
1279
Geißtobel
Untertobel
Alpintobel
1446
Gautalpe
Annalper Joch
1997
Äußere-
1221
-Bödmenalpe
Mittlere-
-Bödmenalpe
Hintere-
1298
Sättelealpe
Untere Gumpenalpe
1360
Schneelochalpe
1686
Littenalpe
Äfinaalpe
1711
Vordere
Kriegbödenalpe
Obere Gumpenalpe
1684
Obere-
Kriegbödenalpe
Hintere-
Bartholomäus-
alpe
LariFari
Rössle
Sommer-
tubingbahn
Hahnenkopf
1772
Faschinajoch
1486
Faschina
Guggernülli
Zwölferköpfe
1978
1960
(nur Wi)
Stafelalpbahn
Franz-Josef-Hütte
1704
Walserhof
1537
Stafelalpe
Stafelalp-See
Domig
Schluchtensattel
Glatthorn
2133
1992
Oberes Hornjoch
Sonnenköpfle
1877
Zafernhorn
2107
Stutztobel
Zafernalpe
1702
Furkla
1900
Hubertuskapelle
Zafernmaisäß
Zafernhütte
193
Waldalpe
Bärialpe
1683
Brüche
Hochlicht
2109
Hochschere
2013
Seewaldtobel
Blasenka
2004
2096
Türtschhorn
1502
Fatnellaalpe
Säge
Rüfele
Riedboden
Türtschalpe
1641
Stellalpe
Kirchberg
Bummelzug
Fontanella
1145
Schäfer
Stern
Stellealpe
1568
Post
Garlitt
Seewaldsee
Seewald
Buchboden
910
1176
Mittelberg
Buchholz
See Stüble
Licht-
kapelle
Hotel Kreuz
Zum Jäger
Wiesa
Gadastatt
Türtschtobel
Seeberg
Türtsch
1249
Boden-Flecken
Sonntag
888
Erlebnis-Sennerei
Schwefelquelle
Litze
Küngswald
Posteli
Heimatmuseum
See
1100
Wurzen
799
Seilbahn Sonntag-Stein
Löwen
Litze
Rosenkranzkapelle
Sattel-
vorsäß
Wanderbus
Echowand
1574
Wandfluh
Stein
1306
Seilbahn-
stuba
Steinbild
Reutele
968
(nur Wi)
Wandfluhhütte
1560
0
500 m
Bickelwald
1238
Alpen Chalet
Partnom
Unterpartnomalpe
Garsella

Tour 03

Gipfeltour 03

Zafernhorn

Gipfelwanderung zwischen Bregenzerwald und Großem Walsertal

DAUER	4h 45min
LÄNGE	10,3 km
HÖHENMETER	650 hm
SCHWIERIGKEIT	MITTEL
MIT ÖFFIS ERREICHBAR	ja

Das erwartet dich ...

Eine aussichtsreiche Rundtour mit Gipfelerlebnis im Wanderparadies Damüls-Faschina. Gut bezeichnete, weiß-rot-weiß markierte Wege. Güterweg bis Bartholomäusalpe, sonst überwiegend schmale Bergpfade, die teilweise Trittsicherheit erfordern. Beim Aufstieg zum Gumpener Sättele sind einige Stellen drahtseilgesichert, hier ist besondere Vorsicht geboten!

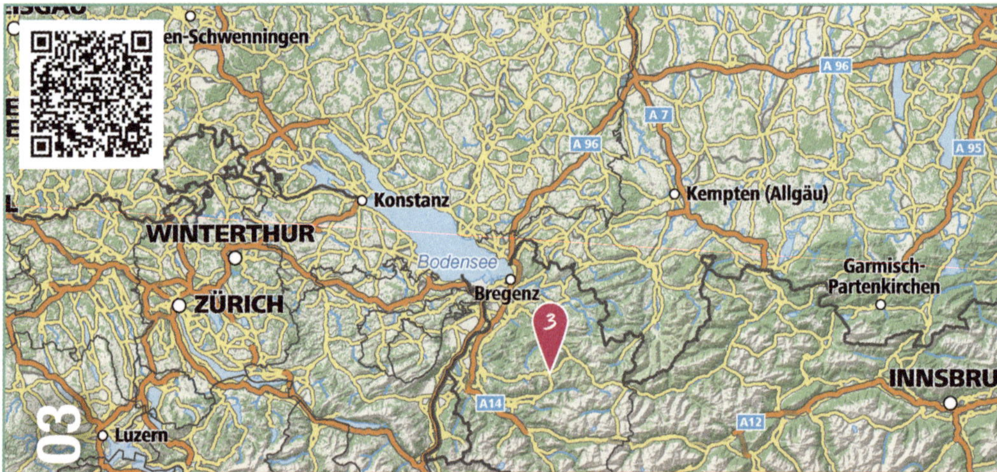

Start & Ziel & Anreise

Die Tour startet am Faschinajoch. Auf der A 14 die Ausfahrt 50 Nenzing/Bludesch nehmen und dann über Bludesch und Thüringen nach Faschina. Parkmöglichkeiten am Faschinajoch. Alternativ mit Bus 77 von Thüringen bis zur Haltestelle „Faschina-Passhöhe/Seilbahnen".

Tourenbeschreibung

Das Zafernhorn ist ein Aussichtsberg par excellence zwischen Bregenzerwald und Großem Walsertal. Da zur Zafera Furkla, dem Ausgangspunkt des Gipfelanstiegs, zwei verschiedene Wege führen, lässt sich der Gipfel mit einer abwechslungsreichen Rundtour verbinden.

Gegenüber der Talstation der Panoramabahn Faschina (1486 m) geht es bald unvermutet steil auf einem Güterweg zur Bartholomäusalpe (1640 m, ½ Std.). Ab hier zieht ein schmaler Bergpfad mal mehr, mal weniger steil einen abschüssigen Hang hinauf, der üppig mit Grünerlen und bunten Blumen bewachsen ist. Am Gumpener Grätle (1820 m, 1 ¼ Std.) angekommen gönnen wir uns eine Verschnaufpause mit Blick auf Annalper Stecken und Zitterklapfen im Bregenzerwald. Diese Aussicht bleibt uns auch erhalten beim folgenden Höhenweg, der hoch über der Gumpenalpe in einem weiten Bergkessel an den Ostabstürzen des Zafernhorns entlangführt. Der Schlussanstieg zum Gumpener Sättele (1900 m, 1 ¾ Std.) gestaltet sich etwas ruppig, ist aber durch einige Drahtseilsicherungen entschärft. Oben angekommen öffnet sich der Blick frontal auf die imposante Rote Wand und nach Süden bis zum Rätikon. Auf nahezu gleichbleibender Höhe lässt sich die nächste Etappe in einem weiteren Bergkessel, nun oberhalb der Zafernalpe, gemütlich bis zur Furkla mit Hubertuskapelle genießen.

Hier beginnt der Gipfelanstieg. Der gut angelegte Steig schraubt sich in etlichen Kehren durch eine artenreiche Alpenflora höher und höher. Der finale Teil hält noch eine Steilstufe bereit, dann ist über einen kurzen Gratweg das Zafernhorn mit urigem Gipfelkreuz erreicht (2107 m, 2 ½ Std.). Nach dem obligatorischen Eintrag ins Biosphärenpark-Gipfelbuch widmen wir uns der überwältigenden Rundsicht. Hinter der Roten Wand streben Silvrettagipfel mit dem gut zu identifizierenden Piz Buin samt Gletscher in den Himmel. Über das Große Walsertal mit seinen Bergen hinweg reicht der weite Blick bis zum Rätikon und einigen Schweizer Bergen.

Nach verdienter Gipfelrast steigen wir auf dem Anstiegsweg zur Furkla ab. Anschließend können bis Brüche (1570 m, 3 ¾ Std.) die weiten Kehren des Wirtschaftsweges auf markierten Wiesensteigen abgekürzt werden. Dicht am Weg liegt die Zafernmaisäß. Zwischen „Brüche" und „Obere Waldalpe" schlendern wir gemütlich dahin, bis die Wegtafel nach rechts auf den Wanderweg nach Faschina weist. Dieser führt durch Wald, steigt noch einmal kurz an, quert den Stutztobel und bleibt schmal bis Faschina. An der St.-Anna-Kapelle vorbei wird das Faschinajoch erreicht, wo sich die Zafernrunde mit lohnendem Gipfelausflug schließt.

Autoren Tipp

Die Region Damüls-Faschina wartet mit einem Netzwerk von mehr als 200 km markierten Wanderwegen auf. Von leichten Rundwanderungen bis hin zu mehrtägigen Hüttentouren, hier findet sich alles, was das Wanderherz begehrt! Der Besuch einer der vielen bewirtschafteten Alpen und die Verkostung der exzellenten Bergkäsesorten ist bei Wanderungen ein absolutes Muss. Die Gegend bietet sich mit seinen vielen Forstwegen auch ideal als abwechslungsreiches Mountainbikegebiet an.

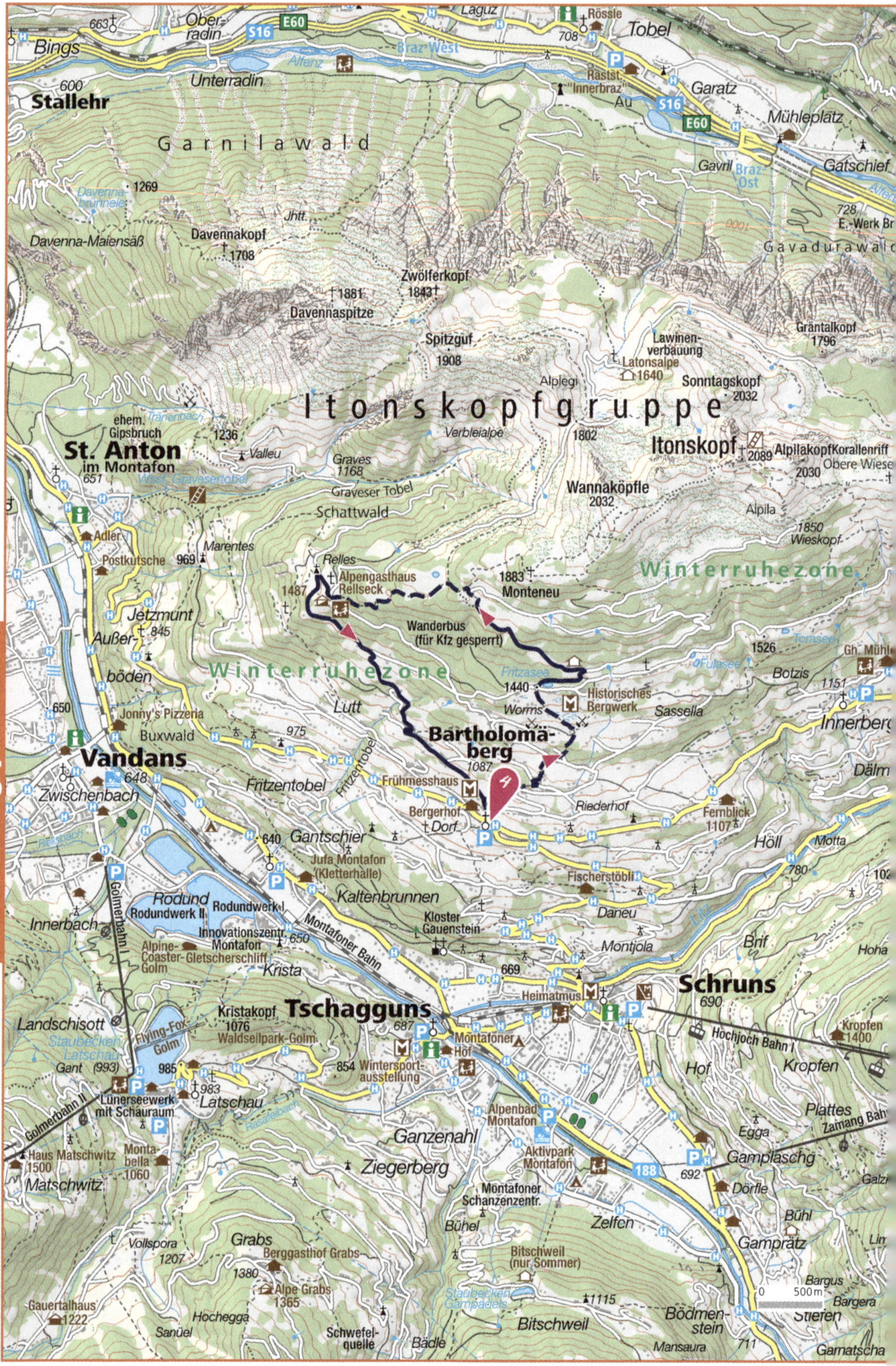
Bings
Ober-
radin
Stallehr
Unterradin
Garnilawald
Laguz
Rössle
Tobel
Braz West
Rastst. „Innerbraz“
Au
Garatz
Mühleplatz
Gavril
Braz Ost
Gatschief
E.-Werk Br
Gavadurawald
Davenna-brunnele
1269
Davenna-Maiensäß
Davennakopf
1708
Jhtt.
1881
Davennaspitze
Zwölferkopf
1843
Spitzguf
1908
Gräntalkopf
1796
Lawinen-verbauung
Latonsalpe
1640
Sonntagskopf
2032
Alplegi
Itonskopfgruppe
ehem. Gipsbruch
1236
Tränenbach
Verbleialpe
1802
Itonskopf
2089
Alpilakopf
Korallenriff
2030
Obere Wiese
St. Anton
im Montafon
651
Valleu
Graves
1168
West. Gravesertobel
Graveser Tobel
Schattwald
Wannaköpfle
2032
Alpila
1850
Wieskopf
Adler
Postkutsche
969
Marentes
Relles
Alpengasthaus Rellseck
1487
1883
Monteneu
Winterruhezone
Jetzmunt
845
Außer-
böden
Wanderbus (für Kfz gesperrt)
1526
Torasee
Gh. Mühle
Fulasee
Botzis
1151
Winterruhezone
Fritzasee
1440
Historisches Bergwerk
Sassella
Innerberg
Worms
650
Jonny's Pizzeria
Lutt
Buxwald
975
Bartholomä-
berg
1087
Vandans
648
Zwischenbach
Fritzentobel
Frühmesshaus
Dälm
Riederhof
Bergerhof
Dorf
Fernblick
1107
Höll
Motta
Rellsbach
640
Gantschier
Jufa Montafon (Kletterhalle)
780
Fischerstöbli
Golmerbahn I
Rodund
Rodundwerk II
Rodundwerk I
Kaltenbrunnen
Daneu
Innerbach
Innovationszentr. Montafon
650
Kloster Gauenstein
Montafoner Bahn
Montjola
Brif
Hoha
Alpine-Coaster-Gletscherschliff Golm
Krista
669
Heimatmus.
Schruns
690
Landschisott
Kristakopf
1076
Tschagguns
687
Flying-Fox Golm
Waldseilpark-Golm
Hochjoch Bahn I
Kropfen
1400
Staubecken Latschau
Montafoner Hof
Gant (993)
985
854
Wintersport-ausstellung
Hof
Kropfen
983
Latschau
Lünerseewerk mit Schauraum
Alpenbad Montafon
Plattes
Zamang Bahn
Golmerbahn II
Rasafeibach
Ganzenahl
Aktivpark Montafon
Egga
Haus Matschwitz
1500
Monta-bella
1060
Ziegerberg
188
692
Gamplaschg
Matschwitz
Montafoner Schanzenzentr.
Dörfle
Bühel
Zelfen
Bühl
Vollspora
1207
Grabs
Berggasthof Grabs
Gamprätz
Bitschweil (nur Sommer)
1380
Alpe Grabs
1365
Bargus
Gauertalhaus
1222
Staubecken Gampadels
1115
500 m
Bargera
Hochegga
Bödmen-stein
Stieren
Sanüel
Schwefel-quelle
Bädle
Bitschweil
Mansaura
711
Garnatscha

Tour 04

04 Rundtour

Rellseck

Unterwegs am Sonnenbalkon des Montafons

DAUER	2h 45min
LÄNGE	7,75 km
HÖHENMETER	600 hm
SCHWIERIGKEIT	LEICHT
MIT ÖFFIS ERREICHBAR	ja

Das erwartet dich ...

Eine unschwierige und abwechslungsreiche Rundwanderung auf gut markierten Anliegersträßchen, Wiesen- und Waldwegen, die gute Grundkondition voraussetzt. Stets begleitet wird man von fantastischen Ausblicken und einem herrlichen Bergpanorama. Das Alpengasthaus Rellseck auf 1.500 Metern ist einen Besuch wert und zählt durch seine einzigartige Lage zu einem der Top-Aussichtspunkte des Montafon.

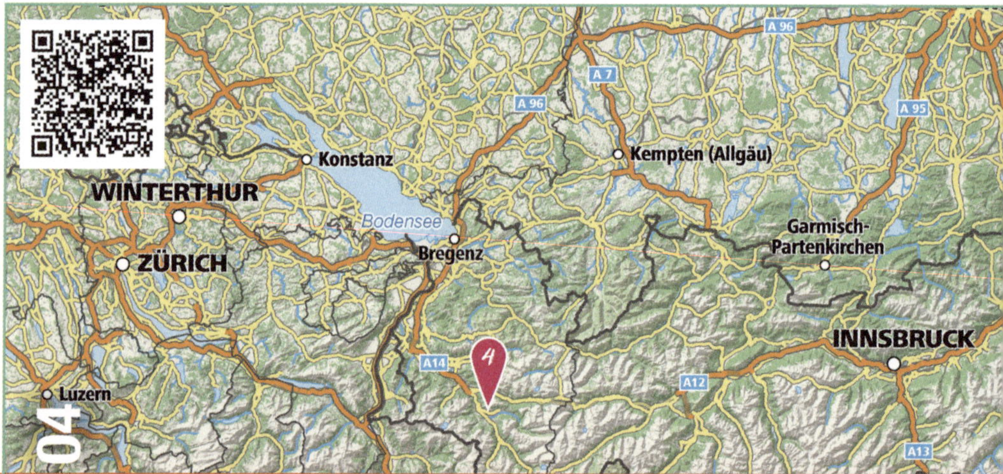

Rundtour 04

Start & Ziel & Anreise

Ausgangspunkt der Tour ist die Ortschaft Bartholomäberg im Montafon. Anreise auf der A 14 bis zur Ausfahrt Bludenz/Montafon und weiter auf der B 188 bis nach St. Anton im Montafon; dort der Beschilderung Richtung Bartholomäberg folgen. Parkplatz bei der Kirche. Alternativ mit der Montafoner Bahn bis Schruns und von dort mit Bus 84 bis Bartholomäberg (Haltestelle „Kirche").

Tourenbeschreibung

Auf einem wahren Sonnenbalkon liegt das alte Walserdorf Bartholomäberg (1087 m). Zwischen der weithin sichtbaren Kirche mit dem imposanten grünen Zwiebelturm und dem Seniorenheim beginnt der Aufstieg. Wir folgen den Wegtafeln „Histor. Bergwerk" und „Fritzasee" nach rechts hinauf und weiterhin über den Lindaweg, von dem der Wanderweg erneut nach rechts abbiegt. Nach Durchquerung des kleinen Fichtenwaldes empfängt uns eine zauberhafte Lichtung mit Holzhütten auf sattgrünen Alpböden. Hier steht auch das Historische Bergwerk mit dem zugänglichen alten St.-Anna-Stollen. Während der Öffnungszeiten können hautnah die harten Arbeitsbedingungen der Bergknappen nachempfunden werden.

Wenig später ist über Wiesen hinauf der Fritzasee erreicht (1440 m, ¾ Std.). Hier halten wir uns rechts und wandern auf einem Forststräßchen immer weiter bergauf Richtung Monteneu und Wannaköpfle. Die Markierung ist eindeutig, sodass wir die immer großartiger werdende Aussicht genießen können. Allen voran ziehen auf der gegenüberliegenden Seite die bizarren Drei Türme den Blick auf sich. Links werden sie von der mächtigen Sulzfluh flankiert, rechts von der Drusenfluh. Der Standort Jagdhütte (1690 m, 1 ¼ Std.) wird zuletzt nach einem steilen Aufstieg über einen Wiesenpfad erreicht. Von diesem höchsten Punkt der Wanderung geht es durch bunte Wiesenhänge hinunter zum Rellseck, die markante Pyramide der Zimba und die gletschergeschmückte Schesaplana immer im Blick. Die schöne Terrasse des Alpengasthauses Rellseck (1487 m, 1 ¾ Std.) lädt zu einer Stärkung in großartiger Kulisse ein.

Zurück nach Bartholomäberg ist es jetzt nicht mehr weit. Bei der nahen schindelgedeckten Kapelle führt er nach links. Auf einem Teilstück des mit Infotafeln gespickten geologischen Wanderweges wandern wir nun auf bequemem Pfad durch aufgelockerten Nadelwald bergab. Dort wo ein kleiner Verbindungsweg wieder zum Fritzasee links abzweigt, hält man sich weiter geradeaus Richtung Bartholomäberg und kommt über die Parzelle Linda, ganz zum Schluss wieder auf Anliegersträßchen, zur Kirche zurück.

Alpengasthof Rellseck

05

Balbier-Wsst.
Innergant
2206 Grappeskopf
Lawinenverbauung
Außerberg
Planetsch
Valisera Bahn I (nur Winterbetrieb)
Grandau-Maisäß 1164
Garfrescha Bahn
Schatzsuche Gafrescha
Brand
Traube
Sasarscha Frohe Aussicht
Gortipohl
906
Europaschutzgebiet Spona
Silvretta
1811
1480 E.-Rieger-Hütte
Garfrescha Alpenhotel Garfrescha 1507
Rest. Gäßbarga (n. Winter) 1633
Valisera Bahn II (nur Winterbetrieb)
188
Schattenort
921
Außerbach
Vand
Hotel Verwall
Winkel
Alpli
948
2035
Freizeitpark Mountain Beach
Außergosta
Gampapinger
Gantekopf
Mottner Tobel
Innergosta
1585
Gampapingaple 1904
Bella Nova (nur Winter)
Gantekopf 1958
Lamm Hütta
Alpin- u. Tourismusmuseum
Kanzel
Valisera Hüsli (nur Winter) 2101
Gundalatscherberg
Versettla 1300
Gaschurn
979
Rehsee Stöbli
Maria Schnee
Alpe
1481
Versettla Bahn I
Versettla Bahn II
Gaschurner Sattel
Pfanges
Pfolla
Rifa
Gampapinger
2222
Schwarzköpfle-Kiosk (nur Winter)
Nova Stoba 2010
Alpenwelt Nova
Trantrauas
Berg 2250
Schwizerhüsli
188
Alpe Nova 1736
Fenggatobel
Garneraschlucht
Rifawerk
Burg 2247
Lifinarmaisäß
1401
Ganeumaisäß
1824
Schwarzkopf 2370
2104
Knappabergli 2311
Harzawald
2515
Versettla 2372
1934
Seressee
Zollwachhütte 1570
1831
Neualpe
1925
Valiseraspitze 2716
2606
Valiserajöchli
2685
Heimspitze
Zwischenspitze 2661
Madrisella
2466
Novatäli
2177
Außertschambreu
Heimbühl 2540
Matschunerköpfe
2426
2249
2391
2400
1884
Schafbodenkopf
Matschuner Joch
2425
Äußere Alpila
2521
Alpilakopf 2345
2350
2082
Schafbodensattel
Tschambreutal
Matschun
Schafberg
Garneraaple 1675
Sandgratsattel
2360
2538
2423
Matschuner Jöchli
Tschambreuspitze
2605
Innere Alpila
Strittkopf 2745
Kuchenberg 2523
2473
2631
2762
Garneraalpe
Alpilajöchli
Garneratal
0 500m
Rotbühelalpe (Jhtt.)
Vorderberg 2563
Stafel 1807
Hochmaderer
Giantschettatäli
Hochmadererjoch
2385
Zollwachhütte
Maderer Täli

Tour 05

Gipfeltour 05

Madrisella

Panoramakamm der Spitzenklasse

DAUER	4h 45min
LÄNGE	10,2 km
HÖHENMETER	740 hm
SCHWIERIGKEIT	MITTEL
MIT ÖFFIS ERREICHBAR	ja

Das erwartet dich ...

Ein Panoramaweg auf über 2300 Metern über einen langen, meist mit Wiesen und Matten bedeckten Bergkamm mit weitem Ausblick besonders auf die felsige Verwallgruppe und die vergletscherte Silvretta. Die Hochgebirgstour verläuft auf schmalen Bergpfaden mit teils steinigen Auf- und Abstiegen, die etwas Trittsicherheit erfordern. Bei Nebel nicht zu empfehlen. Der Gipfel der Madrisella kann umgangen werden.

Gipfeltour 05

Start & Ziel & Anreise

Ausgangspunkt der Tour ist die Bergstation der Versettlabahn (2010 m) im Montafon. Anreise auf der A 14 bis zur Ausfahrt Bludenz/Montafon und weiter auf der B 188 durchs Montafon bis nach Gaschurn zum Parkplatz an der Talstation der Versettlabahn. Alternativ mit der Montafoner Bahn bis Schruns und von dort mit Bus 85 bis Gaschurn (Haltestelle „Versettla-Bahn"). Anschließend Bergfahrt mit der Versettlabahn.

Tourenbeschreibung

Mit der Versettlabahn erreichen wir mühelos die 2000-m-Grenze. Nun beginnt einer der schönsten Panorama-Höhenwege des Montafons. Von der Bergstation steigen wir Richtung Madrisella in steiler und steiniger Traverse um den Burg herum auf zum Bergrücken und über einige Felsstufen hinauf zum Kamm mit der Versettla (2372 m, 1 Std.), dem ersten Aussichtspunkt. Der Anstiegsweg bietet Talblicke auf das Montafon und Weitblicke in die gegenüberliegende Verwallgruppe mit der auffallenden Berggestalt des Patteriols. Je höher wir steigen, umso deutlicher rücken die firnglänzenden Berge der Silvretta ins Bild. Tief unten erkennt man den Garnerabach, der das naturbelassene Garneratal durchfließt. Auf breitem Wiesenkamm folgen wir nun dem Matschuner Gratweg. Rechts abzweigend erreichen wir schließlich über einen steil aufschwingenden Rücken das Gipfelkreuz der Madrisella (2466 m, 2 Std.). Die grandiose Aussicht wiegt alle Aufstiegsmühen auf. Besonders eindrucksvoll ist der Blick auf die unzähligen Zacken, Kuppen, Grate und Firnfelder der Silvretta.

Am Ende des kurzen Abstiegs über den Südrücken stoßen wir wieder auf den Wanderweg, auf dem der Gipfel umgangen werden kann. Eingebettet in bunte Bergmatten liegen unterhalb drei Seenaugen. Der folgende Bergpfad zieht sich wie auf einer Aussichtsterrasse – die Matschunerköpfe auf der Nordwestseite umgehend – in hochalpiner Landschaft zum Matschuner Joch (2390 m, 2 ½ Std.), einem Knotenpunkt von Wanderwegen in alle Richtungen. Wir steigen nach rechts in das von der mächtigen Heimspitze überragten Novatäli ab. Mit etwas Glück lassen sich an den umliegenden Berghängen Gämsen beobachten. Steil und steinig geht es hinunter zum Seressee. Am jungen Bergbach erreichen wir auf einem Karrenweg die Alpe Nova (1736 m, 4 Std.), bei der die Milch vor Ort zu „Sura Kees", einer Montafoner Käsespezialität, verarbeitet wird. Hier führt der Weg nach rechts über den rauschenden Vermielbach und wieder ansteigend als Fahrweg zur Bergstation der Versettlabahn, die uns zurück ins Tal bringt.

Der Blick auf die Heimspitze am Versettlaweg

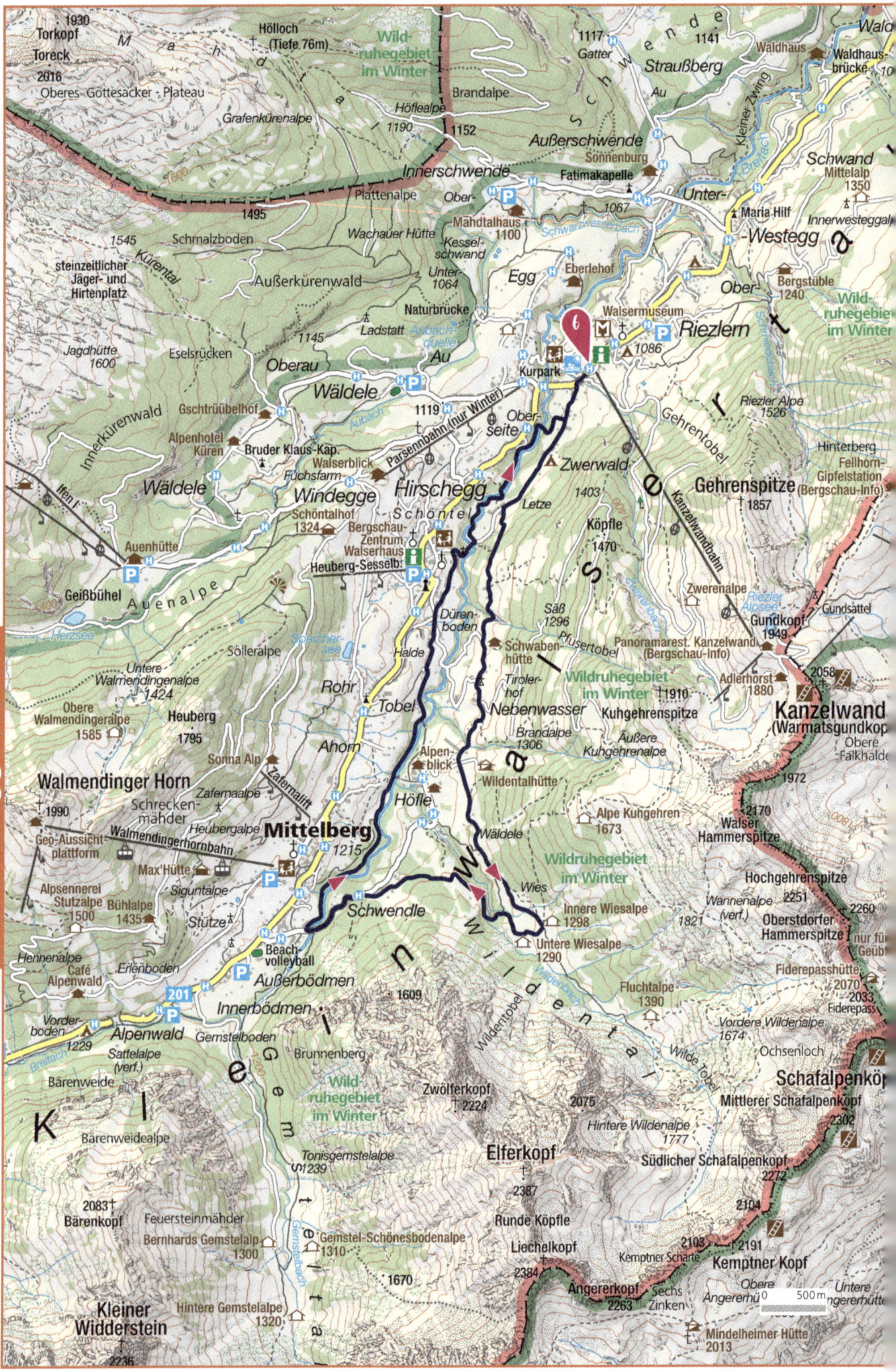
Torkopf
1930
Toreck
2016
Oberes Gottesacker-Plateau
Hölloch
(Tiefe 76m)
Mahdtal
Wild-
ruhegebiet
im Winter
Brandalpe
Höflealpe
1190
1152
Grafenkürenalpe
Innerschwende
Plattenalpe
1495
1545
Schmalzboden
Kürental
steinzeitlicher
Jäger- und
Hirtenplatz
Außerkürenwald
Wachauer Hütte
Ober-
Kessel-
schwand
Unter-
1064
Mahdtalhaus
1100
Naturbrücke
Ladstatt
Aubach-
quelle
1145
Jagdhütte
1600
Eselsrücken
Oberau
Au
Wäldele
Innerkürenwald
Gschtrüübelhof
Alpenhotel
Küren
Bruder Klaus-Kap.
Ifen I
Wäldele
Fuchsfarm
Walserblick
Windegge
Schöntalhof
1324
Auenhütte
Auenalpe
Geißbühel
Herzsee
Söllerälpe
Spirscher-
see
Untere
Walmendingenalpe
1424
Obere
Walmendingeralpe
1585
Heuberg
1795
Sonna Alp
Zafernalift
Zafernaalpe
Walmendinger Horn
1990
Schrecken-
mähder
Heubergalpe
Geo-Aussicht-
plattform
Walmendingerhornbahn
Max'Hütte
Alpsennerei
Stutzalpe
1500
Bühlalpe
1435
Siguntalpe
Stütze
Hennenalpe
Café
Alpenwald
Erlenboden
Beach-
volleyball
Außerbödmen
Innerbödmen
201
Vorder-
boden
1229
Alpenwald
Gemstelboden
Breitach
Sattelalpe
(verf.)
Bärenweide
Bärenweidealpe
Kleinwalsertal
Gemsteltal
Brunnenberg
Wild
ruhegebiet
im Winter
1609
Zwölferkopf
2224
Tonisgemstelalpe
1239
2083
Bärenkopf
Feuersteinmähder
Bernhards Gemstelalp
1300
Gemstel-Schönesbodenalpe
1310
Gemstelbach
1670
Kleiner
Widderstein
2236
Hintere Gemstelalpe
1320
1117
Gatter
Schwende
1141
Straußberg
Au
Waldhaus
Waldhaus-
brücke
Außerschwende
Sonnenburg
Fatimakapelle
Kleiner Zwing
Breitach
Schwand
Mittelalp
1350
Unter-
Maria Hilf
Innerwesteggalp
Westegg
1067
Schwarzwassertal
Egg
Eberlehof
Bergstüble
1240
Ober-
Wild-
ruhegebiet
im Winter
Walsermuseum
Riezlern
1086
Kurpark
1119
Parsennbahn (nur Winter)
Ober-
seite
Hirschegg
Schöntel
Zwerwald
Letze
1403
Köpfle
1470
Riezler Alpe
1526
Gehrentobel
Kanzelwandbahn
Hinterberg
Fellhorn-
Gipfelstation
(Bergschau-Info)
Gehrenspitze
1857
Bergschau-
Zentrum
Walserhaus
Heuberg-Sesselb.
Düren-
boden
Säß
1296
Schwaben-
hütte
Pfusertobel
Zwerenalpe
Riezler
Alpsee
Gundkopf
1949
Gundsattel
Panoramarest. Kanzelwand
(Bergschau-Info)
Halde
Rohr
Tobel
Ahorn
Tiroler-
hof
Nebenwasser
Wildruhegebiet
im Winter
1910
Kuhgehrenspitze
Adlerhorst
1880
2058
Kanzelwand
(Warmatsgundkopf)
Obere
Falkhalde
Brandalpe
1306
Äußere
Kuhgehrenalpe
Alpen-
blick
Wildentalhütte
1972
Höfle
Alpe Kuhgehren
1673
2170
Walser
Hammerspitze
Mittelberg
1215
Wäldele
Wildruhegebiet
im Winter
Wies
Hochgehrenspitze
2251
Schwendle
Innere Wiesalpe
1298
Untere Wiesalpe
1290
Wannenalpe
(verf.)
1821
2260
Oberstdorfer
Hammerspitze
Wildental
Wildentobel
Fiderepasshütte
2070
2033
Fiderepass
Fluchtalpe
1390
Vordere Wildenalpe
1674
Wilde Tobel
Ochsenloch
Schafalpenköpfe
Mittlerer Schafalpenkopf
2302
2075
Hintere Wildenalpe
1777
Elferkopf
2387
Südlicher Schafalpenkopf
2272
2104
Runde Köpfle
Liechelkopf
2384
2103
2191
Kemptner Scharte
Kemptner Kopf
Angererkopf
2263
Sechs
Zinken
Obere
Angererhütte
Untere
Angererhütte
0
500 m
Mindelheimer Hütte
2013

Tour 06

06 Flusstour

Wildental

Über die Wiesalpen an die Breitach

DAUER	3h 45min
LÄNGE	13 km
HÖHENMETER	212 hm
SCHWIERIGKEIT	MITTEL
MIT ÖFFIS ERREICHBAR	ja

Das erwartet dich ...

Diese ausgedehnte Wanderung bietet einen Höhenweg mit zauberhaften Ausblicken nach Mittelberg im hinteren Kleinwalsertal, einen Besuch der Wiesalpen vor der Kulisse mächtiger Zweitausender wie der Schafalpenköpfe, Elfer- und Zwölferkopf sowie einen Talweg am klaren Wasser der Breitach entlang zurück. Überwiegend breite Wanderwege, einige Teilstücke auf Asphaltsträßchen.

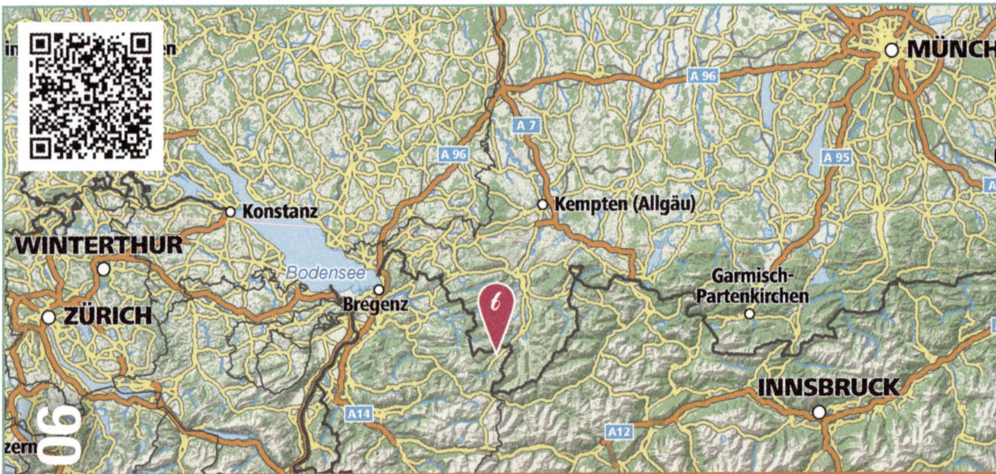

06 Flusstour

Start & Ziel & Anreise

Die Tour startet bei der Talstation der Kanzelwandbahn in Riezlern im Kleinwalsertal. Anfahrt über die B 19 bzw. B 201 von Oberstdorf (D). Parkmöglichkeiten bei der Talstation in Riezlern. Alternativ mit dem Walserbus Linie 1 von Oberstdorf bis zur Haltestelle „Kanzelwandbahn".

Tourenbeschreibung

Den Einstieg in Riezlern (1086 m) finden wir beim Ferienhof Stephanie an der Hauptstraße von der Talstation der Kanzelwandbahn Richtung Hirschegg. Auf dem kleinen Asphaltsträßchen „Zwerwaldstraße" geht es am Campingplatz Zwerwald vorbei zu den wenigen Häusern von Letze. Hier nach links zuerst kräftig bergauf, danach auf einem breiten Wanderweg an der Schwabenhütte (1140 m, ¾ Std.) vorbei nur noch leicht ansteigend. Alle Abzweigungen nach Mittelberg ignorierend bleiben wir weiter auf dem aussichtsreichen Höhenweg, der ins Wildental zur Inneren Wiesalpe leitet (1298 m, 1 ½ Std.). Bei der Sennalpe wird die Milch vor Ort zu naturreinem Bergkäse und Romadur, einer Walser Spezialität, verarbeitet. Eine Etage tiefer liegt die Untere Wiesalpe, die unter anderemm mit selbst hergestellten Ziegenmilchprodukten lockt. Der Blick ins Innere der gemütlichen Hütte zeigt eine urige Bauernstube aus dem 15. Jahrhundert.

Der breite Weiterweg führt bergab bis zum Wildenbach, der dem Tal seinen Namen gibt. Wir überqueren den Bergbach, kommen weiter talwärts am Bergheim Moser vorbei und ab hier auf kleinem Asphaltsträßchen zuletzt über die Wil dentalstraße zur Breitach. Auf der anderen Seite der Brücke leitet der Breitachweg (1140 m, 2 ¼ Std.) scharf nach rechts und zunächst ein gutes Wegstück direkt am Wasser entlang. Vor Hirschegg entfernt sich der Breitachweg kurz vom erfrischenden Nass, stößt aber bei der Maria-Hilf-Kapelle und der Leidtobelbrücke (1055 m, 3 Std.) wieder an die Breitach. Die Brücke mit offenem Gebälk und Walmdach ziert eine Holzplastik des heiligen Nepumuk (Original im Walsermuseum in Riezlern). Die Brücke war bis zur Eröffnung der neuen Talstraße (1930) der wichtigste Teil der einzigen Fahrstraße von Riezlern nach Hirschegg. Am Ende der Brücke folgen wir dem Weg nach links direkt an die Breitach. Kinder erfreut der BURMI-Weg mit Wissenswertem über das Maskottchen BURMI (Murmeltier) und Geschicklichkeitsübungen.

Noch ein paarmal wird die Breitach auf Brücken überquert, und an der Schwefelquelle vorbei stößt der gut markierte Wanderweg in Zwerwald auf den Hinweg und wir kommen wieder nach Riezlern zurück.

Blick ins Wildental mit Schafalpenköpfe

Wildental
Fluchtalpe 1390
Fiderepasshütte 2070
Fiderepass 2033
Fiderescharte 2214
Roßgund
Vordere Taufersberga
Vordere Wildenalpe 1674
Ochsenloch
Saubuckel
Nördlicher Schafalpenkopf 2320
Schafalpenköpfe
Mittlerer Schafalpenkopf
Große Wanne
Taufersbergalpe
Zwölferkopf 2224
Hintere Wildenalpe 1777
Allgäuer
Breitengehrenalpe 1156
Vorderberghöfle
Elferkopf
2387
Südlicher Schafalpenkopf 2272
Scheidbichel
1681
Schmalzhalde
Runde Köpfle
Liechelkopf
Kemptner Scharte
Kemptner Kopf
Rappenalpenbach
Rappenalptal
Linkersa
1670
Angererkopf 2263
Sechs Zinken
Obere Angererhütte 1908
Untere Angererhütte
Rappenalpe
Mittlere Rappenalpe
Auf dem Falken 1787
Mindelheimer Hütte 2013
Schwarze Hütte 1227
Mußkop 1968
Bergerhöfle
Körbertobel
Seehütte
Seebach
2130
Geißhorn 2366
Wildengundkopf 2197
Im Älpele
Hochalpen
Biberkörb
Äußere Koblat
Im hängenden Gern
Untere Biberalpe (Biberalper Höfle) 1310
Schafalpe
Mutzentobel
Kleiner Rappenkopf 2276
Sterzerhütte 1859
Sterzer Seele
Grenzpunkt Koblat 2040
Salzbichel 1678
Mittlere Biberalpe
Mutzenkopf 1892
Hochrappenkopf 2425
Haldenwanger Alpe
Speicherhütte
Haldenwanger Bach
Bürgerbach
Obere Biberalpe
1982
Koblachhütte 2020
1522
1688
Am Schänzle
Schlosswand
2019
Haldenwanger Kopf
Schrofenpass 1913
Grüner
1876
Salzbüchelkopf
2361
Winterne
2002
Obere Haldenwanger Hütte
Trifthütte 1935
Hintere-Vordere- (verf.)
1771 Lechleitner Alpe
1931
Gehrner Berg
Hirschgehrenalpe
Haldenwanger Eck 1883
Hundskopf 2050
Biberkopf 2599
Tufisbodenalpe
Walserkarle
200
Kässtraße
Mansgunteralpe
Sonnenfluh
Gehren
Holzgauer Haus 1517
Schrofenwiese
Galenkopf
Arud 1465
Krumbach
Wolfegg
Walserstube
Tyrol
Lechleiten
Warth 1495
1539
Alpenrose
Mäuerleshütte 2097
Ruck
Steffisalpe
Tirolerhof
Waldstel
Lahetalpe
Tieftaltobel
Steffisalp-Express (So+Wi)
Höhiwald
198
Lechat
Brandboden
Huber Alpe
Bildegg
1540
Hahnenköp
Lawinenverbauung
Langer Boden
Alpenstube
Wannensee
Teschenberg
1941
Wannenkopf
Apnitobel
Zügle
198
1317
1330
Mabelhütte 1360
Gspa
Straße Lech-Warth (Wintersperre)
Häusler Wald
Burgstallbr
Höllenspitze
Höllenkar 2362
Zuntemigalpe 1882
"Zur Gamsvroni"
Bockbach
1458
Mittagspitze 2370
Posta
Grünegehrengrat
Wang-Hus
Bockbacher Almwirtschaft 1467
Bockbach-Alpele 1791
Birchetsgump
Bürstegg 1719
Rappenspitze 2472
Naturpark Tiroler Lec
Tristelleralpe
1766
Lech
Zoreneegg
Schwabwannetobel
2416
Schäferköpfe
Lärchmähder
Göldenbodenalpe
Lange Tole
Hörlemannskopf 2244
Die Schrecken
2105
Schluecht
0 500 m
Blaue Wand 2080
Wöster Alpe
Grube

Panoramatour 07

Grüner-Umrundung

Aussichtsrunde zwischen Lechtaler und Allgäuer Bergen

DAUER	2h 30min
LÄNGE	6,5 km
HÖHENMETER	243 hm
SCHWIERIGKEIT	LEICHT
MIT ÖFFIS ERREICHBAR	ja

Das erwartet dich ...

Eine gemütliche, grenzüberschreitende Rundwanderung auf Wiesen- und teilweise steinigen Bergpfaden mit relativ kurzen Auf- und Abstiegen. Neben dem sich markant über dem kleinen Bergdorf Lechleiten aufbauenden Biberkopf und dem Hundskopf ist der Grüner eine eher unscheinbare bewachsene Erhebung. Seine Umrundung verwöhnt mit einer weiten Aussicht und überschreitet Grenzen auf alten Handelswegen.

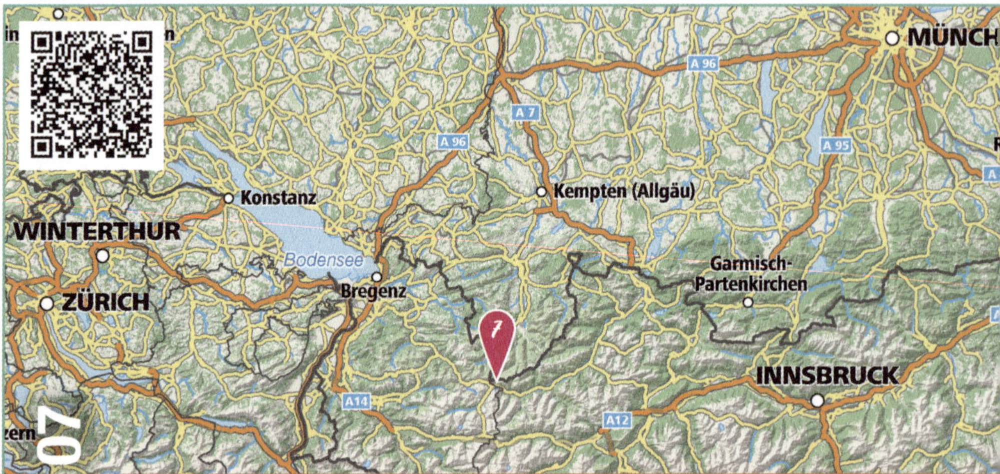

Panoramatour 07

Start & Ziel & Anreise

Ausgangspunkt der Tour ist Lechleiten bei Warth. Anfahrt über die B 198 von Lech am Arlberg oder von Reutte, östlich von Warth dann der Beschilderung Richtung Lechleiten folgen. Parkmöglichkeit im Ort. Alternativ mit Bus 110 von Warth oder Reutte bis zur Haltestelle „ Steeg-Lechleiten" an der B 198, dann zu Fuß weiter bis Lechleiten (Gehzeit ca. 15 Minuten).

Tourenbeschreibung

Unterwegs auf uralten Saumpfaden! Was wir heute freiwillig genießen, bedeutete für die Bewohner des Tannbergs in früheren Zeiten große Strapazen, mussten sie doch die benötigten Waren zu jeder Jahreszeit über die Berge transportieren.

Angesichts dieses Wissens marschieren wir weniger bepackt hinter dem Alpengasthof Alpenrose in Lechleiten (1539 m) steil über einen Wiesenhang hinauf bis zu den Lechleitner Alpen. Unterwegs erkennt man links die schräg abfallende Wand des Hohen Ifen und mit zunehmender Höhe den mächtigen Felsklotz des Widdersteins. Ab der Hinteren Lechleitner Alpe verflacht der Weg und führt über sattgrüne feuchte Böden gemütlich zum Standort Am Schänzle (1760 m, 1 Std.). Hier überschreiten wir die Grenze zu Bayern und treffen auf den von der Rappenseehütte herüberführenden Höhenweg.

Beim Blick vom Grenzjoch fällt insbesondere die viergipfelige Höfats auf. Der teilweise steinige Weiterweg zieht nun nach links weit ausholend in einigem Auf und Ab um den mit Latschen bewachsenen einsamen Gipfel des Grüner bis zum Schrofenpass. Tief unten liegt das stille Rappenalpental mit seinen formschönen Allgäuer Bergen. Am Schrofenpass (1688 m, 1 ¾ Std.), einem uralten Handelsweg zwischen dem Lechtal und dem Allgäu, überschreiten wir wieder die Grenze nach Österreich.

Der Abstieg gestaltet sich anfangs sanft, später etwas ruppiger im Angesicht der mächtigen Mittagspitze und Höllenspitze über dem oberen Lechtal. Kurz vor Erreichen des Holzgauer Hauses wird ein Bergbach überquert. Vom Gasthaus geht es auf dem Zufahrtssträßchen an der kleinen Kapelle vorbei nach Lechleiten. Das Bergdorf genießt eine sonnige aussichtsreiche Höhenlage. Von hier hat man einen schönen Blick auf Warth mit Karhorn, Warther Horn und Auenfelder Horn.

Lechleiten mit Biberkopf im Hintergrund

Fischteich
Greiterweiher (Fischteich)
Achrain
Heimat-museum
Kienzen
Innergschwend
Berger Ache
199
Neukienzen
Kletter- u. Bouldertreff
Wiesle
Bichl
Rossberg Appartements
Felixe Minas Haus
Geist
Tannheim
1097
Bogen
Neunerköpfle (8er Gondelbahn)
1313
Rohnenlift
Stuiben-Sennalpe 1403
1192
Höfer See
Ruhegebiet Höfersee-Alpele im Winter
Ruhegebiet im Winter
1410
Pfobeschwanz
Schutz-hütte
Jhtt.
Ponten
Alpelebach
Schmieden
1990
Rohnenspitze
Rohnenschrofen
Alpele 1526
Untere Roßalpe
Roßalpbach
Zufahrt Vilsalpsee von 10-17 Uhr gesperrt! (frei für Busse und Berechtigte)
Ponten
2045
Bergwacht-hütte
Zirleseck
1872
Schnurschrofen
Alpelestal
1900
Roßberg
1753
Kanzel
Feldalpe
Zererköpfle
1946
Willersalpe 1459
Feldalpe
Obere Roßalpe
Schottergrube
Usseralpe 1633
1790
Lochgehrenkopf
Vilsalptal
Gappenfeldbach
Älpele
1703
Gaiseck 2212
2247
Gaishorn
Weltlingalpe
Fischerstube
Vilsalpsee
1168
Vilsalpsee
1898
Gerenkopf
Gaiseckjoch 2088
Sulzspitze
2084
Gemalpe (verfallen)
1168
Untere Traualpe
Blässe
1961
Gappenfeld-alm
1860
Gappenfeld-scharte
2241
Rauhhorn
Schäferkopf
1793
Vilsalpe 1178
Weg gesperrt!
Schäferhütte
Naturschutzgebiet Vilsalpsee
Schochenspitze
2069
Hintere Schafwanne
1965
Taufersalpe (verf.)
1649
Obere Traualpe
Traualpsee
Geierköpfl
2010
2126
Kugelhorn
Bärgacht
Auf dem Falken
Knappenkopf
2071
Bergaicht Wasserfall
Rote Spitze
2130
Landsberger Hütte 1810
1915
Östl. Lachenjoch
Lache
Klettersteig
1905
Schreckenhütte (verf.)
1764
Im Älpele
1600
Gappenfelder Notland
Älpelekopf
2024
1813
Kirchendachsattel
1927
Alpsee
Westl. Lachenjoch
2067
2015
Lachenspitze
2126
Kastenalpe
Steinkarspitze
Steinkarjoch
Schrecksee
Kirchendach
2013
Kastenjoch
2015
Steinkar
2180
Krottenköpfe
Luchsköpfe
In der Schiene
Kastenkopf
1875
1859
z.T. ausgesetzter Weg
2087
Schreckenjöchle
1988
2129
2135
Kälbelespitze
2000
Kalbleggspitze
Hochwalder Karalpe
Lahnerkopf
Lahnerscharte
Hochwalderkar
Schäferhütte
2122
Hinterkar
1887
1973
Tannalpe
Tannegg
1773
Krottenwald
2052
Schänzlespitze
Mitterkar
1913
Im Schänzle
1651
Hochwalder-bodenalpe
1610
Tannhütte
1225
2070
Schänzlekopf
1581
Lehnerhütte
Brentwaintal
Hochwald
Tannwald
Hassenteufelhütte
0
500 m

Tour 08

Wasserfalltour 08

Bergaicht-Wasserfall

Unterwegs im Naturschutzgebiet Vilsalpsee

DAUER	2h
LÄNGE	6,8 km
HÖHENMETER	82 hm
SCHWIERIGKEIT	LEICHT
MIT ÖFFIS ERREICHBAR	ja

Das erwartet dich ...

Ein gemütlicher Spaziergang auf breiten Wanderwegen im Naturschutzgebiet Vilsalpsee, der auch bestens für einen Familienausflug geeignet ist. Inmitten grandioser Bergkulisse kann man rund um den Naturbadesee Ruhe und Entspannung finden und die vielen Schätze der reichen Flora und Fauna entdecken, die hier beheimatet sind. Auch der Badespaß kommt nicht zu kurz (Badebereich am Nordostufer), auch wenn die Wassertemperatur meist nicht mehr als 17 Grad erreicht.

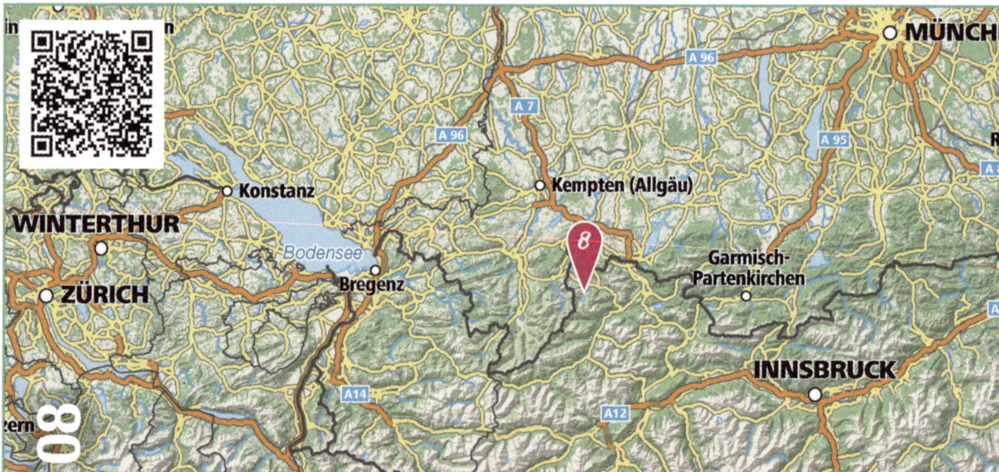

Wasserfalltour 08

Start & Ziel & Anreise

Die Tour startet bei den Gasthäusern am Vilsalpsee unweit von Tannheim. Anfahrt von Reutte über Weißenbach a. L. oder von Bad Hindelang (D) nach Tannheim und von dort in das Vilsalptal, Parkplatz am nördlichen Seeufer. Achtung! Die Zufahrtsstraße ist zwischen 8 und 17 Uhr in beiden Richtungen für Privatautos gesperrt! Alternativ mit dem Bus oder Bimmelbähnchen Alpenexpress von Tannheim zum Ausgangspunkt. In Tannheim kann der PKW auf einem der Ortsparkplätze abgestellt werden.

Tourenbeschreibung

Der Vilsalpsee ist Herzstück des gleichnamigen, 18,2 km² großen Naturschutzgebiets, das weiters auch noch die höher gelegenen Gewässer Traualpsee, die Lache und den Alplsee einschließt. Das Gebiet steht seit 1957 unter Naturschutz und beheimatet Hunderte Pflanzenarten, unter ihnen auch geschützte Arten wie Wildorchideen, Edelweiß oder Enzian. Selten gewordene Tiere wie der schwarze Alpensalamander (auch „Tattermandl" genannt) oder die Erdkröte lassen sich ebenso erspähen wie Murmeltiere und Berggämse. Ganz besonders ist auch die Vogelwelt des Naturschutzgebiets. Viele Vögel, unter ihnen der Haubentaucher, finden hier eines der höchstgelegenen Brutgebiete Österreichs.

Unser Ausflug steht ganz im Zeichen des einzigartigen Naturschutzgebiets und beginnt an den Gasthäusern am Vilsalpsee (1168 m). Auf der breiten und flachen Schotterstraße des Vilsalpsee-Promenadenwegs gehen wir dem Westufer entlang taleinwärts bis zum Ende des Sees. Die Berge spiegeln sich unterwegs im Wasser und wir können die Forellen deutlich sehen, so klar ist hier das Gewässer! Nicht minder imposant ist der gewaltige Bergsturz, der die Kulisse prägt.

Vom Ende des Sees ist es nur mehr ein Katzensprung in südwestliche Richtung zur Jausenstation Vilsalpe mit besonderem Blick aufs Geierköpfle. Der Wasserfall-Wegweiser zeigt auf die Fahrwegverlängerung gerade hinauf in den Fichten-Block-Urwald. Im weiteren Verlauf bringt uns ein Steig zum Waldende unter den hohen Bergaicht-Wasserfall (1250 m, 1 Std.).

Der Talschluss ist ein idealer Abenteuerspielplatz für Kinder, hier können sich Schneereste jedoch bis in den Sommer halten! Während der Schneeschmelze im Frühsommer ist der Wasserfall besonders eindrucksvoll. Als Rückweg zur Vilsalpe bietet sich die andere Bachseite an.

Ab der Vilsalpe folgen wir wieder dem bereits bekannten Weg zurück zum Ausgangspunkt. Dort lädt ein Badebereich für eine kühle Erfrischung und ein Ruderbootverleih für eine abschließende Bootsfahrt ein.

Idyllische Atmosphäre am Vilsalpseeufer

09

Aktiv-Hotel Ötztal
686
972
Larchet
Grün
704
Ötztal-Bahnhof
734
Stadelwiesen
Narrenkopf
1832
Sattele
1690
Obergut
Unter-
häusern
Kössl
Balbach
1538
Ochsen-
garten
dzt. gesperrt
Amberg
Amberger See (Brandsee)
Amberg
1590
Kühgartenwand
1383
186
Brunau
722
Brunau
Ebenmais
Ötztaler Ache
N e d e r t a l
Rammelstein
Rammelstein
Ambach
762
Ambachhof
Auerklamm
Taxegg
1121
Mühlau
1783
Rauher Kogel
Kühtaile Alm
1988
Stuibenfall
Stufenreich
Rotes Wandl
Jagerhüttl
Hochoetz
2020
1016
Schlatt
Rastbichl
Widiversum
Mohrenköpfl
Ebene
755
Oetzerau
Windegg
Roßkopf
2399
Pest-
kapelle
Outdoor-
Parcours
Klingenburg
Seite
Hexenplatte
Ebenpuit
Riedeben
Schrofen
Bielefelder Hütte
2112
760
Drei-Kirchenblick
Sautens
812
Oetz
812
Turm-
museum
Acherkogelbahn
Ritzlerhof
Ötztaler Ache
Acherberg-Alm
1893
Haderlehn
Kluft
Kids Park Oetz
Ederbach
Piburg
959
Piburger See
Kanzel
Ebele
1453
Knappenlöcher
Haderwald
1352
914
Seehäusl
Seejöchl
Jagdhütte
1835
Achstuze
Holderbach
Habichen
851
2423
Achplatte
Kohlstatt
1504
Habicher See
Habicher Wand
2176
1892
2122
Karalpe
186
Jöchle
2265
Armelenhütte
1747
Armelenwand
997
Sandbichl
Grube
Jhtt.
1494
Karboden
Acherbach
Erster Karkopf
2513
Hohe Warte
2372
Mittlerer Karkopf
2607
Tumpen
937
Ried
Vordere Tumpenalm
1831
1396
Burgstein
Hintere Tumpenalm
2191
Tumpenbach
Kiselbach
Engels-
wand
Farster Kopf
1988
2196
T u m p n e r B e r g
Platzl
Farst
1482
Farst
Kreuzjochspitze
2675
Gehsteigalm
1894
Lehn
961
Maria Schnee
Farstrinne
Ö s t e r b e r g
S o n n e b e r g
2650
0
500 m
Schäferhütte
2179
Hopfgarten
1535
Östermuhre
Österreuten
D ü r r e b e r g

09

Seetour

Piburger See

Verstecktes Naturjuwel im Vorderen Ötztal

DAUER	1h 30min
LÄNGE	6,3 km
HÖHENMETER	170 hm
SCHWIERIGKEIT	LEICHT
MIT ÖFFIS ERREICHBAR	ja

Das erwartet dich ...

Eingebettet in eine unscheinbare Senke hoch über der Ortschaft Oetz spiegeln sich im mystisch dunklen Wasser des Piburger Sees dichte Nadelwälder und der mächtige Acherkogel. Diese kurzweilige Wanderung zu einem besonderen Kraftort ist vor allem für Familien spannend und lockt an heißen Sommertagen mit einer Abkühlung im See.

Start & Ziel & Anreise

Ausgangspunkt der Tour ist Habichen im Ötztal. Anfahrt über die A 12 im Inntal, dann bei der Ausfahrt 123 Haiming/Ötztal auf die B 186 wechseln und taleinwärts fahren. Die Hauptstraße bei Habichen verlassen, durch den Ort am „Habicher Hof" vorbei taleinwärts fahren, bis man die Hauptstraße unterqueren kann. Parallel zur Talstraße weiterhin taleinwärts bis zur gedeckten Holzbrücke, Parkplatz ebendort. Alternativ mit Bus 4194 von Imst oder Bus 8352 von Haiming bis zur Haltestelle „Oetz-Habichen".

Tourenbeschreibung

Viele Wege führen zum Piburger See – vom Oetzer Ortsteil Piburg, von Oetz selbst, von Habichen... Egal, für welchen Weg man sich entscheidet: Kaum einer wird sich, am See angekommen, der Faszination dieses kleinen Gewässers auf einer Felssturzterrasse und eingerahmt von dunklen Wäldern entziehen können. Vor allem im Frühjahr und Herbst geht es hier geruhsam zu. An Badetagen ist es dagegen mit der Ruhe ziemlich vorbei. Der Piburger See ist einer der wärmsten Bergseen Tirols und dank seiner Nähe zu den umliegenden Siedlungen ein beliebtes Naherholungsziel. Im Sommer erwärmt er sich an der Oberfläche auf bis zu 24 °C, am Seegrund in 25 m Tiefe bleibt es hingegen das ganze Jahr hindurch bei kühlen 4 °C. Die angenehme Temperatur und das weiche Wasser machen ihn nicht nur zu einem beliebten Badesee, sondern auch zu einem ganz besonderen Lebensraum für viele spezielle Tier- und Pflanzenarten.

Hier wird der Zustieg über die Wellerbrücke vorgestellt. Diese über die Achstürze führende Brücke ist schon für sich selbst gesehen ein lohnendes Ziel, denn von der Brücke hat man einen schönen Blick auf die Stromschnellen der Ötztaler Ache. Besonders eindrucksvoll ist das Naturschauspiel nach der Schneeschmelze oder nach lang anhaltenden Niederschlägen.

Vom Parkplatz an der Holzbrücke (850 m) folgen wir der Beschilderung zur Wellerbrücke. Über Wiesen führt der Weg zum Wald, wo man auch schon die Ausläufer des Bergsturzgeländes erreicht, durch das man zum See wandert. Zwischen den bemoosten Felsbrocken führt der Pfad gut ausgeschildert zur Wellerbrücke (828 m, ¼ Std.). Eine steile Treppe leitet hinunter auf die Brücke, unter der je nach Wasserstand die Ötztaler Ache hindurchtost. Am anderen Ende geht es über einen mit Geländer gesicherten Steg am steilen Felsen weiter. Dieser mündet in einen Waldpfad, auf diesem zu einer Weggabelung und ab da auf einer Forststraße zum See. Schon bald ist das nette Gasthaus Seehäusl erreicht (924 m, ½ Std.). Der Rundweg führt gemütlich einmal um den See herum zu seinem Nordwestende und weiter auf der Talseite zu der gebührenpflichtigen Badeanstalt. Er endet schließlich wieder am Seehäusl. Zurück geht es auf gleichem Weg über die Wellerbrücke zum Parkplatz in Habichen.

Spektakuläre Brücke über die Ötzer Ache

10

Spitziges Kögele (Schwarzkögele)
2948
Itlsee
Soomsee
2510
Loobferner
Zirmkogel (Stockkogel)
3278
2980
Karschneid
Loobkar
2589
Sonnbergalm
Gurgler Tal
1850
Poschach
Top-Express-Gurgl
2682
2828
Vord. Wurmkogel
Vorderes Wurmkar
2236
Königstal
Forstliche Bundesversuchsanstalt
Ochsenkopf
1961
Pirchhütt
Hotel Alpenaussicht
Königsbach
Zirmeggenkar
Zirmeggkogel
3229
2819
Am Barst
2361
Kressbrunnen
Obergurgl
1907
Festkogelbahn
Universitätszentrum
Spitziger Stein
Gurgler Heide
2686
2973
Lehnerkar
2574
Am Beil
2056
Rumsoppen
Roßkarschneid
Ferwalltal
Zirben Alm
Naturdenkmal Obergurgler Zirbenwald
Bruggboden
2104
Nederhütte
Festkoglalm
Königskogel Monte Re
3050
Plattach
Roßkar
Rauhbichl
Zirach
Hohe Mut Bahn
Apere Ferwalljoch
2902
ehem. Zollhütte
2502
2965
2303
Küppelealm
Am Beilstein
Rotmoos-Wssf.
Gaisbergtal
Festkogel
3038
Ferwallspitz
Schönwieskopf
2324
Wetterstation
Hohe Mut
2653
3049
Gurgler Großalm
2252
Hohe-Mut-Alm
Putzach
Schönwieshütte
2266
2996
Rotmoosache
Ferwallferner
Halsl
2605
Rotmoostal
Wetterstation
Bärenhoppe
Granatenkogel M. dei Granati
3302
2209
Kleinalpl
2641
Unterm Wasserfall
In Kirchen
Essener Spitz
Gurgler Ache
3020
Hangerer
Äußeres Hochebenkar
Hangerersee
Hochebenscharte
2895
Gaisbergferner
2936
Hochebenkamm
Langtalereckhütte (Karlsruher Hütte)
2450
2902
Inneres Hochebenkar
3105
Hangererferner
Kirchenkogel
3280
Eiskögele
3233
Ombrometer
Liebener Spitze
Vorderer Seelenkogel
3286
Vordere Ackerlen
Langtal
Heufler Kogel Monte del Cumolo
3238
Schwärzenspitze
2980
Wasserfallferner
Rotmoosferner
Seelenferner
Trinker Kogel
3160
Mittlerer Seelenkogel
3424
3055
Scheiberkogel
3133
Sandfeld
Rotmoosjoch Bocc. di Plan
Planferner
Fidelitashütte
2883
ehem. Hochwildehaus (geschlossen)
3009
Hintere Ackerlen
Hinterer Seelenkogel
Cima delle Anime
3489
Zwickauer Hütte (Planfernerhütte) Rif. Plan
2979
0 500 m
3133
3199
nur für Geübte!

Tour 10

Panoramatour 10

Rotmoostal

Durchs Gaisbergtal und über die Hohe Mut zum Rotmoosferner

DAUER	5h 20min
LÄNGE	15,9 km
HÖHENMETER	825 hm
SCHWIERIGKEIT	MITTEL
MIT ÖFFIS ERREICHBAR	ja

Das erwartet dich ...

Eine wunderschöne Runde auf gut markierten Bergpfaden zum Talschluss unterhalb des beeindruckenden Ferners im Ötztal. Abwechslungsreich und ohne technische Schwierigkeiten, aufgrund der Länge aber gute Grundkondition erforderlich. Mit etwas Glück findet man unterwegs rote Granaten und kann das eine oder andere Murmeltier erspähen.

Panoramatour 10

Start & Ziel & Anreise

Die Tour startet im Ortszentrum von Obergurgl im Ötztal. Auf der A 12 im Inntal die Ausfahrt Ötztal/Haiming nehmen und auf der B 186 durch das Ötztal nach Obergurgl, Parkplätze in der Parkgarage im Zentrum. Alternativ mit Bus 4194 von Imst oder Bus 8352 von Haiming bis zur Haltestelle „Obergurgl-Zentrum".

Tourenbeschreibung

Eine abwechslungsreiche Wanderung für Familien ist die Runde über das Gaisbergtal auf den Rücken der Hohen Mut und weiter zum Rotmoosferner. Hier kommt man nicht nur dem Gletscher sehr nahe, sondern findet auch interessante Steine, Spielmöglichkeiten an der Rotmoosache und im Sommer eine Herde Haflinger mit Fohlen unweit der neu errichteten Schönwieshütte. Und auch das eine oder andere Murmeltier lässt sich meist sehen.

Von der Bushaltestelle bei der Kirche (1907 m) den Wegweisern taleinwärts folgen, am Hotel Edelweiss & Gurgl vorbei auf den Ramolweg wechseln, bis links der Gaisbergweg abzweigt. Nun auf der Fahrstraße den Schildern Richtung Gaisbergferner bis zur Abzweigung ins Gaisbergtal folgen (2062 m, ½ Std.). Hier links abbiegen und weiter auf der Fahrstraße, bis wir endgültig auf einen Bergpfad wechseln. Er leitet am rechten Hang entlang in das einsame Hochtal. Hier vergisst man schnell, dass man sich in der Nähe eines bekannten Skigebietes befindet. Herrlich ist der Blick zum Ferner und zur Liebener Spitze.

An einer Weggabelung verlassen wir den Weg 26, der zum Gaisbergferner führt, und steigen stattdessen auf dem rechten Weg in ein paar Kehren hinauf zum Sattel der Hohen Mut (2596 m, 2 ½ Std.). Der lang gezogene Rücken trennt das Gaisbergtal vom Rotmoostal und bietet einen spektakulären Blick auf die in der Sonne gleißenden Gaisberg-, Rootmoos- und Wasserfallferner.

Kurz verläuft der Weg noch auf dem breiten Rücken, dann wendet er sich nach rechts und zieht über Schutt- und Geröllhänge ins hintere Rotmoostal. Der Weg steigt auf Höhe der Abzweigung ins Rotmoostal nochmals bis zur Stempelstelle (2703 m, 3 Std.) an. Dort ist der höchste Punkt erreicht und man sollte sich Zeit nehmen für die grandiose Gebirgs- und Gletscherkulisse.

Der Weg führt über die Liebener Rippe hinunter zum Bach, der uns nun bis zur Schönwieshütte begleiten wird. Im grünen Talboden angekommen wandert man entlang des Rotmooses talauswärts. Das lang gezogene Moos ist 1,2 km lang und etwa 150 m breit und hat sich aus einem verlandeten See entwickelt. Über den Sommer weiden hier Haflinger, die zum Herbst hin bei der Schönwieshütte anzutreffen sind. Da die Pferde aufgrund ihres Gewichtes und des Nährstoffeintrages das jahrtausendealte Rotmoos-Moor nachhaltig beeinträchtigen, sind die Tiere speziell direkt im Moorbereich aus Sicht der Schutzgebietsbetreuung gar nicht gern gesehen. Am Weg lassen sich außerdem sehr gut Murmeltiere beobachten.

Nach gut einer Stunde ist die Fahrstraße zur Schönwieshütte erreicht. Von dort ist es nicht weit zur 2015 komplett neu errichteten Schönwieshütte (2266 m, 4 ¼ Std.). Zurück nach Obergurgl hat man nun zwei Möglichkeiten.

Entweder folgt man der Fahrstraße hinunter in den Ort oder – sehr viel schöner und empfehlenswerter – zweigt nach etwa zehn Minuten an einem Wegweiser zum Zirbenwald nach links ab und wandert über die Hänge bergab und links zur Schlucht des Rotmoosbachs. Hier hat man einen schönen Blick auf den Rotmooswasserfall.

Durch den malerischen Zirbenwald weiter auf markierten Steigen hinunter Richtung Ache und an der Zirben Alm (früher „David´s Skihütte" (1946 m, 5 Std.) vorbei zurück in den Ort zur Bushaltestelle im Ortszentrum.

Außerrain
Wildeben
1781
Natur-
schauplatz
Ladstatt
970
Zegger
Kampler Wald
Schönegg
1294
Singermoos
Ebnerhof
Kogl
1996
Neder
Herrengasse
1017
Bachertal
Schmieden
2050
183
Rain
Jagdhütte
Oberkartnall
Hofer
1284
Kamplhöhle
Freizeit-
zentrum
Neustift
im Stubaital
994
2043
Schochnerwald
Forchach
1341
S c h e i b e
Lehner
1110
Weber Lois
Panoramabahn
Franz-Senn-Denkmal
Aue
Stackler
Kesselmahd
Oberbergbach
Lehnertal
Herzebenalmen
Autenhöfe
Schittental
Herzebenwald
Milders
1026
11
Herzebner
Almwirt
1338
2728
Kesselspitze
2230
Panorama Rest.
Elfer
1794
Issenangeralm
1366
Frauental
2004
Elferhütte
Roter Kopf
2526
Ruetz
Autenalm
1665
Schaller
1042
Wasenwand
2563
Ransen
2047
Foppmandl
2412
2052
Zindegg
Autengrube
2499
Elferspitze
Klamme
Elferkofel
2505
Padasterjochhaus
2232
Hammerscharte
2528
2335
2063
2634
Hammerspitze
2550
Zwölfernieder
Klamperbergalm
1803
2562
Klettereil
Zwölferspitze
Pinnistal
Pinnisalm
1560
Schäferhütte
2427
Padasterkogel
2301
Gargl
Äußere-
Schafspitze
2661
Kirchschoalßen
2149
Klamperberggrube
Nur für
Geübte!
Silbersattel
2840
Kirchdachspitze
Innere-
Kelderer
2694
Karalm
1737
Pinnisbach
Obere
Bockgrube
Mittlere-
Karalm-
grube
Manteler
2811
Innere-
Bockschrofen
Ilmspitze
2692
2195
Roblerwand
Untere
Bockgrube
Kühwand
Schaufelspitzl
2833
Alfairgrube
1231
Stauden
Gallreideschrofen
1875
Hotel
Kirchdach
Pinnisferner
3033
Mischbach-
ferner
2564
Kalkwand
Pitzens
Alpenrose
Mitterhof
1242
3277
Habicht
Pinnisjoch
Innsbrucker Hütte
2369
Gschnitz
1242
Geigerwand
Gurns
Auß. Glättenieder
2973
Alfairsee
Alfairalm
0 500 m
Glättespitze
3133
2733
Saxertal

Panoramatour 11

Panoramaweg am Elfer

Höhenflüge über dem Pinnistal

DAUER	3h 30min
LÄNGE	10,5 km
HÖHENMETER	660 hm
SCHWIERIGKEIT	MITTEL
MIT ÖFFIS ERREICHBAR	ja

Das erwartet dich ...

Eine aussichtsreiche Bergwanderung auf gut angelegten Wegen und Forststraßen im wildromantischen Pinnistal, einem Seitental des Stubaitals. Die Grashänge, die der Panoramaweg unterhalb des Elfermassivs durchquert, sind recht steil und erfordern einen sicheren Blick nach unten.

Panoramatour 11

Start & Ziel & Anreise

Ausgangspunkt der Tour ist die Bergstation der Elferlifte in Neustift im Stubaital. Die Brennerautobahn A 13 bei der Ausfahrt Stubaital in Schönberg verlassen und dann weiter auf der B 183 bis Neustift, Parkplatz bei der Talstation Elferlifte. Alternativ mit Bus 590 von Telfes bis zur Haltestelle „Neustift i. St.-Abzw. Elferbahn". Auffahrt mit der Gondelbahn zur Bergstation.

Tourenbeschreibung

Das Elfer-Massiv diente den Bauern seit jeher als natürliche „Sonnenuhr". Die Gipfelkrone dieses Bergstocks besteht aus Dolomit, was seinen Reichtum an bizarren Türmen und Graten erklärt. Der Panoramaweg, der unterhalb dieser alpinen Zauberwelt von der Elferhütte zur Karalm im hinteren Grund des Pinnistals führt, zählt daher nicht ohne Grund zu den „klassischen" Stubaier Wanderrouten. 2013 wurde er breiter ausgebaut und zu einem Themenweg gestaltet. Wieso sind Alpenblumen so farbenprächtig? Warum schmecken Beeren süß? Und was machen die Pflanzen eigentlich im Winter? Diese und viele andere Fragen werden dort nun buchstäblich im Vorübergehen beantwortet. Dazu gibt's eine prachtvolle Aussicht und vier gastliche Einkehrstationen – einem perfekten Wandertag steht also nichts mehr im Wege!

Von der Bergstation der Elferlifte (1794 m) lohnt sich zunächst einmal der kurze Abstecher zur großen, hölzernen und begehbaren Sonnenuhr. Danach wandern wir auf dem gut beschilderten Zickzackweg zur Elferhütte (2080 m, ¾ Std.) hinauf. Dort genießen wir eine wunderbare Aussicht über das Stubaital, zu den gegenüber aufragenden Kalkkögeln und weiter hinaus bis zum Karwendelgebirge.

Vom Schutzhaus steigen wir noch kurz zur Bergstation des Skilifts an. Dort biegen wir links auf den Panoramaweg zur Karalm („Blütenzeit") ab. Die breite und flache Trasse führt durch die steilen Gras- und Latschenhänge unter dem Elfer-Massiv dahin. Die Sicht zu den gegenüber aufragenden Felsfluchten der Hammer- und der Kirchdachspitze ist ebenso eindrucksvoll wie der 600-m-Tiefblick zum Talgrund mit der Issenangeralm; Rastbänke laden zum Verweilen ein. Nach 15 Minuten gehen wir geradeaus an der Einmündung des „Sonnenzeit"-Weges vorbei. In der Folge erfahren wir unter dem Motto „Steinzeit" Wissenswertes über die unterschiedlichen Gesteine, die hier die Gebirgszüge aufbauen. Von der folgenden Abzweigung zum Zwölfernieder wandern wir links zu einer weiteren Gabelung hinab. Links geht's auf der breiteren Wegtrasse Richtung „Karalm" in die Latschenzone (dorthin führt auch der rechte, alte Steig, der jedoch nicht so bequem zu begehen ist). Ein Stück weiter unten könnte man links gleich direkt zur Pinnisalm absteigen. Der Panoramaweg führt dagegen über den Naturschauplatz im Gratzengrübl und später etwas steiler zur Karalm (1737 m, 2 Std.) hinunter.

Auf der Schotterstraße gelangen wir durchs Pinnistal zur Pinnisalm (1560 m, 2 ½ Std.) hinab. Hinter dem Almgebäude beginnt ein Bergpfad (Wegweiser „Bergstation Elfer"), der in den Waldhang emporzieht. Dieser letzte, ungefähr 1 Stunde dauernde Anstieg bietet wieder eine schöne Sicht über das Pinnistal; ein paar Metallstufen mit Geländer entschärfen eine kurze, felsige Passage. Zuletzt erreichen wir – wieder auf breiterer Trasse – einen Forstweg, auf dem wir zur nahen Holz-Sonnenuhr und zur Bergstation der Elferbahn gelangen.

Alternativ dazu kann man von der Pinnisalm auf der Forststraße durch das Pinnistal in den Neustifter Ortsteil Schmieden und – auf der anschließenden Asphaltstraße – weiter Richtung Neder (970 m) hinunterwandern. Oberhalb der Ortschaft links auf den Wiesenweg einschwenken. Unten gelangt man dann neben der Ruetz taleinwärts Richtung Neustift zur Talstation der Elferbahn.

Waldraster Jöchl
(Gleinser Jöchl)
1878
Sumpf
Schwarzwald
1689
Auffindungs-
kapelle
Kaser
Boden
1553
Schönanger
Mautstelle
Mützens
1061
Mühlbachl
Rasthaus
Matrei
am Brenner
990
Sonnenstein
2441
Im Echo
Maria Waldrast
1641
Maria Waldrast
Mutterwasser
Alm-
wasser
1211
Waldraster B.
Obfeldes
Waldrasterspitze
2442
Serles
2717
Siebenbrunnen
1469
1388
Brandachwald
Kugler
Matreier Ochsenalm
1558
A13
E45
Netscherhof
1002
2384
Serlesjöchl
Matrei-
Steinach
19
Kletterhall
basecamp
Rote Wand
1575
Weiße Wand
1830
Statz
Langes Tal
Matreier Grube
Brandach
1213
Mühler
Lämpermahdspitze
2595
Herzl
Puig
Statzer Tal
1458
Sisi-Straße
Jhtt.
Blaser
2241
Ober der Mauer
2520
2209
Notunterstand
1323
Kalbenjoch
2225
Blaserhütte
2176
Kugelwand
Peilspitze
2392
Kalbenjochmähder
1913
Hablerberg
1865
Salfaun
Falschwernalm
Sanddürren-
mähder
Pflutsch-
boden
Zwieselmähder
1369
Padeilemähder
1804
Oberzäunerwald
1756
Platzer Wald
Wipptaler Ho
1768
Loosloch
Aussichtsplattform
Adlerblick
Außerpirchet
1166
1538
Burgwald
St. Anton
1236
Gschnitzbach
Leiten
1235
1479
Trinser
Hof
Barbeles-
wand
Bichl
Trins
Hohe Burg
1233
Herren-
wasserl
Sarnthein-Wasserfall
St. Barbara
Blamoos
Steinacher
Berg
Annakapelle
Käferloch
Schloss
Sarnthein
Gschnitz-
moräne
Greitenwiesen
Toteisloch
Wasserwelt
Bärenbach
Bergeralm
1585
Hohe Burg
2198
Landschafts-
see
1468
Bärenfalle
Galtschein-Siedlung
Kalkofen
1222
Haslachwald
Steinboden
Lazaunwald
Brandach
1476
Grazanawald
Gerichtshermalm
1663
Hoher Turm
Nösslachjochhüt
2022
1208
1608
Truna-
wasserfall
Nösslachjoch
2225
Hochsonnlift
Pumafalle
s'Kreuzl
2231
Lahnwiesen
1988
Vallmaritzalm
Stolzenalm
Trunawald
2048
1234
Schmurzwände
0
500 m
Nösslachjochalm
Egger Berg
2280
Schihütte

Tour 12

12 Gipfeltour

Auf den Blaser

Blumenberg über dem Gschnitztal

DAUER	5h
LÄNGE	8,2 km
HÖHENMETER	1010 hm
SCHWIERIGKEIT	MITTEL
MIT ÖFFIS ERREICHBAR	ja

Das erwartet dich ...

Eine Genusswanderung mittleren Schwierigkeitsgrads auf guten, aber stellenweise steilen Pfaden, die besonders zur Blütezeit im Frühsommer lohnend ist. Die Serles fest im Blick genießt man von diesem Gipfel eine traumhafte Naturkulisse mit Ausblick auf die Tuxer Alpen, den Zillertaler Hauptkamm, die Kirchdachspitze und Peilspitze; Bergmomente der Extraklasse!

Gipfeltour 12

Start & Ziel & Anreise

Die Tour startet in Trins im vorderen Gschnitztal. Die Brennerautobahn A 13 bei der Ausfahrt 19 Matrei verlassen, dann weiter über die B 182 nach Steinach am Brenner. Der Beschilderung Richtung Gschnitz/Trins folgen, Parkplatz an der Hauptstraße in der Ortsmitte von Trins. Alternativ mit Bus 4146 von Steinach bis zur Haltestelle „Trins Wienerhof".

Tourenbeschreibung

Der Blaser gilt als einer der großen Blumenberge Tirols: Im Frühsommer blüht rund um seine Gipfelhütte fast alles, was botanisch Rang und Namen hat. Seinen Namen verdankt der Berg jedoch dem Föhnwind, der oft über seinen flachen, nur nach Norden schroff abfallenden Gipfel „faucht".

Im Ortszentrum von Trins (1235 m) führt eine Treppe zur Kirche hinauf. Auf der oberen Straße gehen wir links durch die Siedlung Leiten bis zum Auslauf eines Grabens. Dort rechts (Wegweiser „Blaserhütte") auf dem Pfad Nr. 30 circa 200 m zu einer Quelle hinauf und dort rechts auf einem aufgemauerten Weg in den Wald. In Kehren aufwärts, über eine Lichtung zur Blaser-Forststraße und jenseits weiter zur steilen Wiese der Platzer Mähder. Vom Sattel neben dem Hablerberg (1913 m) geht's nach links, auf der Almstraße und einem Abkürzungspfad empor und durch eine Mulde zur Blaserhütte (2176 m, 2 ¾ Std.). Vor der Einkehr lohnt sich rechts der Abstecher auf den nahen Gipfel des Blaser (2241 m, 3 Std.).

Wer nicht auf dem Aufstiegsweg talwärts gehen möchte, kann auch auf dem Pfad Nr. 31 absteigen (Wegweiser „Trins über Zwieselmahd"). Er führt von der Hütte nach Südwesten in ein Wiesental (Fahrweg) und links durch den sehr steilen, nur stellenweise wasserführenden Graben der „Schlucht" zur Blaser-Forststraße hinunter.

Durch das steile Tal weiter abwärts und schließlich links nach Trins zurück.

Blütenschmuck auf dem Blaser

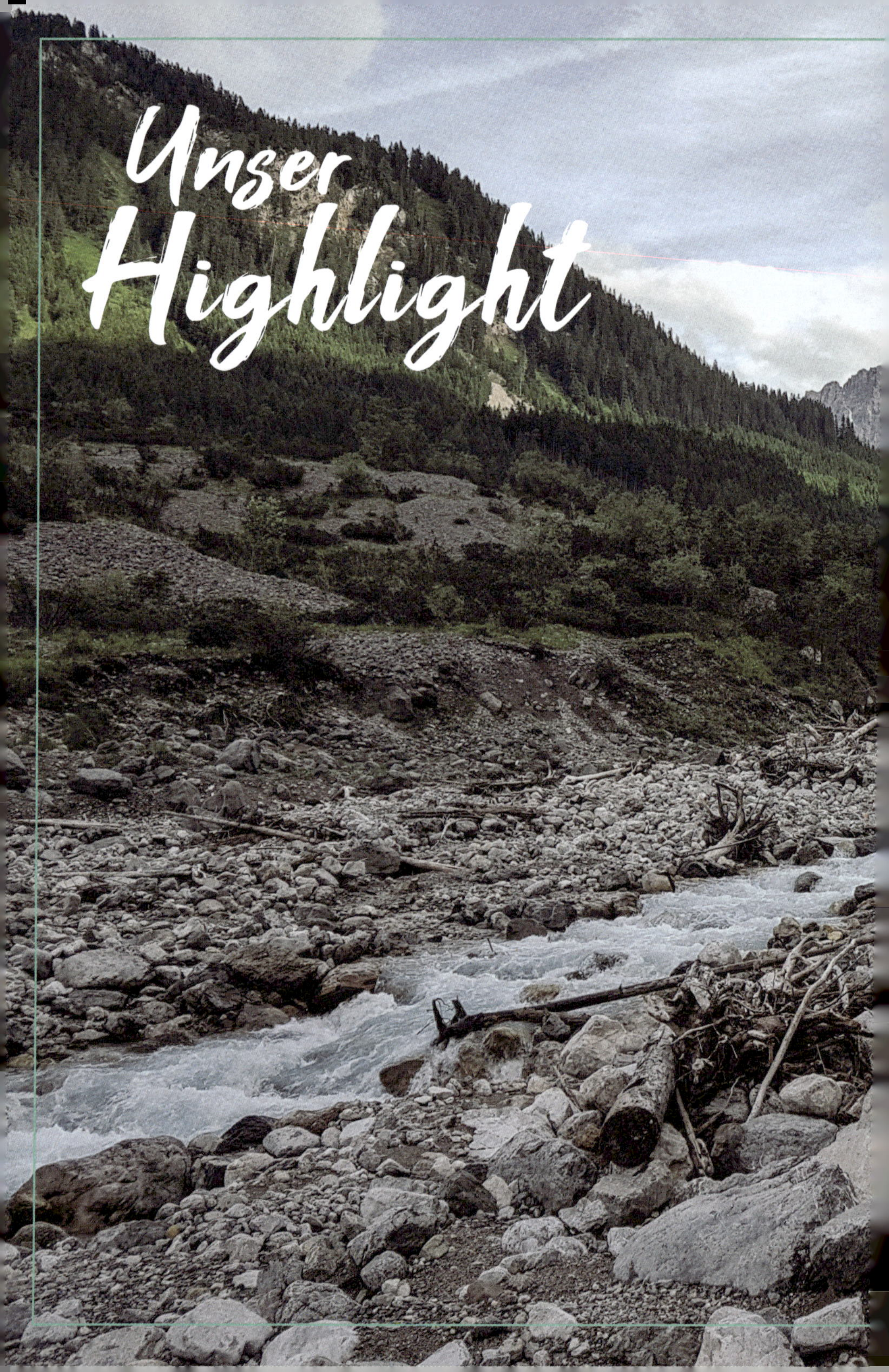
Unser
Highlight

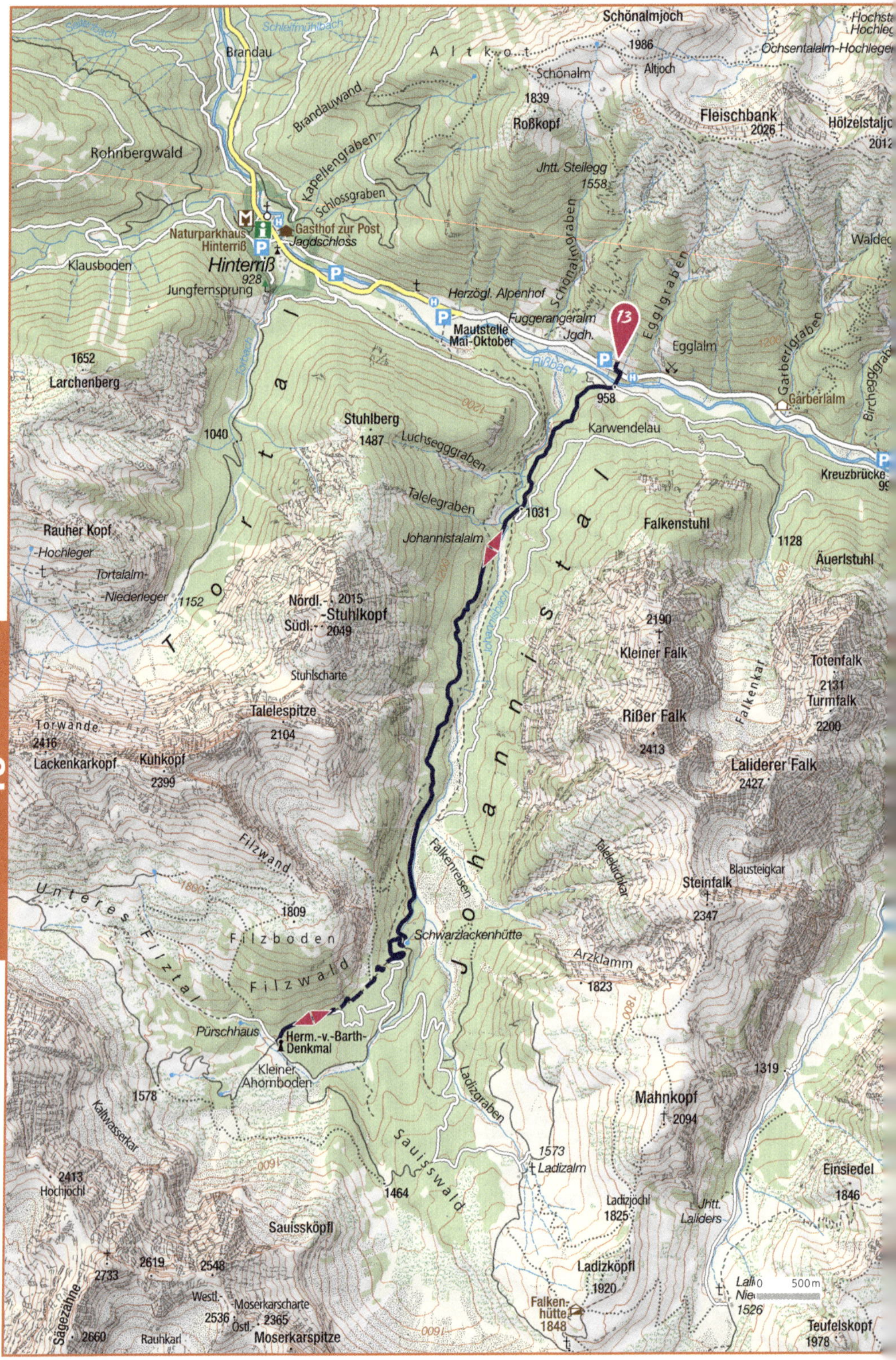
Schönalmjoch
Brandau
Schleifmühlbach
A l t k a s t
1986
Altjoch
Schönalm
Ochsentalalm-Hochleger
1839
Roßkopf
Fleischbank
2026
Hölzelstaljoch
2012
Brandauwand
Kapellengraben
Schlossgraben
Rohnbergwald
Jhtt. Steilegg
1558
Schönalmgraben
Egglgraben
Naturparkhaus Hinterriß
Gasthof zur Post
Jagdschloss
Klausboden
Hinterriß
928
Jungfernsprung
Herzögl. Alpenhof
Fuggerangeralm
Jgdh.
Mautstelle Mai-Oktober
13
Egglalm
Gärberlgraben
Rißbach
958
Gärberlalm
1652
Larchenberg
Stuhlberg
1487
Luchseggraben
Karwendelau
1040
Talelegraben
1031
Johannistalalm
Falkenstuhl
1128
Äuerlstuhl
Kreuzbrücke
Rauher Kopf
-Hochleger
Tortalalm-
-Niederleger
1152
Nördl.- 2015
-Stuhlkopf
Südl.- 2049
T o r t a l
2190
Kleiner Falk
Totenfalk
2131
Turmfalk
2200
Falkenkar
Stuhlscharte
Talelespitze
2104
Rißer Falk
2413
Torwände
2416
Lackenkarkopf
Kuhkopf
2399
Laliderer Falk
2427
Filzwand
Falkenreisen
Taleleskuchkar
Blausteigkar
Steinfalk
2347
U n t e r e s   F i l z t a l
1809
F i l z b o d e n
Schwarzlackenhütte
J o h a n n i s t a l
Arzklamm
1823
F i l z w a l d
Pürschhaus
Herm.-v.-Barth-Denkmal
Kleiner Ahornboden
Ladizgraben
1319
1578
Mahnkopf
2094
Kaltwasserkar
S a u i s s w a l d
1573
Ladizalm
Einsiedel
1846
2413
Hochjöchl
1464
Ladizjöchl
1825
Jhtt. Laliders
Sauisskopfl
2733
2619
2548
Ladizköpfl
1920
Westl.-
-Moserkarscharte
2536
Östl.
2365
Falkenhütte
1848
Lali
Nie
1526
0 500 m
Sägezähne
2660
Rauhkarl
Moserkarspitze
Teufelskopf
1978

Kleiner Ahornboden

Durch die wilde Schönheit des Karwendels

DAUER	4h 30min
LÄNGE	13,5 km
HÖHENMETER	585 hm
SCHWIERIGKEIT	MITTEL
MIT ÖFFIS ERREICHBAR	ja

Das erwartet dich ...

In einem abgeschiedenen Winkel im Karwendel liegt ein Kraftplatz, der seinesgleichen sucht: der Kleine Ahornboden. Dieser ist flächenmäßig kleiner als sein großer Bruder im Engtal und weist auch weniger Ahornbäume auf, steht ihm in Sachen Schönheit aber um nichts nach. Diese leichte Wanderung führt zu einem der schönsten Plätze der Gegend und ist für Naturliebhaber, Familien sowie für Mountainbiker geeignet.

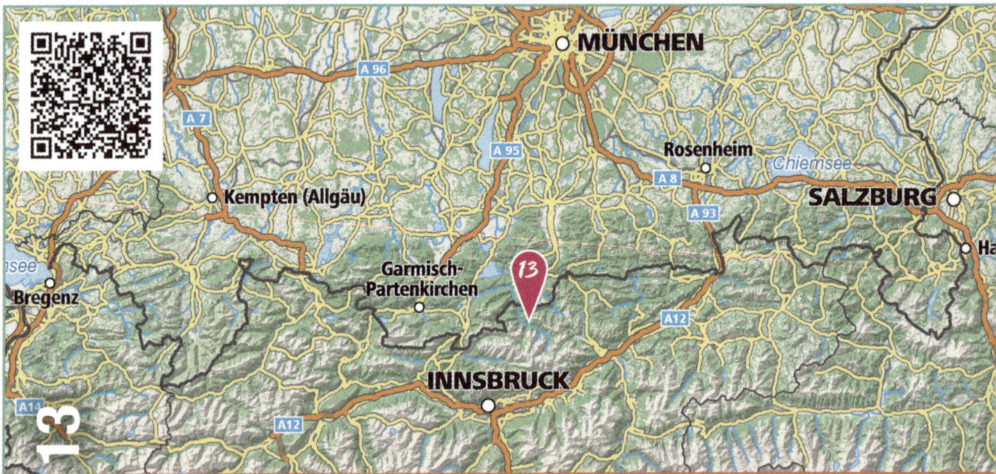

Panoramatour 13

Start & Ziel & Anreise

Ausgangspunkt der Tour ist der Parkplatz 4 im Johannistal im Rißtal. Anfahrt auf der B 307 über den Sylvenstein-Stausee (D) bis Vorderriß, von dort über die Staatsgrenze nach Hinterriß (A). Kurz nach Hinterriß beginnt die gebührenpflichtige Mautstraße, von dort ist es nicht mehr weit bis zum Parkplatz 4. Alternativ mit Bus 9569 von Lenggries bis zur Haltestelle „Hinterriß-Einstieg Johannestal".

Tourenbeschreibung

Der Ausgangspunkt für unsere Tour befindet sich am Parkplatz 4 im Rißtal bzw. bei der Bushaltestelle „Einstieg Johannistal" (961 m). Von dort überquert man eine kleine Brücke und biegt rechts in Richtung „Johannistal-Fußweg" ab. Der ehemalige Fahrweg wird von zahlreichen kleinen Rinnsalen begleitet, in denen im Frühling Froschlaich zu finden ist. Der Weg führt uns mit einigen imposanten Einblicken in die Klamm des Johannisbachs auf die heutige Forststraße. Die natürliche Barriere ist das Ergebnis des Zusammentreffens zweier Gletscher. Der Gletscher im Rißtal war mächtiger und formte diese natürliche Talstufe. Wir folgen der Straße immer weiter taleinwärts, vorbei an einem Wanderweg, der Richtung Hinterriß abbiegt, über eine Brücke. Nun bleiben wir entweder durchgehend auf dem Forstweg oder wechseln auf einen schmalen Wanderweg, der über einige Kilometer parallel zum Fahrweg weiter ins Tal führt und bei einer markanten Kehre wieder in den Forstweg mündet. Schilder für Fußgänger weisen dort den Weg Richtung Falkenhütte und Karwendelhaus. Entlang des Weges findet man unter zahlreichen Blumen im Spätsommer beispielsweise den Blauen Eisenhut und den Schwalbenwurz-Enzian. Wir passieren einen der größten Quellhorizonte des Karwendels, der den gesamten Hang überströmt und schöne Kalksinter ausgebildet hat. Auf der anderen Seite des Weges hören wir das Rauschen des Johannisbachs, der uns zu einer kurzen Verschnaufpause einlädt.

Nach gut zwei Stunden Gehzeit kommt man an eine Gabelung: Wir biegen nicht links ab Richtung Falkenhütte, sondern folgen der Beschilderung Richtung „Kleiner Ahornboden". Bald erreichen wir unser Ziel und genießen das beeindruckende Panorama mit den knorrigen, uralten Bergahornen (1400 m, 2 ½ Std.). Die flache Ebene ist das Ergebnis eines Zusammenspiels aus Gletscher und Wasser: Vor circa 25.000 Jahren – am Höhepunkt der letzten Eiszeit – schliffen die Gletscher, einem Hobel gleich, dieses Tal. Nach Abschmelzen des Gletschers blieben Schotterreißen zurück, die seither immer wieder durch den Johannisbach mit Geröll und Schotter aufgefüllt werden, weswegen für Bäume hier schlechte Wuchsbedingungen vorherrschen. Lediglich der Bergahorn kann sich mit seinen Wurzeln an die Überschotterung anpassen und steht deswegen auf dieser kleinen Hochebene als alleiniger Herrscher am Fuße der Kaltwasserkarspitze.

Die Kühe der Hochalm nahe dem Karwendelhaus halten im Sommer die Fläche von sonstigem Bewuchs frei. Am Rand dieser Almfläche befindet sich das Hermann-von-Barth-Denkmal. Hermann von Barth erstieg in den Sommern 1870/71 nicht weniger als 88 Gipfel. Darunter befanden sich circa 20 Erstbesteigungen. Er verwendete als erster den Begriff „Karwendel" für den gesamten Gebirgsstock und gilt deshalb als alpiner Wegbereiter des Karwendels. Der Rückweg erfolgt auf der gleichen Strecke.

Autoren Tipp

Der Blaue Eisenhut, eine krautige Pflanze mit einer Wuchshöhe von 50 bis 200 cm, bevorzugt kühle und feuchte, nährstoffreiche, auch kalkhaltige Lehm- und Tonböden sowie helle bis halbschattige Standorte. Die Wildform kommt an Bachufern, auf feuchten Wiesen und an lichten Stellen in Auwäldern vor. Hier im Karwendel findet man die blaue Schönheit besonders oft am lichten Wegesrand – aber Achtung! Alle Teile dieser Pflanze sind hochgiftig und sollten nicht berührt werden.

14

Achenwald
928
Brettersbergalm-Hochleger 1324
zur Marie
Hofjoch 1341
861
Waxegg
Wasserfall
Schmalkopf 1048
Hofalm 1196
181
Schulterbergalm-Niederleger
1686
Schulterberg
Pitzalm
880
Café Martha
Schweinau
Hochleger
Lindstein
1142
1373
Schulterbergalm
Mitterleger
1541
Hohenau
Tiefental
Wasserfälle
1988
Juifen
896
Achental
936
Falkenmoosalm 1328
1265
1212
Lämpereralm
Großzemmalm 1535
1898
Marbichlerspitze
Feichtenalm 1221
1064
Achenkirch
916
Kafell 1906
1813
Seewaldhütte 1582
Hochplatte
Jochalm 1483
Plickenkopf 1429
Annakircherl
Kleinzemmalm 1565
Rethalm-Hochleger
Rether Kopf 1926
Bründlalm 1216
Unterautal
916
Rether Joch
Gröbenalm
1159
Hochstegenalm
1018
14
Gröbner Hals 1654
Zunderspitze (Sonntagsspitze) 1926
Skischule
Sporthotel
181
Cordial-Hotel
Tiefenbachlam Hochleger 1375
Riederbergstüberl (nur Wi.) 1260
Riederbergbahn
Christlum-Express
Kronthaler
Steinölbrennerei Bächental
Christlum
Achensee 916
Moosenspitze 1986
Moosenalm 1530
1758
Christlumkopf
Christlumbahn
Gföllalm 1350
1231 Christlumalm
Snowkite-schule
Speichersee
Stodkap. 961
n. Achenwald mit Bus
Jagdhaus
Stallenalm-Galtleger
Cabrio-Flitzer
Fischerwirt
1226
Schreckenspitze
Heimatmus. "Sixenhof"
2022
1680 Bergalm
Schiffaneialm
Hinterwinkel
Alpen-Caravanpark u. Toni's Appartements
PKW-Fahrverbot!
1972
Oberautal
Stallenalm 1283
Hochleger
Fonsseitenalm-Niederleger
1218
Seebergwald
Kaserstattalm
Koglalm 1286
Schrambachalm 1092
Seekaralm 1500
Hoher Kasten
Achensee
Tannaueralm
1491
1119
1861
Schobergraben
Seebergmahd
Fonsjoch
Schoberberg
2053
Seekarspitze
0 500m
Gaisalm 938

Tour 14

Gipfeltour 14

Hochplatte

Prächtige Ausblicke auf das Achental

DAUER	4h 30min
LÄNGE	12 km
HÖHENMETER	870 hm
SCHWIERIGKEIT	MITTEL
MIT ÖFFIS ERREICHBAR	ja

Das erwartet dich ...

Eine landschaftlich prächtige und aussichtsreiche Wanderung zu einem beliebten Gipfelziel im östlichen Karwendelgebirge in der Nähe des Juifens. Die etwas stillere Abstiegsvariante über die Kleinzemmalm ist sehr weit, aber nicht schwierig.

Gipfeltour 14

Start & Ziel & Anreise

Die Tour startet beim Wanderparkplatz Seealm im Unterautal bei Achenkirch. Auf der B 181 bis Achenkirch, dort der Beschilderung Richtung Christlum folgen und an der Seealm vorbei bis zum Parkplatz. Alternativ mit Bus 4080 von Maurach oder Bus 9550 von Pertisau bzw. Tegernsee (D) zur Haltestelle „Achenkirch-Christlumlifte".

Tourenbeschreibung

Vom Parkplatz am Eingang in das Unterautal (960 m) gehen wir vom Wegkreuz auf einem schmalen Jägersteig in lichten Wald hinein und einen steilen Hang hinauf. Hinter der Hangkante flacht der Bergweg deutlich ab und führt zu einem Sträßchen. Dieses queren und auf schmaler Pfadspur weiter. Bald beschreibt diese einen Linksbogen und wird breiter. Dabei schneidet sie eine weite Straßenschlaufe ab und quert den Fahrweg anschließend. Auf altem Bergweg gegen Nordwesten weiter und schließlich doch auf die Straße.

Auf dieser an der Bründlalm (1224 m, ¾ Std.) vorbei und rund 150 Meter hinter der Alm nach rechts auf einen deutlich markierten Wanderweg abzweigen. Dieser Weg weitet sich bald zu einer Schlepperspur, die parallel zur Straße ansteigt.

Während die weiter unten verlaufende Fahrstraße links abdreht, schwingt sich die Route ziemlich steil auf. Nach dem Steilstück gehen wir bei der Verzweigung links weiter zur Jochalm und zur Straße. Nun auf schmalem, steilem Fahrweg zum Brunnen hinauf und bei der scharfen Rechtskehre des Sträßchens geradeaus weiter. Auf einem alten Wanderweg durch schönen, lichten Wald dahin, bis kurz unter der Seewaldhütte die Straße erreicht wird. An der Seewaldhütte (1578 m, 1 ½ Std.) vorbei gelangen wir über freie Wiesenhänge, dem Weg folgend, zum Gipfelkreuz hinauf (1814 m, 2 ¼ Std.).

Vom Gipfel steigen wir auf der Anstiegsroute bis zur Seewaldhütte ab. Dort nach rechts abdrehen und dem zur Kleinzemmalm beschilderten Weg folgen. Wer es etwas kürzer haben will, kann schon vorher rechts gehen und über einen Rücken durch lichten Wald zum Querweg absteigen. Dabei folgt man dem Weidezaun. Ein schmaler Pfad führt nun auf sehr steilen Wiesenhängen unter der Hochplatte durch etliche schmale Runsen gegen Westen ein wenig auf und ab dahin, bis er schließlich bei der Kleinzemmalm (1565 m, 3 ¼ Std.) auf einen Fahrweg stößt. Rund 200 Meter hinter der Alm zweigt nach links ein deutlich markierter Bergweg ab. Er fällt durch schütteren Wald gegen Südosten ab und erreicht in der Nähe eines Regenmessers wieder eine Straße. Auf ihr in Kehren anfangs nach Norden, dann nach Osten hinaus und zuletzt eben durch das Unterautal zum Ausgangspunkt zurück.

Blick auf den Kafell von der Hochplatte

15

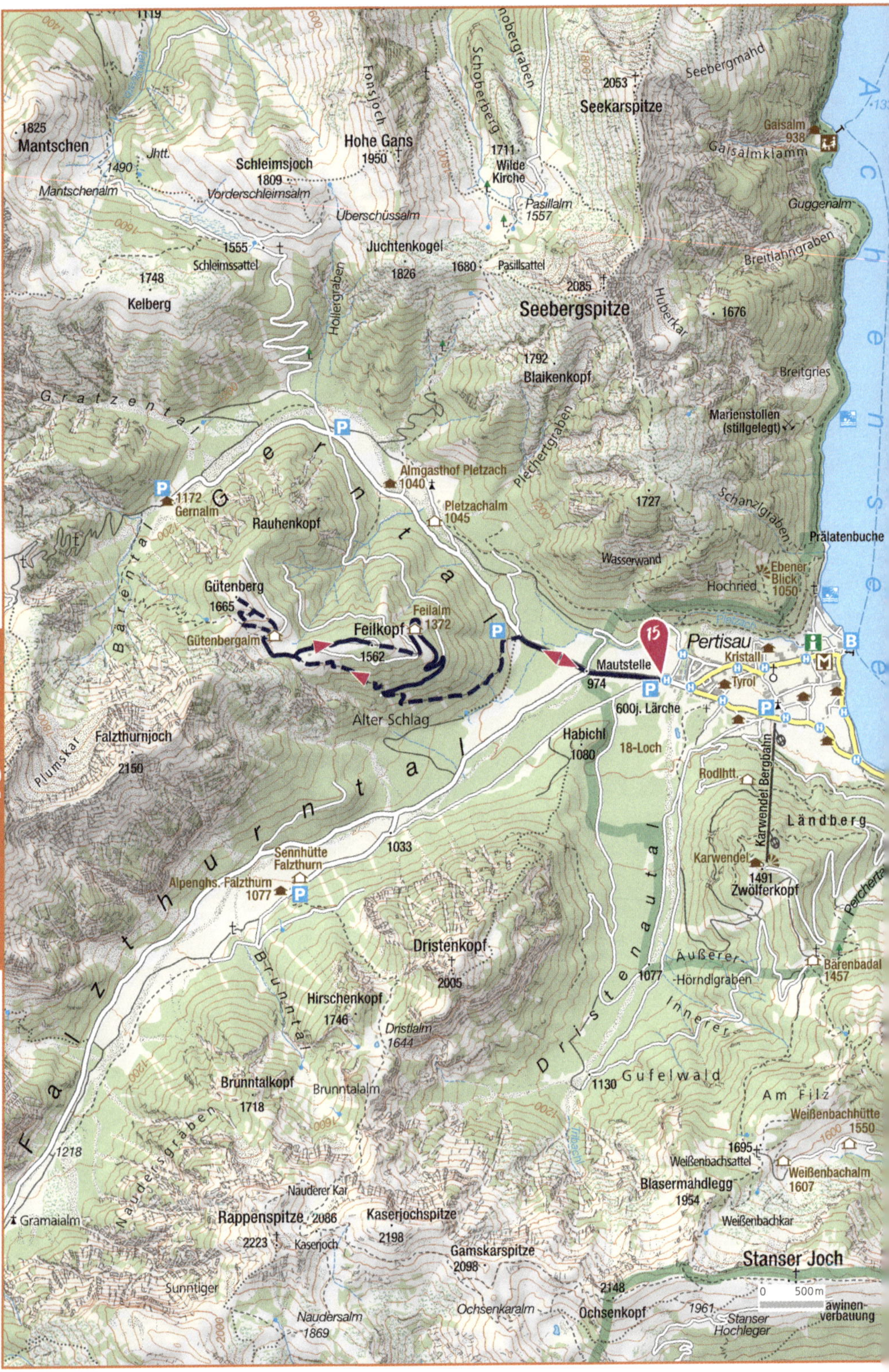

Mantschen
1825
Jhtt.
1490
Mantschenalm
Hohe Gans
1950
Fonsjoch
Schleimsjoch
1809
Vorderschleimsalm
Überschüssalm
Schoberberg
Wilde Kirche
1711
Pasillalm
1557
Seekarspitze
2053
Seebergmahd
Gaisalm
938
Gaisalmklamm
Guggenalm
Achensee
1555
Schleimssattel
Juchtenkogel
1826
1680
Pasillsattel
2085
Seebergspitze
1748
Kelberg
Hollergraben
Huberkar
Breitlahngraben
1676
Breitgries
1792
Blaikenkopf
Marienstollen (stillgelegt)
Gratzental
Gerntal
Plechertgraben
Almgasthof Pletzach
1040
Pletzachalm
1045
1172
Gernalm
Rauhenkopf
1727
Schanzlgraben
Prälatenbuche
Wasserwand
Hochried
Ebener Blick
1050
Gütenberg
1665
Feilalm
1372
Gütenbergalm
Feilkopf
1562
Bärental
Mautstelle
974
15
Pertisau
Kristall
Tyrol
600j. Lärche
Alter Schlag
Habichl
1080
18-Loch
Rodlhtt.
Karwendel Bergbahn
Ländberg
Falzthurnjoch
2150
Plumskar
Falzthurntal
1033
Sennhütte Falzthurn
Alpenghs. Falzthurn
1077
Karwendel
1491
Zwölferkopf
Dristenkopf
2005
Dristenautal
Äußerer
-Hörndlgraben
Innerer
1077
Bärenbadal
1457
Hirschenkopf
1746
Dristlalm
1644
Brunntal
Brunntalkopf
1718
Brunntalalm
1130
Gufelwald
Am Filz
Weißenbachhütte
1550
1218
Naudersgraben
Nauderer Kar
1695
Weißenbachsattel
Weißenbachalm
1607
Blasermahdlegg
1954
Gramaialm
Rappenspitze
2086
2223
Kaserjoch
Kaserjochspitze
2198
Gamskarspitze
2098
Weißenbachkar
Stanser Joch
Sunntiger
2148
Naudersalm
1869
Ochsenkaralm
Ochsenkopf
1961
Stanser Hochleger
0
500 m
Lawinenverbauung

Tour 15

Gipfeltour 15

Gütenberg und Feilkopf

Zum schönsten Blick auf den Achensee

DAUER	4h
LÄNGE	11 km
HÖHENMETER	760 hm
SCHWIERIGKEIT	MITTEL
MIT ÖFFIS ERREICHBAR	ja

Das erwartet dich ...

Am Schnittpunkt von Falzthurntal und Gerntal ragt ein unbedeutender Bergrücken auf, ehe er sich zu felsigen Karwendelhöhen über das Falzthurnjoch bis zum Sonnjoch aufschwingt. Zu diesem unscheinbaren, aber sehr aussichtsreichen Wald- und Wiesenmugel, dem Feilkopf, und seinem etwas höheren, aber noch unbedeutenderen Nachbarn, dem Gütenberg, kann man relativ bequem hinauf- und hinunterwandern. Und zwei gemütliche Almen mit Jausenstation laden zu angenehmer Rast ein!

Gipfeltour 15

Start & Ziel & Anreise

Ausgangspunkt der Tour ist die Mautstelle Gramaialm in Pertisau. Anfahrt über die B 181 bis Maurach am Achensee, dann Richtung Pertisau abzweigen und auf der Uferstraße bis Pertisau. Dort der Beschilderung Richtung Naturpark Karwendel durch den Ort bis zur Mautstelle folgen, gebührenpflichtiger Parkplatz ebendort. Alternativ mit Bus 8332 von Jenbach oder Bus 9550 von Tegernsee (D) bis zur Haltestelle „Karwendeltäler".

Tourenbeschreibung

Der Aufstieg beginnt bei der Mautstelle in Pertisau (970 m). Von dort gehen wir knapp 10 Minuten auf der Autostraße nach Westen dahin, bei der Straßenverzweigung rechts und am Petersbrunnen vorbei. Beim Rast- und Parkplatz Tunigenwiese (977 m, ¼ Std.) zweigt nach links ein beschildertes Weglein ab. Im Schatten spendenden Wald steigt der Bergweg moderat zunächst gegen Westen, später Süden an. Weiter oben führt er durch mehrere Lichtungen, die erste Blicke auf den Achensee und ins benachbarte Rofangebirge freigeben, vor allem aber auf die scharf geschnittenen Karwendelkämme rund um die Lamsenspitze.

Dann schlängelt sich der Weg in Kehren weiter hinauf. Schließlich erreicht er ein Sträßchen, wo man etwa 50 Meter weit rechts geht, um dann einem schmalen Steig nach links steil durch den Wald zu folgen. Weiter oben verläuft die Route durch ein paar Kehren und bringt uns in steile Weidehänge oberhalb stark abfallender Erosionsrinnen. Der Weg verliert sich zwischendurch in den Weidewiesen, bis er schließlich in einer weiten Senke zu einem Fahrweg stößt. Dort muss man sich entscheiden, ob man erst zum Gütenberg oder gleich nach rechts zum Feilkopf weiter möchte. Wer die Kür zum Gütenberg einlegt, hält sich am Sträßchen links und folgt ihm bis zur Gütenbergalm (1532 m, 1 ¾ Std.). Hinter der Alm geht es auf Fahrspuren über die vom Weidevieh in Mitleidenschaft gezogenen feuchten Wiesen gegen Nordwesten bis kurz vor den Sattel zwischen Falzthurnjoch und Gütenberg.

Dort schwenkt man rechts ab und geht weglos zur Grathöhe hinauf und auf ihr links bis zum höchsten Punkt (1665 m, 2 Std.). Der Abstieg führt vom Gipfel nach Südosten ohne Weg über den langen Wiesenrücken, zuletzt etwas steil, direkt gegen Südwesten zur Gütenbergalm hinab. Von der Alm auf dem Fahrweg weiter, aber nicht nach rechts zur Aufstiegsroute abzweigen, sondern geradeaus gegen Osten, bei der Straßengabelung links und zum großen Kreuz auf dem Feilkopf hinauf (1562 m, 2 ¾ Std.). Vom Feilkopf geht es ein paar Meter gegen Osten zum Sträßchen hinunter, das aber schon bald endet. Nun auf schmalen Trittspuren über den breiten Rücken in der gleichen Richtung talwärts, bis eine Fahrrampe erreicht wird. Auf ihr links halten und zur breiten Schotterstraße.

Auf der Straße in Kehren oder direkt über den Wiesenhang zur Feilalm hinab (1380 m, 3 Std.). Von dort auf einem Fahrweg, den schönen Achensee vor Augen weiter hinab, bei der Verzweigung (ca. 1310 m) rechts abbiegen und zum Aufstiegsweg zurück. Auf ihm nach Pertisau hinaus.

Autoren Tipp

Schiff Ahoi! Sich zurücklehnen, den Fahrtwind spüren und eine einmalige Aussicht genießen – ein wunderbarer Weg, die Schönheit des Achensees zu erkunden, ist vom Wasser aus! Die Flotte der Achensee Schifffahrt umfasst drei Schiffe, die rund um den See fahren und an mehreren Anlegestellen (unter anderem auch in Pertisau) halten. Eine tolle Ausflugsmöglichkeit für die ganze Familie, die sich herrlich mit einer Wanderung verbinden lässt.

Mizunalm
Wimbach-Express
Schnee-Express
Öfelerbahn
Kristall-Express
Öfelerjoch 2162
Kristallhütte 2147
Krössbrunnalm
Hirschbichlalm 1822
Krössbrunnalm
Zellberg-stüberl
Grünalm
Talbach
1853
Pigneidalm-Niederleger
Furteben
Bärenbadalm 1633
Zillertaler Höhenstraße
Voglaste
Zellbergasten
1059
Tiefenbach
Schößalm 1052
1472
Plötzeben
1471
1783 Söggenaste
Hochstallaste
Grünroan
Innereaste
Neuhaus-Grien
Jelneraste
Ried
Zellberg
1569
Burbach
Herz-Jesu-Kap.
852
Gasthaus Schulhaus
Josefskapelle
Zellbergeben
Reisch-bach
1010
Aschau im Zillertal
567
Weiherwirt
Thurnbach 563
Mitterdorf
Klammhof
Erlach
566
Haslach
Flaschper
169
Hst. Erlach
Zillertalbahn
Mühlbach-siedlung
Karspitzbahn
Arena Coaster
Rohr
Tuxa Teufels Küche
Unterau
Aktivzentrum Zillertal
Zell am Ziller
575
Gerlos-Kraftwerk
Freizeit-park
Waldrast
Kaiserstadt
Gerlosklamm
Grube
707
Unterberg
Gold-schaubergwerk u. Schaukaserei
Waidach-hof
Hainzenberg
Dörflwirt
Gasthof Gemshorn
Jörglerhof
Gerlossteinbahn
Zillertaler Höhenstraße
Ötzing
Unterasten
Talbach-Wasserf.
Reisch
Zapfenhof
Gemstall
Guggelberg
Talbach
Weidach
Eden
Brandach
Pech-leiten
Metzgerwirt
Muster-platz
Zillertaler Regionalmus.
Arbiskopf 2133
Loachasten 1686
Brantl
Laimacher Wasserfall
590
Bichl
Leiten
Melchboden
Melchboden
Brindlingalm
Gschirraste
Hubertus
Strasser Häusl
Schweiber
Laimach
Dickach
1088
Enterberg
Wurzelaste
Filzenwald
Windgfäß
1000 Laimacher Berg
Göttstatt
Saibaten
Nasenasten Nasenalm
Zillertaler Höhenstraße
Schwendberger-hof
Cafe Vital
986
Sonnalm (nur Sommer) 1320
Schlittenstadl (n. Winter)
Brindlingalm
Greider
Pauler-hof
Stock
Traiting
Ramsau im Zillertal
604
Schwoager-wies Ried
Hippach
608
1682 Gerloskögerl
Perler
Gletscher-blick
Berghof
Bruch
Ramsauer Hof
1302
Perler
Drei Linden
Gabichlaste
Gschwendt
Schwendau
Ramsberg
Mühltal
Alte Mühle
Ruhmalaste
Mühlen
615
Unter-
Thumaste
Keilkeller-Wssf.
Stockach
-Bichl
Kotahornbach
Alte Kotahorn-Alm 1624
1027
Ober-
Klein-schwendberg
Mühlbach
Mitterhöhe
1289
Untere Höhe
Pizzeria Sidan
Rafting Base
Eckartau
Schwein-berg
Hollenzen
1256
Schlatterhüttenalm
Horbergbahn (Winterbetrieb)
Karlalm 1750
Natur-Hochseilgarten
Larchwald
Burgstall
Zillertaler Flugschule
Burgschrofen
Erlebnis-Sennerei
Labergalm
Grubenaste
Grubenwand
Astegger Tal
986
Burgschrofen
Stadlalm (n. Winter) 1794
Paschingwand
Hollenzberg 1621
Forellenstüberl
Pilzbar
Gr. Angerhütte
Gschößwandhaus 1762
Bergrast
Camping Kröll
Laubichl
Brandberg-tunnel
Brandberger Wald
0 500 m
853
Zimmereben
Gschöß-alm
Penkenbahn
Mayrhofen
633
169
Ahornach

Wasserreiches Zillertal

„Spritzige" Wanderziele für Naturgenießer

DAUER	2h
LÄNGE	7,6 km
HÖHENMETER	200 hm
SCHWIERIGKEIT	LEICHT
MIT ÖFFIS ERREICHBAR	ja

Das erwartet dich ...

Diese abwechslungsreiche Rundtour auf breiten Wegen und schmalen Schluchtpfaden führt zu zwei der schönsten Wasserfälle des Zillertals, die sich über die Westhänge zwischen Zell am Ziller und Hippach stürzen – durch eine tiefe Schlucht der eine, inmitten einer verwunschenen Waldwildnis der andere. Eine mittelschwere Tour; Vorsicht bei den steilen, mit Geländern versehenen Treppen am Talbach-Wasserfall.

Start & Ziel & Anreise

Die Tour startet beim Parkplatz bei der Brücke zwischen Hippach und Ramsau. Anfahrt über die B 169 durch das Zillertal bis Ramsau, dort der Beschilderung Richtung Schwendau/Hippach folgen. Nach der Brücke über den Fluss Ziller befindet sich rechts ein öffentlicher Parkplatz. Alternativ mit der Zillertalbahn R 148 bis zur Haltestelle „Ramsau i. Z.-Hippach-Bahnhof", mit Bus 4094 von Mayrhofen bzw. Gerlos oder Bus 8330 von Schwaz bzw. Mayrhofen bis Haltestelle „Ramsau im Zillertal-Abzw. Hippach".

Tourenbeschreibung

Die steilen Treppen über dem Talbach-Wasserfall fordern so manchen Schweißtropfen – im Vergleich mit dem spektakulären Klettersteig, der durch die senkrechten Felswände gegenüber „geschlossert" wurde, erscheinen sie jedoch geradezu als Promenadenweg. Auch der wilde Waldzustieg zum südlich benachbarten Laimacher Wasserfall verlangt ein wenig Kondition und einen sicheren Tritt – aber dazwischen bietet die recht abwechslungsreiche Verbindungsroute genug stille Plätze zum Verweilen, Rasten und Genießen.

Der erste Abschnitt dieser Rundwanderung verläuft auf der ebenen Zillerpromenade. Vom Parkplatz bei der Brücke zwischen Hippach und Ramsau (608 m) wandern wir talauswärts dem Fluss entlang. Nach 1,5 km bietet sich bei einem Spielplatz die Möglichkeit, links durch das Zauntor und neben der Feuerwehr ins 500 m entfernte Dorf Laimach (590 m) zu gehen, um das aus Holz erbaute und zu einem Heimatmuseum ausgestaltete „Strasser Häusl" zu bewundern. Die Sängerfamilie Strasser, die dort lebte, hat das Weihnachtslied „Stille Nacht, heilige Nacht" weitum berühmt gemacht (zzgl. 15 Minuten hin und zurück ab/an Zillerpromenade). Nach weiteren 500 m talauswärts auf der Zillerpromenade lohnt sich gleich der nächste Abstecher, und zwar nun rechts über die Brücke zur Bahnstation Laimach/Regionalmuseum, hinter dem sich das Zillertaler Regionalmuseum befindet (590 m, ½ Std.). Ein Blick auf das Hofensemble lohnt sich auch außerhalb der Öffnungszeiten.

Wieder über den Fluss zurück und rechts neben dem Ufer kurz weiter bis zur Abzweigung vor der Mündung des Talbachs. Von dort gehen wir links nach der Beschilderung „Talbach-Wasserfall" zur Siedlung im Norden von Laimach, wo wir neben dem Wohnhaus Mühlau die Dorfstraße überqueren. Danach wandern wir circa 700 m sanft bergauf, bis wir oberhalb des Eadahofs rechts nach dem Schild „Rundwanderweg Klettersteig Talbach" abzweigen. Nach der Umgehung einer Wiese – vorbei am 3D-Bogenpark – überqueren wir links den Steg über den Talbach.

Jenseits wieder links aufwärts und vobei an einem Wegkreuz (Tafel „Wanderweg") zum Beginn des Talbach-Klettersteigs. Rechts zu einer Weggabelung, dort nach links und im Zickzack über einen felsigen Hang hinauf. Von der folgenden Abzweigung führt ein mit Geländern abgesicherter Pfad links in die Talbachschlucht hinab. Dort überqueren wir einen weiteren Steg und erklimmen die steilen, aber gut abgesicherten Treppen neben dem Talbach-Wasserfall (720 m, 1 Std.).

Oberhalb der Schlucht wandern wir kurz auf einer flachen Forststraße Richtung „Hippach" (Nr. 13) weiter, bis wir links auf einem mit Seilgeländern gesicherten Weg durch eine Felsflanke und steilen Wald zu einem Wildbach-Sicherungsdamm absteigen. Rechts darüber und auf einem Fahrweg zum nahen Bauernhof Brandach hinauf. Das Schild „Hippach, Wanderweg über die Wiese" gibt nun einen sehr aussichtsreichen Routenabschnitt vor.

Bald folgt ein weiterer steiler Waldabstieg in einen kleinen Graben. Unten wandern wir rechts über die kleine Holzbrücke und nach Süden, bis ein Wegweiser rechts den 20-Minuten-Abstecher zum Laimacher Wasserfall (ca. 750 m, 1 ½ Std.) anzeigt. Der Waldpfad dorthin ist schmal, steil und oft rutschig – man kann sich gut vorstellen, warum der Wasserlauf eigentlich „Lehmbach" genannt wurde. Der Anblick der wildromantischen, 30 m hohen Kaskade lohnt die Mühe aber auf jeden Fall. Nach dem Abstieg geht's rechts kurz Richtung Laimach hinunter. Am Waldrand oberhalb der Häuser folgen wir jedoch dem rechts abzweigenden Weg Nr. 13 nach Hippach. Er führt etwa 1 km bis zur Straße, auf der wir wieder zum Ausgangspunkt gelangen.

Gerlospass
Speicher Durlaßboden
Almdorf Königsleiten
Königsleiten
Hochkrimml
Oberkrimml
Krimml
Gerlosplatte
Plattenkogel
2039
Farnbühel
2026
Breitscharte
1925
Hinterplattenalm
1889
Weiglmahdalm
Gletscherblickalm
Tischleralm
1697
Gerlosplatte
1667
Bräeralm
Duxeralm
Skihütte
Handl-Hochalm
1813
Duxerstadl
Handlalm
Schönmoosalm
1434
Schönmoos-Hochalm
Blaubachgraben
Ruhegebiet im Winter
NSG Sieben-Möser
Sieben Möser
Mautstelle
Alpengasthof Filzstein
Edenlehen
Gerlos-Alpenstraße
165
Burgeck
WasserWelten Krimml
Grünberg
1180
ÖAV-Info
Hanke
Krimmler Wasserfälle
Schönangerl
1300
Krimmler Wasserfälle
Oberer Achenfall
Wasserfallklamm
Krimmler Ache
Seekarhütte (Jhtt.)
1905
Arbeskopf
2400
Seekarsee
2232
Seekar
Seekarscharte
2519
Seekarkogel
Wildkarsee
Wildkar
Roßkopf
2606
Roßkar
Steinkarkopf
2475
Steinkar
Schneckenköpfe
Schneckenscharten
Rauher Kogel
Brettscharte
2055
Trisslkopf
2694
Waldbergkar
Wildkar-Hochalm
1962
Widkarwald
Wildgerlostal
Trisslalm
1584
Drechselstube
Naturdenkmal Leitenkammerklamm
Leitenkammerklamm
Finkau
1420
Schütthofalm
1413
Jhtt.
Brandwald
Hochbrandalm
Mitterbrandalm
Ruhegebiet im Winter
Lahnerhöhe
1964
Schönbichl
2040
2049
Filzenhöhe
1948
Filzenalm
1861
Lechneralm
Bärschlagalm
1460
Hinterplattwald
Seestüberl
1400
Seealm
1504
1531
1503
Ronachwald
Plattwald
Hinterer Plattwald
Hinterwald
Vorderer Plattwald
Ruhegebiet im Winter
Samwald
Samalm
Silberkopf
2169
Pfannkogel
2310
Hanger
2472
Anken-Hochalm
Sonntagscharte
2288
Sedlkopf
2188
Gamsspitzl
2440
2321
Anken-Hochkar
Stierkopf
2501
Weißkarhütte
2645
GipfelLiner
Krondlwurmsee
Sattelscharte
2244
2315
Rest. Gipfeltreffen
Panoramaalm
2145
Larmachalm
1975
Leitenalm
Innere-Königsleitenalm
Larmachalm
Sterngucker
1567
1507
Dorfbahn 2
Dorfbahn 1
(So+Wi)
1962
Gernhütte
Müllachgeier
2254
Brucheck
2144
Brucheck-Hochalm (verf.)
Bruchekalm
Salzachalm
Salzachjochhütte
Salzachbrücke
1436
Edelweißhaus
Alpenrose
Sonneck
Müllerlalm
Ronachgeier
2236
Priel Hochalm (verf.)
Gerlkar
Watschkarl
Prielalm
Putzalm
1632
Paxrainalm
Paxrain-Mitterberg
Müller-
Ronachwald
1448
Brandschlag
1653
Jhtt.
Ober-rankental
Unter-
Salzach
0 500 m

Plattenkogel

Gipfelerlebnis mit Gletscherblick

DAUER	2h
LÄNGE	8,7 km
HÖHENMETER	350 hm
SCHWIERIGKEIT	LEICHT
MIT ÖFFIS ERREICHBAR	ja

Das erwartet dich ...

Eine einfache und kurze Bergwanderung für die ganze Familie auf Forststraßen und einem markierten Almpfad zum Krimmler Hausberg im Grenzgebiet zwischen Salzburg und Tirol. Die sanfte Gipfelkuppe des Plattenkogels bietet neben einem fantastischen Gletscherblick (nicht umsonst kommt man unterwegs an der Gletscherblickalm vorbei) auch unvergessliche Ausblicke auf das Salzachtal und den Speicher Durlaßboden. Die Tour bietet sich auch wunderbar als Sonnenaufgangstour an.

Start & Ziel & Anreise

Ausgangspunkt der Wanderung ist das Feriendorf Silberleiten in Hochkrimml. Auf der B 165 vom Zillertal oder von Mittersill kommend bei Hochkrimml der Beschilderung „Restaurant Plattenalm/Feriendorf Silberleiten" bergauf folgen, Parkplatz hinter dem alten Sporthotel. Alternativ mit Wanderbus 673 (von Wald oder Königsleiten) bis zur Haltestelle „Hochkrimmel-Abzw. Plattenalm". Von der Haltestelle gelangt man in 35 zusätzlichen Gehminuten zum Ausgangspunkt der Tour.

Tourenbeschreibung

„In der Krimml is a wilds Getümmel" – dieser alte Pinzgauer Spruch mag bei den weltberühmten und dementsprechend stark besuchten Krimmler Wasserfällen oder im winterlichen Skigebiet Hochkrimml seine Berechtigung haben. Aber weiter oben, auf dem seit 1933 naturgeschützten Gipfel des Plattenkogels, herrscht zumindest im Sommer meist angenehme Stille. Ganz bestimmt trifft das zur Zeit des Sonnenaufgangs zu, den der Tourismusverband für die kurze Tour auf diesen Grasberg ganz besonders empfiehlt. Zu früh zum Aufstehen? Kein Problem, der Plattenkogel ist auch tagsüber oder am Abend ein perfektes Panoramaziel!

Wir folgen in Silberleiten (1695 m) der Beschilderung „Filzstein" und gehen auf der ebenen Straße vorbei am Restaurant Plattenalm und der Station des Plattenlifts nach Osten zu den Ferienhäusern. Nach etwa 250 m biegen wir scharf rechts auf die Schotterstraße mit dem Schild „Gletscherblickalm, Plattenkogel" ab und wandern schräg durch das Skigebiet hinauf. Bei der Gabelung nach einer Hütte geht's rechts in Kehren zur Gletscherblickalm (1865 m). Schon von dort eröffnet sich ein Prachtblick ins Wildgerlostal mit dem Speichersee Durlaßboden und zur vergletscherten Reichenspitzgruppe. Die urige Alm lädt zu einer Einkehr ein, hier können hausgemachte Spezialitäten verkostet werden; ganz besonders empfehlenswert ist der Pinzgauer Bergkäse, der aus eigener Milchwirtschaft produziert wird.

Oberhalb der Hütte führt der Fahrweg durch das recht unberührte Wiesengelände rund um die Hinterplattenalm. Vor der Breitscharte (1925 m) biegen wir scharf nach links auf den markierten Pfad zum Plattenkogel ab. Er führt zur sogenannten Kleinen Scharte und durch steilere Wiesenhänge empor – vorbei an der Bergstation des Plattenkogellifts, einem Aussichtspunkt, von dem die Krimmler Wasserfälle in der Tiefe zu sehen sind, und an einem Denkmal, das an den Besuch des Salzburger Erzbischofs Kardinal Fürst Friedrich Schwarzenberg im September 1838 erinnert, der sich das besondere Panorama auf seiner Reise über den Gerlos pass nicht entgehen ließ.

Vom Gipfelkreuz auf dem Plattenkogel (2039 m, 1 ¼ Std.) tut sich auch ein überraschender Blick ins Salzachtal im Salzburger Pinzgau auf. Der Abstieg erfolgt auf demselben Weg wie der Aufstieg zurück zum Ausgangspunkt.

Blick vom Plattenkogel auf die Zillertaler Alpen

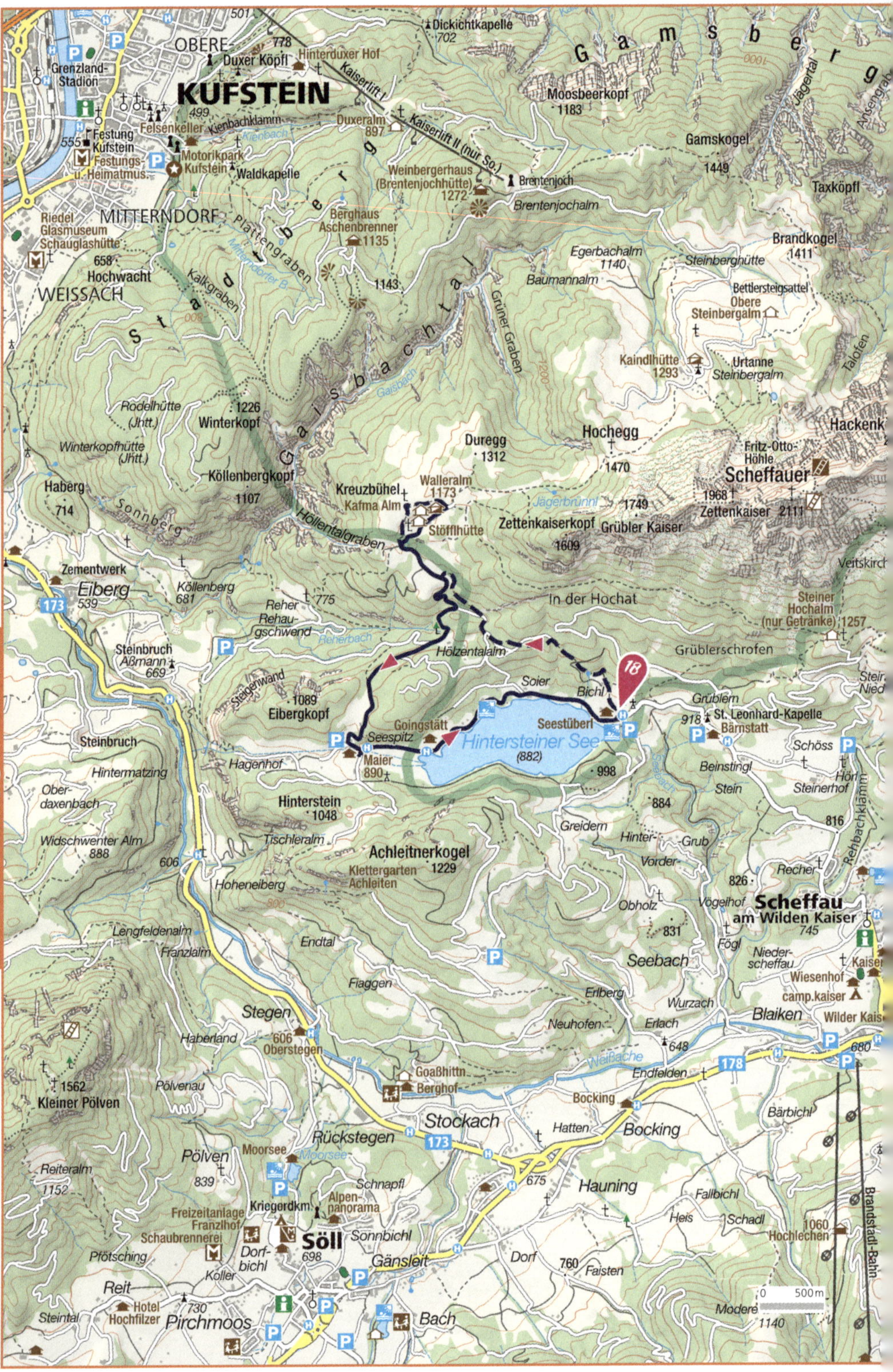
KUFSTEIN
Obere
Duxer Köpfl
778
Hinterduxer Hof
Kaiserlift I
Kaiserlift II (nur So.)
Dickichtkapelle
702
Gamsberg
Moosbeerkopf
1183
Grenzland-Stadion
Festung Kufstein
Festungs- u. Heimatmus.
555
499
Felsenkeller
Kienbachklamm
Kienbach
Motorikpark Kufstein
Waldkapelle
Duxeralm
897
Weinbergerhaus (Brentenjochhütte)
1272
Brentenjoch
Brentenjochalm
Gamskogel
1449
Taxköpfl
Jägertal
Riedel Glasmuseum Schauglashütte
MITTERNDORF
Plattengraben
Mitterndorfer B.
Berghaus Aschenbrenner
1135
658
Hochwacht
WEISSACH
Kalkgraben
Stadtberg
1143
Egerbachalm
1140
Baumannalm
Steinberghütte
Brandkogel
1411
Bettlersteigsattel
Obere Steinbergalm
Grüner Graben
Gaisbachtal
Gaisbach
Kaindlhütte
1293
Urtanne Steinbergalm
Talofen
Rodelhütte (Jhtt.)
1226
Winterkopf
Winterkopfhütte (Jhtt.)
Köllenbergkopf
1107
Haberg
714
Sonnberg
Duregg
1312
Hochegg
1470
Hackenk
Fritz-Otto-Höhle
Scheffauer
1968
Zettenkaiser
2111
Kreuzbühel
Kafma Alm
Walleralm
1173
Stöfflhütte
Jägerbrünnl
1749
Zettenkaiserkopf
1609
Grübler Kaiser
Höllentalgraben
Veitskirch
Zementwerk
Eiberg
539
173
Köllenberg
681
775
Reher Rehau-gschwend
Reherbach
In der Hochat
Steiner Hochalm (nur Getränke)
1257
Steinbruch Aßmann
669
Hölzentalalm
Grüblerschrofen
18
Steigenwand
1089
Eibergkopf
Soier
Bichl
Grüblern
918
St. Leonhard-Kapelle
Bärnstatt
Steinbruch
Goingstätt
Seespitz
Seestüberl
Hintersteiner See
(882)
Schöss
Hagenhof
Maier
890
998
Beinstingl
Stein
Hörl
Steinerhof
Rehbachklamm
Hintermatzing
Ober-daxenbach
Hinterstein
1048
884
816
Tischleralm
Greidern
Hinter-
Grub
Vorder-
Widschwenter Alm
888
606
Achleitnerkogel
1229
Klettergarten Achleiten
826
Recher
Vogelhof
Scheffau am Wilden Kaiser
745
Hoheneiberg
800
Obholz
831
Fögl
Nieder-scheffau
Kaiser
Lengfeldenalm
Franzlalm
Endtal
Seebach
Wiesenhof
camp.kaiser
Flaggen
Erlberg
Wurzach
Blaiken
Wilder Kaise
Stegen
Haberland
606
Oberstegen
Neuhofen
Erlach
648
680
Weißache
178
Endfelden
GoaBhittn
Berghof
1562
Kleiner Pölven
Pölvenau
Bocking
Bärbichl
Stockach
Hatten
Bocking
Rückstegen
173
Moorsee
Pölven
839
Reiteralm
1152
675
Hauning
Schnapfl
Alpen-panorama
Kriegerdkm.
Freizeitanlage Franzlhof
Fallbichl
Heis
Schadl
1060
Hochlechen
Brandstadl-Bahn
Schaubrennerei
Söll
698
Sonnbichl
Pfötsching
Dorf-bichl
Gänsleit
Dorf
760
Faisten
Koller
Reit
Hotel Hochfilzer
730
Pirchmoos
Steintal
Bach
0
500 m
Modere
1140

Tour 18

Hüttentour 18

Kreuzbichl

Wanderung mit Blick auf den Hintersteiner See

DAUER	2h 45min
LÄNGE	9 km
HÖHENMETER	390 hm
SCHWIERIGKEIT	LEICHT
MIT ÖFFIS ERREICHBAR	nein

Das erwartet dich ...

Eine Wanderung ohne große Schwierigkeiten entlang breiter Forstwege und schmaler, teils wurzeliger Wald- und Wiesenpfade im Naturschutzgebiet Wilder Kaiser. Das letzte Stück verläuft auf einem verkehrsarmen Uferstraßchen am Naturbadesee Hintersteiner See. Die Walleralm ist ein nettes und leicht zu erreichendes Tagesziel, das neben einem Gipfelerlebnis am Kreuzbichl vor allem einladende Hüttenatmosphäre zu bieten hat.

Hüttentour 18

Start & Ziel & Anreise

Die Tour startet vom Parkplatz beim Hintersteiner See unweit von Scheffau am Wilden Kaiser. Anfahrt über die Loferer Straße B 178, dann Richtung Scheffau/Hintersteiner See abbiegen. Gebührenpflichtiger Parkplatz beim Seestüberl. Alternativ mit Bus 4060/4061 (von St. Johann oder Söll) bis Scheffau und von dort mit dem Wanderbus zum Ostufer des Hintersteiner Sees (Haltestelle „Seestüberl").

Tourenbeschreibung

Wir starten die Tour vorbei am Seehaus (892 m) bis zum Ende der Straße, hier biegt der markierte Pfad („Walleralm", auch als Adlerweg ausgewiesen) nach rechts ab. Zunächst geht es über Wiesen, dann über wurzeliges Gelände in den Wald hinein. An zwei Stellen queren wir einen Weg, bleiben aber auf dem schmalen Steig, der meist im Wald verläuft. Wir treffen dann auf den Schotterweg, folgen ihm ein kurzes Stück und weichen nach der nächsten Kurve wieder auf den nicht markierten Pfad links vom Forstweg ab.

Bald gibt es wieder Blickkontakt zum Hintersteiner See, jetzt ist auch das Westende mit Goingstätt zu sehen. Wir überqueren den Schotterweg, der Pfad verläuft oberhalb der Forststraße flach im Wald. Bei einer erneuten Verzweigung (rechts als Sackgasse ausgeschildert), folgen wir dem Schotterweg leicht bergab, kurz darauf eröffnet sich der Blick zur Hölzentalalm links unter uns. Von hier hat man Fernblicke zu den schneebedeckten Bergen am Horizont.

Wir halten uns rechts an einer Felswand entlang und gehen in einer Rechtskurve bergab. Nach der Kurve wechseln wir erneut auf den schmalen Pfad und verlassen über ihn den Wald in freies Almgelände. Vor uns schlängelt sich der Weg hinüber zur Forststraße, auf die wir wenig später kommen (Larchbichl). Auf ihr bergauf, vorbei an einer kleinen Felswand und mehreren Almen (Stöfflhütte, Kafma Alm, altes Walleralm-Haus) bis zum Alpengasthof Walleralm.

Kurz vor dem Gasthof leitet ein Pfad links hoch zum sichtbaren Gipfelkreuz des Kreuzbichls (1206 m, 1 ¼ Std.) mit Blick zur Naunspitze und zum Zahmen Kaiser. Auf einem steinigen, stellenweise steilen Pfad verlassen wir den Gipfel in südwestlicher Richtung und treffen wieder auf den Anstiegsweg, dem wir zurück zum Larchbichl folgen. Dort nun (alle Abzweigungen ignorierend) auf dem breiten Fahrweg bergab. Wir passieren die links liegende Hölzentalalm und folgen bei den nächsten Verzweigungen stets der Beschilderung zum Hintersteiner See, bis wir auf eine Asphaltstraße stoßen. Bald haben wir wieder Blickkontakt zum See, das asphaltierte Sträßchen am Nordufer bringt uns zum Ausgangspunkt zurück.

Hintersteiner See

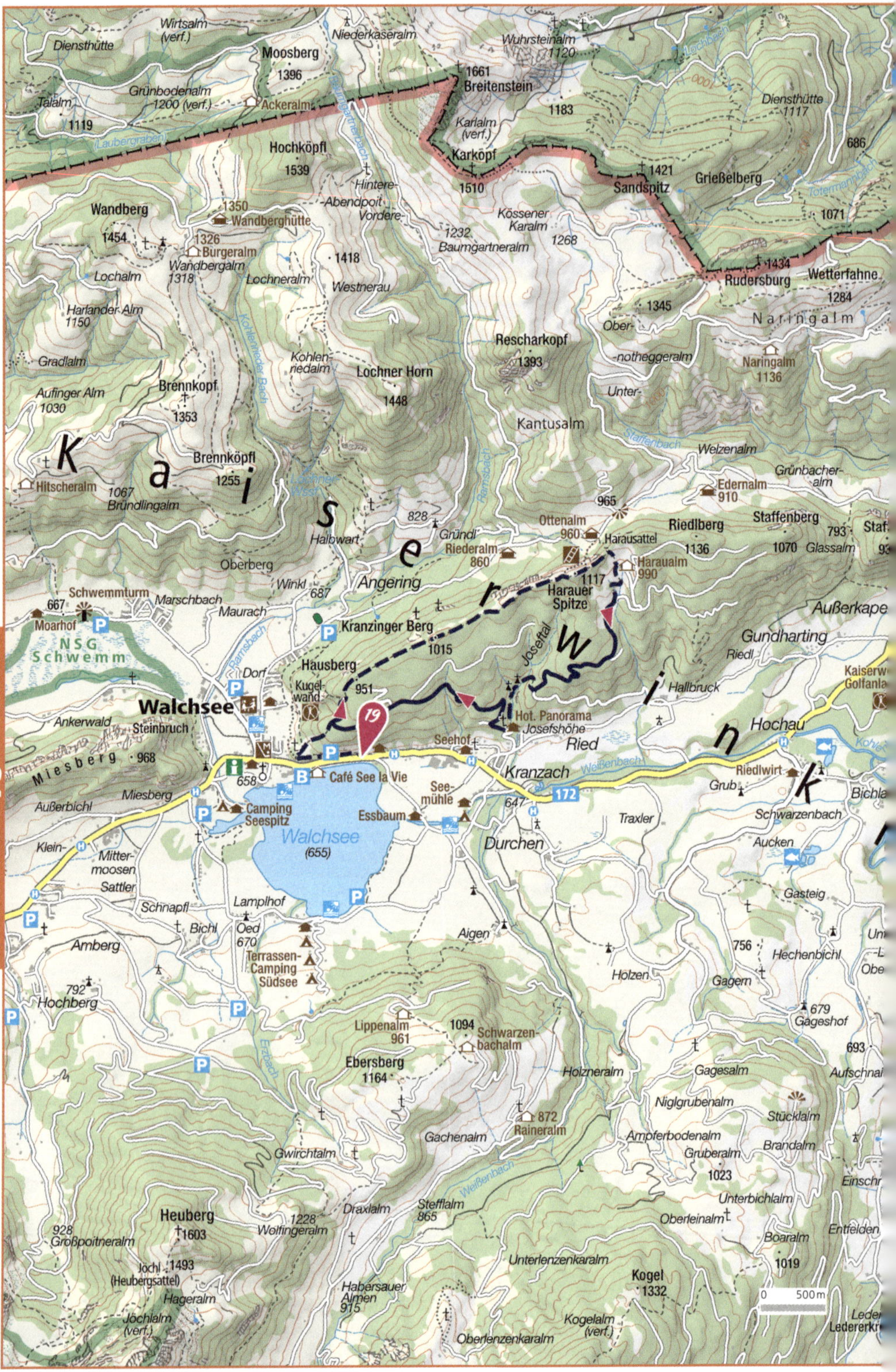
Diensthütte
Wirtsalm (verf.)
Moosberg
1396
Niederkaseralm
Wuhrsteinalm 1120
1661 Breitenstein
1183
Talalm
1119
Grünbodenalm 1200 (verf.)
Ackeralm
Karlalm (verf.)
Karkopf
1510
Diensthütte 1117
686
Hochköpfl
1539
1421 Sandspitz
Grießelberg
1071
Wandberg
1454
1350 Wandberghütte
1326 Burgeralm
Wandbergalm 1318
Hintere-Abendpoit
Vordere-
1232 Baumgartneralm
Kössener Karalm
1268
1418
Lochneralm
Westnerau
1434 Rudersburg
Wetterfahne
1284
Naringalm
Lochalm
Harlander-Alm 1150
1345
Ober-
-notheggeralm
Rescharkopf
1393
Naringalm 1136
Gradlalm
Kohlenriedalm
Lochner Horn
1448
Aufinger Alm 1030
Brennkopf
1353
Unter-
Kantusalm
Welzenalm
Brennköpfl
1255
Hitscheralm
1067 Bründlingalm
Grünbacheralm
Edernalm 910
965
Ottenalm 960
Harausattel
Riedlberg
1136
Staffenberg
1070
793 Glassalm
828
Gründl
Riederalm 860
Halbwart
Haraualm 990
Oberberg
Winkl
687
Angering
1117
Harauer Spitze
Außerkapelle
Schwemmturm
667
Moarhof
Marschbach
Maurach
Kranzinger Berg
1015
Josefstal
Gundharting
Riedl
NSG Schwemm
Dorf
Hausberg
951
Kugelwand
Hallbruck
Kaiserwinkl Golfanlage
Walchsee
19
Hot. Panorama
Josefshöhe
Hochau
Ankerwald
Steinbruch
Miesberg
968
Seehof
Ried
658
Café See la Vie
Kranzach
Weißenbach
Riedlwirt
Grub
172
Außerbichl
Miesberg
Seemühle
647
Bichlach
Camping Seespitz
Essbaum
Traxler
Schwarzenbach
Walchsee (655)
Klein-
Mittermoosen
Sattler
Durchen
Aucken
Schnapfl
Lamplhof
Gasteig
Bichl
Oed 670
Aigen
Amberg
756
Hechenbichl
Terrassen-Camping Südsee
Holzen
Gagern
792
Hochberg
679 Gageshof
Lippenalm 961
1094
Schwarzenbachalm
693
Ebersberg
1164
Holznerlam
Gagesalm
Aufschnait
Niglgrubenalm
Stücklalm
872 Raineralm
Gachenalm
Ampferbodenalm
Brandalm
Gruberalm
1023
Gwirchtalm
Einschr
Unterbichlalm
Weißenbach
Draxlalm
Stefflalm 865
Oberleinalm
Entfelden
928 Großpoitneralm
Heuberg
1603
1228 Wolfingeralm
Boaralm
1019
Unterlenzenkaralm
Jochl 1493 (Heubergsattel)
Hageralm
Kogel
1332
Habersauer Almen 915
0 500 m
Jöchlalm (verf.)
Kogelalm (verf.)
Oberlenzenkaralm
Lederer
Kaiserwinkl

Tour 19

19 Gipfeltour

Harauer Spitze

Pfiffiger Ausflug am Walchsee

DAUER	3h 45min
LÄNGE	10 km
HÖHENMETER	700 hm
SCHWIERIGKEIT	MITTEL
MIT ÖFFIS ERREICHBAR	nein

Das erwartet dich ...

Entgegen früheren Beschreibungen in diversen Wanderführern, die diese Tour als schwierig und nur für Geübte einstuften, ist die Höhenwanderung über die Harauer Spitze durchaus allen trittsicheren Wanderfans zu empfehlen. Eine nette, schattenreiche Runde auf guten Pfaden und Forstwegen, die nur bei Nässe unangenehm wird und wunderbare Blicke auf den idyllischen Walchsee bietet. Der See bietet sich im Anschluss an die Tour zum Schwimmen an.

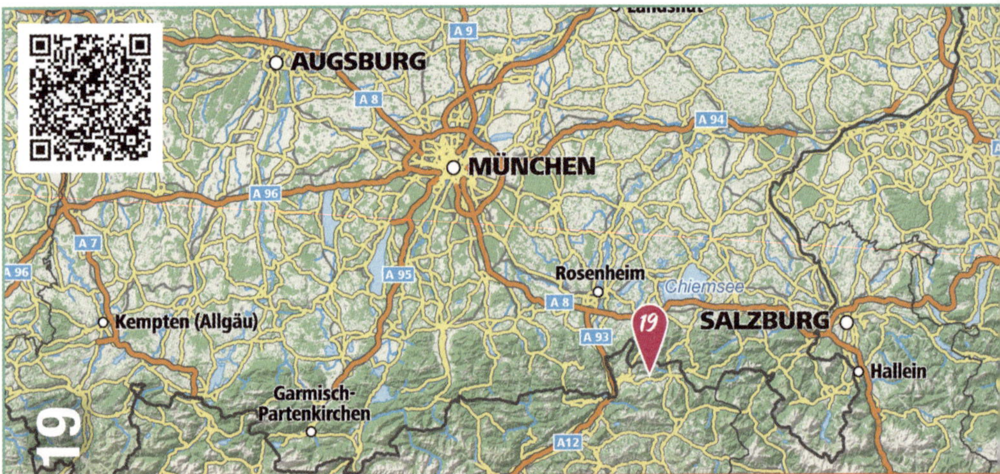

Gipfeltour 19

Start & Ziel & Anreise

Ausgangspunkt der Tour ist der gebührenpflichtige Parkplatz Johannesstraße am östlichen Ende des Ortes Walchsee. Anfahrt über die B 172 von Niederndorf bei Kufstein oder von Weidach. Der Parkplatz befindet sich direkt an der Bundesstraße am Seeufer. Alternativ mit Regionalbus 4030 von Kufstein oder Kössen bis zur Haltestelle „ Walchsee-Johannesstraße".

Tourenbeschreibung

Wir gehen vom Parkplatz am See (668 m) in westliche Richtung ins Dorf hinein und sehen gegenüber dem Hotel Bellevue in Walchsee eine Tafel, die sämtliche Wanderwege auflistet, darunter auch den Weg Nr. 49 zum Hausberg, den wir einschlagen.

Wir halten uns bei der nächsten Verzweigung rechts, passieren die drei großen Kreuze (rechts oberhalb) und folgen unserer Markierung nun links hoch in den Wald hinein. Auf gut angelegten Treppenstufen gewinnt man rasch an Höhe (Bänke laden immer wieder zum Rasten ein). Wir treffen auf einen Forstweg, der sich langsam zum Pfad verengt und nun wesentlich steiler ansteigt (bei Nässe kann es hier recht matschig sein!). Wir überschreiten zwei kleine Erhebungen (den Kranzinger Berg, 1015 m, mit Ausblick zum Wandberg hinüber), bis es deutlich abwärts geht und man eine Art Sattel erreicht. Hier sieht man auch zum ersten

Mal steile Felsabstürze auf der linken Seite und ab jetzt hat man auch freien Blick nach rechts zum Walchsee hinunter.

Der Weiterweg steigt wieder an zur Harauer Spitze, die rundum einen freien Blick gewährt (1117 m, 1 ½ Std.). Auf steil angelegten Stufen bringt uns der Abstiegsweg hinunter zum Harausattel, wo wir ein eisernes Drehkreuz passieren. Links führt der Weg steil hinab zur sichtbaren Ottenalm, rechts unten liegt ebenfalls bereits sichtbar die Haraualm.

Ab der Haraualm (990 m, 1 ¾ Std.) folgen wir dem Fahrweg. Rote Markierungen, die unterwegs in den Wald weisen, sollte man ignorieren, ebenso die rechts abgehenden Wege (Sackgassen!), bis wir schließlich nach einer leichten Steigung an ein Schild gelangen, das die Abzweigung nach Walchsee/Josefshöhe (Nr. 48) anzeigt. Zuerst geht es auf Stufen relativ steil hinab, über einen Bach hinüber und zu den beiden Josefskapellen (750 m), die versteckt am Wegesrand stehen.

Kurz darauf erreichen wir das Hotel Panorama (760 m, 2 ½ Std.), wo wir rechts abweichen und dem steilen, anfangs asphaltierten Weg am Hotel vorbei nach oben folgen. Nach kurzem Anstieg geht es wieder leicht bergab und bald treffen wir im Wald auf den Anstiegsweg, steigen über Treppen hinab zu den schon erwähnten drei Kreuzen und weiter auf dem bekannten Weg hinunter zum Parkplatz in Walchsee.

Wildblumen mit dem Walchsee im Hintergrund

20

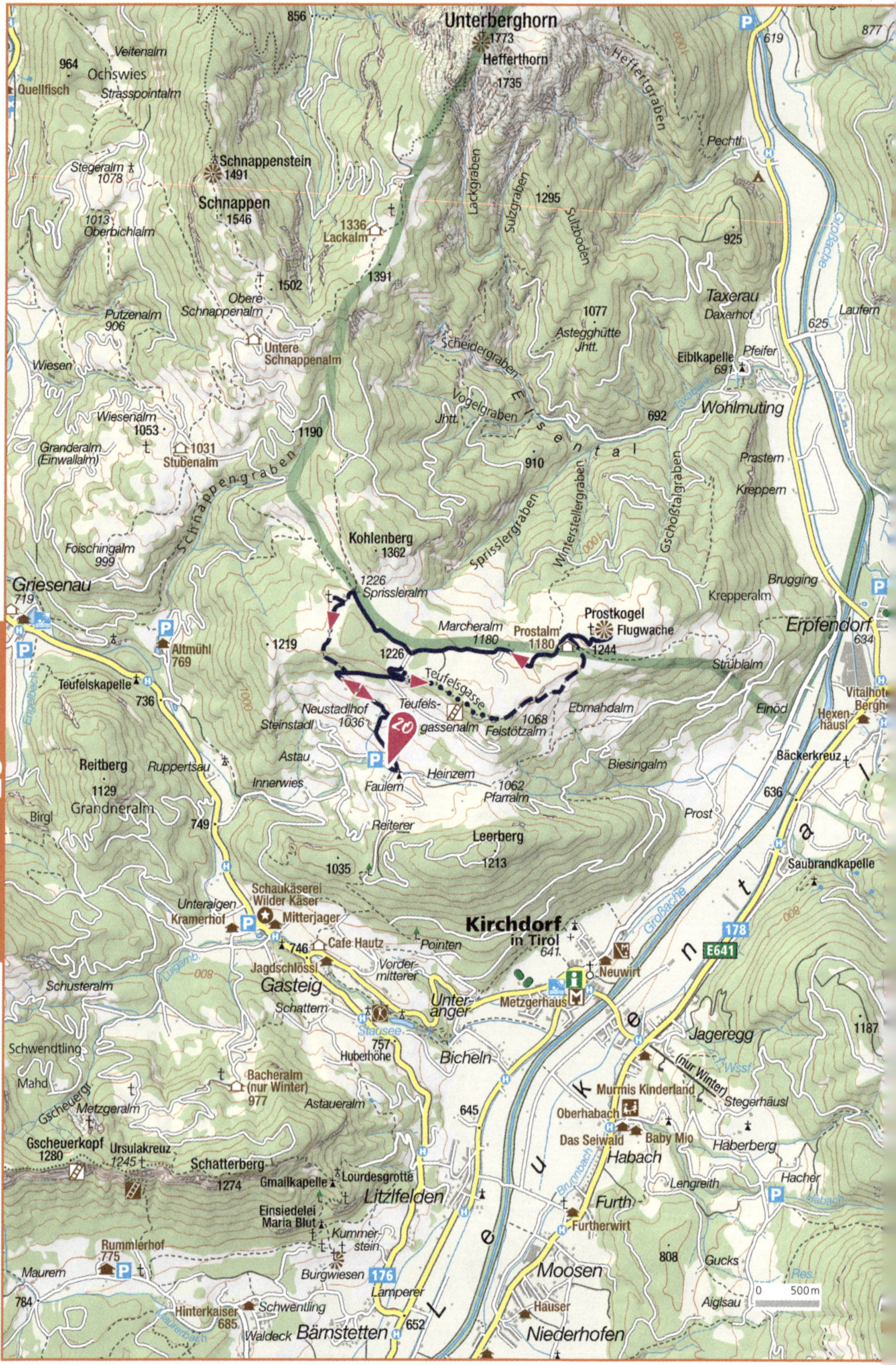

Unterberghorn
1773
Hefferthorn
1735
Heffertgraben
856
964
Veitenalm
Ochswies
Quellfisch
Strasspointalm
Schnappenstein
1491
Stegeralm
1078
Schnappen
1546
1013
Oberbichlalm
1336
Lackalm
1391
Lackgraben
Sulzgraben
1295
Sulzboden
Pechtl
925
Taxerau
Daxerhof
Laufern
625
Obere
Schnappenalm
1502
Putzenalm
906
Untere
Schnappenalm
Scheidergraben
Astegghütte
Jhtt.
1077
Eiblkapelle
691
Pfeifer
Wiesen
Wiesenalm
1053
Vogelgraben
Jhtt.
Eisental
692
Wohlmuting
Granderalm
(Einwallalm)
1031
Stubenalm
1190
Schnappengraben
910
Prastern
Kreppern
Gschößtalgraben
Winterstellergraben
Sprisslergraben
Kohlenberg
1362
Foischingalm
999
Griesenau
719
1226
Sprisslerالm
Brugging
Krepperalm
Prostkogel
Flugwache
1244
Marcheralm
1180
Prostalm
1180
Erpfendorf
634
Altmühl
769
1219
1226
Strüblalm
Teufelsgasse
Teufelskapelle
736
Neustadlhof
1036
Teufels-
gassenalm
1068
Feistötzalm
Ebmahdalm
Einöd
Vitalhotel
Berghof
Hexen-
häusl
Steinstadl
20
Astau
Bäckerkreuz
Reitberg
1129
Grandneralm
Ruppertsau
Innerwies
Faulern
Heinzem
1062
Pfarralm
Biesingalm
636
Birgl
749
Reiterer
Leerberg
1213
Prost
Saubrandkapelle
1035
Unteraigen
Kramerhof
Schaukäserei
Wilder Käser
Mitterjager
Kirchdorf
in Tirol
641
Großache
178
E641
746
Cafe Hautz
Pointen
Jagdschlössl
Gasteig
Vorder-
mitterer
Neuwirt
Schusteralm
Schattern
Unter-
anger
Metzgerhaus
Stausee
757
Huberhöhe
Bicheln
Jageregg
1187
Schwendtling
Mahd
Bacheralm
(nur Winter)
977
Astaueralm
(nur Winter)
Stegerhäusl
Metzgeralm
Murmis Kinderland
Oberhabach
645
Gscheuerkopf
1280
Ursulakreuz
1245
Das Seiwald
Baby Mio
Habach
Häberberg
Schatterberg
1274
Gmailkapelle
Lourdesgrotte
Litzlfelden
Lengreith
Hacher
Einsiedelei
Maria Blut
Kummer-
stein
Furth
Fürtherwirt
Rummlerhof
775
Maurem
Burgwiesen
176
808
Gucks
Moosen
784
Lamperer
Leukental
0
500 m
Aiglsau
Hinterkaiser
685
Schwentling
Hauser
Waldeck
Bärnstetten
652
Niederhofen

Prostkogel

Felsige Schlucht, Almhütten und ein leichter Gipfel

DAUER	3h
LÄNGE	9,3 km
HÖHENMETER	402 hm
SCHWIERIGKEIT	MITTEL
MIT ÖFFIS ERREICHBAR	nein

Das erwartet dich ...

Eine abwechslungsreiche Rundtour mit Abenteuercharakter. Der Weg durch die Teufelsgasse ist vor allem an heißen Tagen empfehlenswert und erfordert aufgrund einiger leichter, seilversicherter Passagen Trittsicherheit. Die zweite Hälfte über den Prostkogel ist sehr aussichtsreich und verläuft – bis auf den Schlussabstieg – größtenteils über Wiesenflächen mit traumhaftem Panorama.

Start & Ziel & Anreise

Die Tour startet beim Parkplatz Teufelsgasse in Hinterberg. Von Kirchdorf in Tirol Richtung Gasteig fahren und auf der B 176 ortsauswärts. Der Beschilderung Richtung „Hinterberg" folgen. Bei der gelben Kapelle von Faulern ist der Ausgangspunkt erreicht. Die Anreise mit öffentlichen Verkehrsmitteln ist nur bis zur Abzweigung Hinterberg auf der B 176 möglich (Bus 4000, Haltestelle „Kirchdorf i. T.-Hinterberg") – zusätzliche Gehzeit auf Asphaltsträßchen bis zum Ausgangspunkt ca. 45 Minuten.

Tourenbeschreibung

Wir starten bei der Kapelle (984 m) und folgen dem Schild Teufelsgasse auf dem Asphaltsträßchen nach links. Wir steigen stetig an bis zu einem Gebäude, vor dem ein nicht asphaltierter Fahrweg rechts abbiegt (Schild: Prostalm, Teufelsgasse). Auf diesem Fahrweg passieren wir links einen von oben herabkommenden Pfad (Schild Abkürzung Sprissleralm), der später unser Rückweg sein wird. Wir wandern aber auf dem Fahrweg weiter hoch, nach einer längeren Querung bringen uns ein paar Kehren auf eine Hochebene, wo wir auf eine alte Holzhütte treffen.

Unterhalb dieser Hütte ist rechts die Abzweigung zur Teufelsgasse (1212 m, ½ Std.) markiert. Ein schmaler Pfad führt in den Wald hinein. Nach ein paar Metern passiert man einen Aussichtspunkt mit Bank, dann steigt man über einen Weidezaun nach links endgültig in den Wald hinein, linker Hand tauchen die ersten Felsen auf. Der Pfad steigt zunächst leicht an, es folgt ein erster schluchtenähnlicher Durchgang, dann kommen wir zu einem Holzgatter, vor dem wir – mit einem Geländer gesichert – einige Meter nach links hochsteigen. Wir wandern in leichtem Auf und Ab weiter, bis wir wieder auf Felsen treffen. Nun geht es erst richtig los mit der Teufelsgasse, mit engen Durchschlüpfen und teils hohen Felswänden links und rechts. Wir steigen über eine Treppe hoch, nun folgen stellenweise Seilsicherungen und Trittstufen – an diesen Stellen ist Vorsicht angebracht – und zum Schluss wartet eine Holzleiter auf uns, die die letzten steilen Meter bergab führt. Nun wird der Pfad wird deutlich leichter, es geht weiterhin moderat bergab und das Waldgelände öffnet sich. Bei einem mächtigen Felsblock treten wir schließlich aus dem Wald und genießen den schönen Blick hinab ins Tal und hinüber zum Kitzbüheler Horn. Der Pfad schlängelt sich weiter durch Wiesen bergab, bis wir auf eine Verzweigung treffen, die uns – nun leicht ansteigend – nach links zur Prostalm weist.

Nach einem kurzen Waldstück kommen wir wieder ins Freie auf eine Almhochfläche. Links oben ist schon das Gipfelkreuz des Prostkogels zu erkennen. Über Wiesen führt der Pfad zunächst leicht bergab, bei einer beschilderten Kreuzung stoßen wir auf einen breiten Fahrweg, halten uns links, passieren nach wenigen Metern einen Teich und stehen schon vor der sichtbaren Prostalm (1180 m, 1 Std.). Zwischen den Almgebäuden führt ein Fahrweg rechts hoch und in Kehren zum Gebäude mit Antenne (Flugwache). Am Zaun entlang erreichen wir auf einem schmalen Wiesenpfad den Gipfel des Prostkogels (1244 m, 1 ¼ Std.). Wir genießen die herrliche Sicht und nehmen beim Abstieg den direkt zur Prostalm hinabführenden Pfad. Nach der Prostalm bleiben wir rechts auf dem Fahrweg und wandern in Kehren etwas bergab, der Beschilderung zur Marcheralm folgend. Gemütlich geht es an der etwas abseits vom Weg liegenden Marcheralm vorbei (1180 m, 1 ¾ Std.) durch ein kurzes Waldstück, bis wir rechts die Abzweigung zur Sprissleralm erreichen. Schon nach wenigen Gehminuten kann man das Dach der Alm sehen. Der Weg führt kehrenreich über das Hochplateau zu ihr hinüber. Bei der Sprissleralm (1226 m, 2 ¼ Std.) halten wir uns links und machen einen kleinen Abstecher zu einem Aussichtshügel mit einer überdachten Christusfigur links oberhalb der Alm. Von hier hat man einen fantastischen Blick hinüber zum Kaisergebirge: Das Stripsenjochhaus, der Stripsenkopf und der Feldberg sind sehr gut zu sehen.

Zurück am Hauptweg führt uns dieser markiert weiter durch Wiesen. Dieser verengt sich dann wieder zu einem Pfad, der erst am Waldrand beginnt, steiler bergabzuführen. Nach dem Übersteigen eines Weidezauns wird der schattige Waldpfad steiniger und steiler und bringt uns schließlich hinab zum Anstiegsweg (beim Schild Abkürzung Sprissleralm). Nun rechts auf dem Fahrweg in Kehren bergab, bis wir wieder auf Asphaltsträßchen erreichen, dem wir bergab bis zur Kapelle und zum Parkplatz folgen.

21

Kanuschule Laola
Trattner-mühle
Tratten
Pegel 927
Buntköpfl
Gritachwald
1571
Musachwald
1846 Zunigalm
108
Klausen 1063
Aschenberg
Brühl
Malerblick
Lodin
Dolomitenblick
Amitzalm 1848
2196 Ganitzle
Zunigsee
Isel
Mellitz
1495
Kleiner Zunig 2442
Zoppetgraben
Klauswald
Vogelsang
Dawitz
Rotengraben
Feld 926
Steiner
Mattersberger
Zunigtörl 2355
Arnitz-wiesen
Großer Zunig 2776
Denglbichl
Feglitzwiesen
Oberfeldner
Zoppelbach
Feglitzbach
Lamperer
Rottörl
Mentles
1370
Moldaber
Strimitzer
1244
1007 Seeler
1834
Lottersberg
Amitzsee
Lackach
Moos
Brenner
Deferegger Riegel
Stanzling 2730
Mele
2715
2658
Rotes Kögele
2570
Glanzalm 1974
Kl. Riegel 2433
Stallen
Ratzeller Bergwiesen
Mooser
Blöße
Huben 819
Lunitwald
Blößegg 1714
21
Glanz
Landerl
Gern 1804
Mösern
108
Gsalleralm
Ratzell
1490
Greil
Lercher Wald
Oberhuben
Tröglis-Schupfen
Isel
Gronggl wald
808
Hofer Schlichte
Bretterkofel
Zöschken
Trin
Hopfgarten in Defereggen 1107
1368
Sägewerk
993
Hof
Rajach
998
Gunet
Galerie
Schwarzach
Poling
Kulturhaus
1116
1102
Wasserspielpl. Auen Tumpfl
Kohlplatzl
Giepe
Moosigalm
1342
Runichwald
Ahringwald
Hohe Dräge
Bannwald
Klebenalm
Ranigesalm 1544
Zirbener Träge
2114
Spitzeck 2091
2108
Firstkogel 2136
1483
Gagenalm 1998
Naßfeldalm 2004
Naßfeld
1976
Zirbenalm 1907
Geogr. Mittelpkt. Osttirols
Äußerbachalm
Kloitzalm
1878
Grünalm
Rudnig 2429
1568
Innerbachalm
1979
Grünalm (Grüalm)
Weiße Wand
0 500 m
Blitz
Mauskopf 2477

Tour 21

Hüttentour 21

Glanzalm

In der Mitte Osttirols

DAUER	3h 45min
LÄNGE	7,5 km
HÖHENMETER	600 hm
SCHWIERIGKEIT	MITTEL
MIT ÖFFIS ERREICHBAR	nein

Das erwartet dich ...

Der Ort Huben, am Schnittpunkt von Defereggental, Iseltal und Kalser Tal gelegen, sieht sich gern als Mitte Osttirols. Nicht weit davon entfernt befindet sich die Glanzalm in sonnenverwöhnter Lage auf einer Bergschulter. Eine schöne Halbtagestour, die keine technischen Schwierigkeiten aufweist, jedoch aufgrund eines steilen Aufstiegs von Mösern gute Grundkondition voraussetzt.

Hüttentour 21

Start & Ziel & Anreise

Ausgangspunkt der Tour ist der Wanderparkplatz Glanzalm oberhalb von Ratzell im Defereggental. Anfahrt auf der B 108 bis Huben, dort der Beschilderung ins Defereggental folgen. Auf der Landesstraße bis Dölach, dann auf der Bergstraße nach rechts Richtung Ratzell, Parkplatz ebendort. Die Anreise mit öffentlichen Verkehrsmitteln ist nur bis Dößlach möglich (Bus 953, Haltestelle „Hopfgarten i. D.-Dölach") – zusätzliche Gehzeit auf Asphaltsträßchen bis zum Ausgangspunkt in Ratzell ca. 60 Minuten.

Tourenbeschreibung

Wir starten die Rundwanderung im Bergweiler Ratzell und wählen für den Aufstieg die längere, nach Westen ausschweifende Route Nr. 31A. Sie steigt am Anfang erst allmählich an, ab der Verzweigung bei Mösern (1725 m, ¾ Std.) jedoch umso beherzter. Hier halten wir uns rechts und erreichen über die offenen oder meist nur licht bewaldeten Südhänge die Einmündung in den sogenannten Edelweißweg mit der Nr. 31 (2030 m, 1 ¾ Std.), der teils als schmaler Pfad im Auf und Ab durch die Ratzeller Bergwiesen zieht. Wir queren auf ihm noch die eine oder andere Rinne und stoßen dann auf eine markante Verbreiterung. Hier ist im Zuge von Lawinenverbauungen oberhalb vor Kurzem eine Trasse in die Hänge gefräst worden. Wir müssen damit vorliebnehmen, erreichen aber leicht absteigend binnen der nächsten 15 Minuten die Jausenstation Glanzalm (1974 m, 2 ½ Std.). Der Panoramapunkt liegt auf der kleinen Anhöhe nebenan. Eine Panoramatafel unterrichtet uns, was wir aus dieser zentralen Position alles bewundern können: Es ist vor allem der Bergrahmen von Nord über Ost bis nach Südwest, namentlich die Granatspitz- und Glocknergruppe, das wilde Revier der Schobergruppe sowie die breite Front des Defereggengebirges. Rotes Kögele und Großer Zunig schirmen bergseitig die Glanzalm ab.

Der beste Abstiegsweg führt mit Nr. 34 markiert über den südostwärts verlaufenden Waldrücken. Vor dem Blößegg (1714 m, 3 ¾ Std.) – eine Geländekanzel, die wir rasch noch mitnehmen – biegt die Route scharf rechts ab und führt über Glanz zurück nach Ratzell.

Variante: Wer bei Mösern lieber auf gleicher Höhe bleiben und sich dadurch einen steilen Anstieg sparen möchte, setzt die Wanderung auf dem neuen Panoramaweg (auch Apolloweg) in westliche Richtung fort und gelangt damit zum Weiler Rajach oberhalb von Hopfgarten. Von dort am besten mit Nr. 33B ins Defereggental, wo unweit der Brücke P. 1116 die Bushaltestelle erreicht wird. In diesem Talabschnitt gibt es im Übrigen einen Wassererlebnisweg, der ohne Weiteres Richtung Hopfgarten angeschlossen werden kann.

Das Almkreuz steht oberhalb der Jausenstation

Aderspitz
2990
Aderscharte
2828
2733
Schwarzsee
Breitenrain
Knappenköpfe
2602
Seewand
Dorfer See
1935
Unterer Kasten
2670
Kastengrat
Vord.-Kasten-kees
Aderwand
3426
Eiskögele
Schneewinkelkopf
3476
Schneewinkelscharte
3412
Romariswand-köpfe
Laperwitzkees
Romariswand
Luckenkogel
3100
Lucken-kees
Spinewitrol
2483
Mödleben
Sandriegel
Mödlwand
Luckenwand
Stotzbach
Nasse Bretter
Seebach
Brunnbachquelle
2631
Bichl
Graue Schimme
3053
Hintere Ochsenalm
Laperwitzbach
Fruschnitzkees
Muntanitz
3232
2528
Loameswand
Loamesbach
Böheimebenalm
Spitz
2624
Kampl
Kleiner Muntanitz
3192
Kalser Tauernhaus
1755
2044
Fruschnitzbach
Gamskopf
3157
Obere Fruschnitzscharte
Gelbes Wandl
Salzkogel
2986
Zollspitze
Untere Fruschnitzscharte
3024
Gradötzkees
Muntanitzschneid
Blauer Knopf
2907
Vordere Ochsenalm
1675
Rote Scharte
Rumesoi-Eben
Rumesoibach
Wellachköpfe
3037
Muntanitzbach
Rumesoikar
Kristallspitzl
3005
Kreuzwandspitze
2826
Gradötzsattel
Plonwand
2092
Plon
Säulspitze
2956
3031
Kreuzwand
Tinkiebenalm
Schönebenalm
Gradotzwand
Gradötzbach
Obere-
Starzgrube
Untere-
Oberes-
-Beil
Unteres-
Gradötzkogel
3063
Bergeralm
1636
2113
2868
Bretterspitze
2777
Hoher Guldanoa
Graue Scharte
2971
Pifanghütte
2823
Dürrenfeld-scharte
Hint.-
3080
Kendl
Sengerbach
Moaebenalm
Tschadinepfohlalm
Dürrenfeld
Vord.-
3085
-Kendlspitze
Ganimitz
2785
Dorfer Tal
Bretterboden
2343
Stiege
Liebl-Aussichtswarte
1845
Bretterwand
Teischnitzbach
Teischnitzer
Aussichtskanzel
Tschadinhörndl
2769
Daberklamm
Moaalm
Mountain Retreat
1793
Foledischnitz
Tschenglkopf
2410
2260
Am Grodes
Airaswiese
Brunnerkogel
2607
Pahlalm
Mitteralmbach
22
Spöttling-Taurer
Zalesedalm
2173
1489
Wanderhotel
Taurerwirt
2240
Kerer Hochalm
Hohes Tor
2477
1843
Kereralm
Grübl
Hinterburgerwiese
2101
Raineralm
2577
Weißer Knopf
Blauspitze
2575
Nationalpark-
Camping
Burger Bach
Greischneid
Kranzwand
Kalser Bach
Felsenkapelle
Libanolkopf
2539
Gradonna
Mountain Resort
Geierspitz
2302
Ganotzalm
Burg
1563
1431
St. Peter
1695
0
500m
Figolalm
1777
Intervall-
Laufstrecke
(nur Winter)
(nur Winter)
Stock-
mühlen
Kalser Höhe
2434
Ganotzegg
Glocknerblick
1944

Tour 22

22 Seetour

Dorfer See

Durch ein Tal, das fast „ertrunken“ wäre

DAUER	4h 30min
LÄNGE	16 km
HÖHENMETER	450 hm
SCHWIERIGKEIT	LEICHT
MIT ÖFFIS ERREICHBAR	ja

Das erwartet dich …

Eine leichte, wenn auch lange Talwanderung inmitten der Glocknergruppe im Nationalpark Hohe Tauern. Durch die Daberklamm und das Dorfer Tal verläuft die Strecke auf breiten, kaum ansteigenden Fahrwegen, das letzte Stück über einen etwas holprigen Steig bis zum Dorfer See. Der Weg durch die Klamm kann stellenweise rutschig sein. Der traumhaft gelegene und von Gletscherwasser gespeiste Dorfer See am Fuße der Granatspitze ist ein wahres Juwel.

Seetour 22

Start & Ziel & Anreise

Ausgangspunkt der Tour ist der Parkplatz am Ausgang der Daberklamm gleich hinter dem Taurerwirt in Spöttling. Zufahrt auf der B 108 von Lienz oder Matrei in Osttirol bis Huben, dort Richtung Kals am Großglockner/Nationalpark Hohe Tauern abbiegen und ca. 16 km weiter bis zum Ausgangspunkt fahren. Alternativ mit dem Bus 952 von Huben bis zur Haltestelle Kals am Großglockner-Taurer.

Tourenbeschreibung

Es ist ein großes Glück, dass man heute im Dorfer Tal hinter Kals noch in einem ursprünglichen, einst von Gletschern ausgeformten Tauerntrog wandern kann. Vor Jahren hatte nämlich schon die Energiewirtschaft ein Auge darauf geworfen, hier einen riesigen Speichersee zu errichten. Das Projekt scheiterte nicht zuletzt am Widerstand – und inzwischen hat das Dorfer Tal Nationalparkstatus erhalten. Mit der Daberklamm am Ausgang und dem Dorfer See im innersten Talwinkel besitzt es zwei landschaftliche Besonderheiten, zwischendrin kilometerweite flache Almböden und Waldparzellen, die, eingefasst von steilen Trogflanken, eine überaus malerische Szenerie bilden.

Den furiosen Auftakt gleich hinter dem Taurerwirt (1489 m) macht also die tosende Daberklamm, über der unser Weg (Nr. 711) rechtsseitig entlangführt. Die Urkräfte des Wassers haben sie in beständiger Kleinarbeit aus dem Felsen gefräst.

Das Tal verengt sich mehr und mehr und wird auch zunehmend steiler. Aussichtsplattformen ermöglichen beeindruckende Ausblicke auf den rauschenden unter uns liegenden Bach. Nach gut 20 Minuten verlassen wir die Enge und gelangen in das sich öffnende Hochtal. Was für ein landschaftlicher Kontrast! Sanfte Alpenwiesen und bezaubernde Almen tun sich vor uns auf. Auch der Kalser Bach präsentiert sich hier nicht wild und ungestüm, sondern plätschert ruhig dahin. In praktisch geradlinigem und ebenem Verlauf passieren wir die Jausenstation Bergeralm (1636 m, 1 Std., kurzer Stichweg auf die andere Bachseite).

Weiter Richtung Norden stehen in Abständen alte, urige Almhütten Spalier, ehe wir nach insgesamt rund anderthalb Stunden das Kalser Tauernhaus (1754 m, 1 ¾ Std.) erreichen. Bald darauf geht die breite Trasse in einen Wanderpfad über, der nun auch spürbar ansteigt. Man durchwandert ein urwüchsiges Waldstück und danach das chaotische Blockgelände, welches den Wall des Dorfer Sees (1935 m, 2 ½ Std.) bildet.

Über die Geländeschwelle tretend erblicken wir erstmals dieses Kleinod und erkennen auch die Fortsetzung des Steiges Richtung Kalser Tauern, den Übergang zur Rudolfshütte im Salzburger Land. Für uns ist am Dorfer See allerdings der Umkehrpunkt, zumal ja talauswärts nochmals acht Kilometer Wegstrecke bevorstehen. Der Rückweg folgt dem Aufstiegsweg zurück zum Ausgangspunkt.

Autoren Tipp

Der Nationalpark Hohe Tauern erstreckt sich über die drei Bundesländer Kärnten, Salzburg und Tirol und umfasst insgesamt 1.856 km². Beeindruckende Flora trifft hier auf artenreiche Fauna und schafft ein Naturparadies der Extraklasse. Keiner kennt den Nationalpark mit all seinen Facetten besser als die Nationalpark-Ranger, die hier unterwegs sind. Sie absolvieren eine mehrjährige Ausbildung, verfügen über natur- und umweltspezifisches Wissen und leiten Exkursionen und Touren im Nationalpark.

Elferhöhe 2356
Bei den Lacken
Katschnigalpl
Jhtt. Raimundahütte 1759
Raimundaalm
Mauthner Alm
Enzianhütte 1500
Mauthner Almhaus
Valentinbach
1813
Ederwirt 965
Tillacheralm 1088
Raimundakofel 2269
Raimundatörl 2070
Schulter
Hinterer Mooskofel 2506
Vorderer Mooskofel 2359 2287
Hinterjoch
Lamprechtkofel 1861
Mittlerer Mooskofel
960
Via Iulia Augusta
Gamskofel 2526
Gamsalpl
Böses Gangele
Gamsboden
110
Wodnertörl 2059
1045 Kreuztratte
In der Plaiken
Untere Valentinalm 1205
Wolayersee
Heldenfriedhof
Schaukraftwerk Hydrosolar
Theresienhöhe
Obere Valentinalm 1540
Plöcken
Himmelbergeralm
2100 Eiskarhütte
1587
Plöckenhaus (keine Übernachtung) Wanderbus im Sommer
1244
1621
Kunzköpfe
Grünsee
Untere Spielbodenalm (verf.)
2298
Eiskarkopf
Hausalm
1249
Cellonalm
Freilichtmuseum "1915-1918"
und Umgebung
Kellerwand
Gabelekopf 2289
Angerbach
Eiskar
Cellon
Frischenkofel 2241
Maschinengewehrnase
2774
Schlucht
Grüne Schneid
Kellerspitzen
2691
2086
Kollinkofel
Schulter
Kellerwarte 2724
2742 Krone
Kleiner Pal 1867
23
Freikofelscharte
2497
C.ra Collinetta di Sopra 1641
Plöckenpass P.di Monte Croce Carnico 1357
Forcella Monumenz
2046
1773
C.ra Collinetta di Sotto
1720
Pic Chiadin 2302
1428
Cima Plotta 2017
C.ra Monumenz 1769
52bis
1083
Rif. Marinelli 2120
C.ra Val di Collina 1445
1003
Forcella Moraretto 2169
1903
Alb. Casetta in Canada
Val Grande
920
Via Iulia Augusta
Rif. C.ra Plotta
R.di Collina
Laghetti
M. Floriz 2184
1029
C.ra Collina grande 1522
R. Chiaula
Bosco Lavaréit
2000
C.ra Lavaréit 1470
C.ra Floriz Alta 1894
Forcella Plumbs 1976
C.ra Chiáula Turnicina
1251
C.ra Floriz bassa 1671
C.ra Chiáula bassa
C.ra Chiáula alta 1569
1464
R. Chiáula
Monte Terzo 2034
1795
1687
2250
Monte Crostis
Belvedere
Rius
2197
2072
C.ra Belvedere 1771
C.ra Monte Tierz alta 1675
2116
2160
Cimone di Crasulina
Costa dei
2014
Monte Neval 2061
Monte Pezzacul
2089
2176
1958
1977
2104
alta 1929
C.ra Chiadinis 1826
C.ra Crostis 1870
bassa
2120
2062
2089
2054
C.ra Crasulina 1776
Lago Zoufplan
0 500 m
1931
Zoufplan 1999
2037
1400
1000

Tour 23

23 Gipfeltour

Frischenkofel (Cellon)

Markanter Felsgupf westlich des Plöcken

DAUER	4h 30min
LÄNGE	8,2 km
HÖHENMETER	900 hm
SCHWIERIGKEIT	MITTEL
MIT ÖFFIS ERREICHBAR	ja

Das erwartet dich ...

Eine grenzüberschreitende, anspruchsvolle Tagestour am Plöckenpass in den Karnischen Alpen zwischen Kärnten (Ö) und Friaul (I). Auf Bergwegen, die einst vom Militär angelegt wurden, geht es durch grasiges und schrofiges Gelände mit sensationellen Ausblicken. Nur mit gutem Schuhwerk, Bergerfahrung und guter Kondition begehen!

Gipfeltour 23

Start & Ziel & Anreise

Die Tour startet am Plöckenpass zwischen Kärnten und Friaul auf der italienischen Seite. Anreise auf der B 110 von Kötschach-Mauthen (Ö) oder auf der SS52 von Paluzza (I) bis zum Plöckenpass, Parkmöglichkeiten auf der italienischen Seite. Alternativ mit dem Bus 5051 von Kötschach-Bahnhof Richtung Plöckenpass.

Tourenbeschreibung

Auf der Westseite des Plöcken ist der Frischenkofel – auf Italienisch Cellon genannt – quasi ein Pendant zum Kleinen Pal. Der Berg präsentiert sich allerdings profilierter und ragt auch ein gutes Stück höher empor. Klettersteigfans finden an ihm mit Steinbergerweg, Cellon-Stollen, Oberst-Gressel-Weg und Via ferrata Senza Confini gleich eine ganze Reihe gesicherter Routen. Ein weiteres Highlight des Berges ist die Cellonetta-Rinne, die in Geologenkreisen als echte Sensation gilt. Kaum irgendwo auf der Welt ist die Gesteinsabfolge der erdgeschichtlichen Epochen Ordovizium und Silur (vor 485 bis 419 Millionen Jahren) ähnlich mustergültig aufgeschlossen. Die Cellonetta-Rinne und ihre Leitfossilien wurden dafür als geologischer Standard definiert. Interessierte können sich im Rahmen eines Geo-Trails kundig machen – auf etlichen Schautafeln sind die Zusammenhänge veranschaulicht.

Aber auch „normale" Gipfel- und Wanderfans kommen hier auf ihre Kosten. Über einen kriegshistorisch bedeutenden Pfad kann man im Rahmen dieser mittelschweren Tour zum Frischenkofel hinaufgelangen, ohne Klettersteige oder versicherte Stellen passieren zu müssen.

Am Plöckenpass (1357 m) wenden wir uns auf die italienische Seite und folgen anfangs der alten Römerstraße in westliche Richtung. Auf dem Weg Nr. 146 geht es durch ein Waldareal und oberhalb des Rio Collinetta ansteigend zur Abzweigung der gipfelwärtsführenden Route Nr. 147. Weitere Serpentinen schließen sich an. Auf circa 1700 m kommt in der Nähe eines Stollens ein Zugang von der Cellon-Schulter dazu. Wir halten uns schräg links aufwärts und erreichen an einem ziemlich steilen Hang, der durch die zahlreichen Kehren des alten Militärweges allerdings gemildert wird, die Kammhöhe der Grünen Schneid beziehungsweise Cresta Verde (2070 m, 2 ¼ Std.). Die Abkürzung in der Direttissima sollte vermieden werden. Markant nach rechts queren wir unterhalb des Gipfelaufbaus entlang und steigen zuletzt über harmlose Schrofen von Osten zum Kreuz am Frischenkofel empor (2241 m, 2 ¾ Std.).

Der Rückweg verläuft auf der gleichen Route – alle anderen Wege sind merklich schwieriger und nur mit Klettersteigausrüstung sowie der entsprechenden Erfahrung empfehlenswert!

Blick vom Plöckenpass in die Karnischen Alpen

beleuchteter Heldenfriedhof
Gailäcker
The Cube
Watschiger Auen
583
St. Leonhard
717
90
Schmidt
806
Oselitzen
821
Sagrad
Schlanitzen
Ederhof
Burgstall
778
734
954
Gmanberg
1020
Jhtt.
1202
Weichslereben
Karnische Dolomitenstraße
Schieferbrunnen
Schwarzwipfel
1497
Schwarze Wand
Weiter Boden
Jhtt.
1229
1107
Bodenseen
1248
Jhtt.
1481
Millennium Express
1427
Schlanitzer Alm
Sonnleitn
Jungfernbrunn
Trögerhöhe
1865
1480
Kühweger Alm
Klause
1120
Robinson Club Hapimag
Reppwand
Schaukäserei
Jhtt.
Tressdorfer Alm
1585
Kristall
1299
Kühweger Köpfl
Kammleiten
1998
1203
Felsenlabyrinth
Kühweger Törl
1914
Gartnerkofel
Sonnenalpe Nassfeld
2195
2154
Tressdorfer Höhe
1873
Felsenlabyrinth
24
Gartnerkofelbahn
(So./Wi.)
Gartnerkofl
Plattner
Watschiger Alm
1620
Garnitzentörl
1856
1697
Roßalm
Sonnenalpe
Noldistub'n
Wulfenia
1534
Madritschen
1919
Berghof
Gugga
Garnitzenberg
Nassfeldpass
Passo di Pramollo
1530
Auernig
1863
1951
Garnitzenalm
1640
1842
Madritschengupf
Wulfenia da Livio
Al Gallo Forcello
Cra. Auernig
1609
Krone
M. Corona
1832
Garnitzensattel
1674
1699
Baita Winkel
1470
Karnische Dolomitenstraße
1339
1564
Malga For
Ofenalm
1614
Mga. Cerc
1639
M. Cerch
Zirkelspit
P.del Winckel
Creta di Pricot
2203
1644
Sella della Pridola
Stampoden
Trattenalm
1802
Malurch
M. Malvueric alto
1205
1789
1899
Cra. Cossier
1433
Sella di Barizze
1430
M. Maluveric basso
1814
1387
Conca di Pricot
M. Pricot
1410
Panegouz
1590
M. Bruca
1583
979
M. Cervo
1365
1368
1421
S.Marco
Ponte Lavaz
711
S.Antonio
La Foran
M. Brizzia
0
500 m

Gartnerkofel

Alpine Visitenkarte des Nassfelds

DAUER	3h
LÄNGE	4,7 km
HÖHENMETER	600 hm
SCHWIERIGKEIT	LEICHT
MIT ÖFFIS ERREICHBAR	ja

Das erwartet dich ...

Eine schöne Halbtagestour auf viel begangenen und daher recht stark ausgetretenen Bergwegen zu einem Felsgripfel oberhalb des Nassfelds in Kärnten. Die Route ist bei solider Trittsicherheit und einer guten Grundkondition ohne nennenswerte Schwierigkeiten zu meistern.

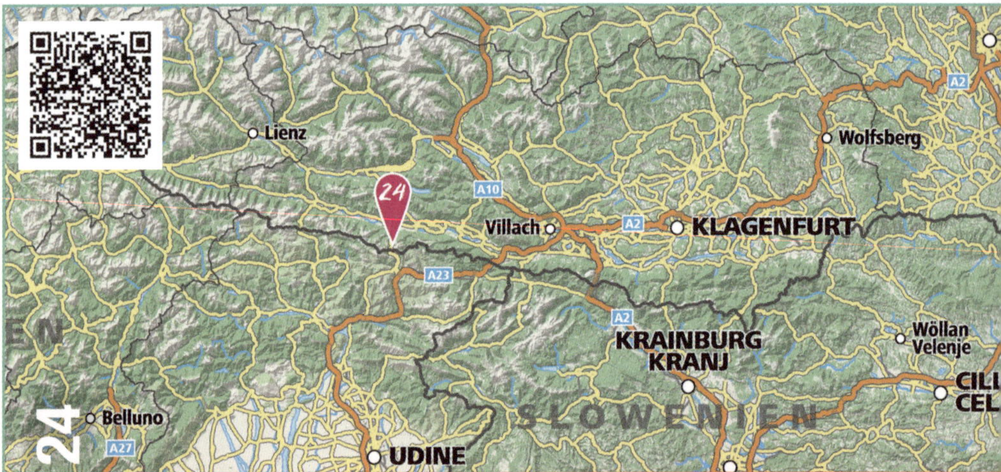

Start & Ziel & Anreise

Ausgangspunkt der Tour ist Plattner's Alpenhotel am Nassfeld. Anreise über die B 111, bei Tröpolach auf die B 90 Richtung Nassfeldpass wechseln und auf dieser bis zum Pass fahren. Dort links Richtung Plattner's Alpenhotel. Alternativ mit der S-Bahn Nr. 4 nach Hermagor und von dort mit dem Wanderbus auf das Nassfeld. Informationen und Fahrpläne auf www.mobilbuero.com

Tourenbeschreibung

Neben der beliebten Mehrtagestour entlang des Karnischen Höhenwegs von Osttirol bis Kärnten gibt es auch einige interessante Gipfel abseits der österreichischen-italienischen Staatsgrenze, die im Rahmen einer Halb- oder Ganztagestour erkundet werden können. Eine davon ist die unproblematische Gipfeltour zum Gartnerkofel. Im Nassfeldgebiet besitzt dieser Gipfel einen hohen Stellenwert, nicht nur wegen der berühmten Pflanzengattung Wulfenia an seinen Flanken, sondern auch aufgrund der grandiosen Aussicht bei verhältnismäßig moderaten Anstrengungen. Wenn man vom Ausgangspunkt Richtung Gartnerkofel blickt, sieht der Berg nur schwer bezwingbar aus – doch dieser Eindruck täuscht! Denn leichter als es das felsige Antlitz des Gartnerkofels vermuten lässt, kommt man hinauf!

Von Plattner's Alpenhotel (1600 m) folgen wir dem 403er Weg über Wiesen, Pistenschneisen und durch Waldparzellen, kreuzen zwischendurch einen Graben nach links und wandern Richtung Garnitzentörl hinauf (1856 m, ¾ Std.), von dem wir einen schönen Blick hinab zu einem kleinen See, zur Garnitzen Alm und über den weiteren Verlauf des Karnischen Höhenweges haben.

Wir halten uns links und passieren die Bergstation des Sessellifts vom Nassfeld sowie eine Skiliftstation und steigen auf breit ausgetretenem Weg durch einen Hangeinschnitt zur Scharte zwischen Ost- und Hauptgipfel empor. Von dort linker Hand in Kehren bis zum stattlichen „Kärntner Kreuz" am Gartnerkofel (2195 m, 1 ¾ Std.). Der Gipfel verwöhnt bei guter Fernsicht mit einem spektakulären Blick auf die Gailtaler Alpen, die Hohen Tauern, den Großglockner und den mächtigen Felsstock des Dobratsch.

Für den Rückweg lässt sich eine kleine Variante einbauen. Wir steigen zunächst auf bekannter Route auf die Höhe des Skilifts ab, wenden uns dort nach rechts und folgen der Wegspur unter den Südabstürzen diagonal abwärts. Wir treffen auf die Route über das nahe Kühweger Törl (1850 m, 2 ½ Std.) und gelangen links abbiegend hinunter zur Watschiger Alm (1620 m). Von der Jausenstation ist es nur noch ein kurzes Stück zurück zu Plattner's Alpenhotel.

Ein unverwechselbares Gipfelkreuz krönt den Gartnerkofel

Gde. Weissensee
Gatschach
949
Holzer
Techendorf
945
Kamengraben
Paschitzgraben
Mühlwand
Neusach
25
932
934
Neusacherhof
Seefriede
934
Mühlzipf
Camping Knaller
Schattseite
Anonymus
Natureislauf
Naggl
Rauna
Hotel Ronacherfels
932
Ronacherfels
Auerkopf
1636
1202
Grundgraben
1650
Nagglerhof
952
961
Paterzipf
Paterzipf
1052
1188
Nockgraben
Naggler Nock
1324
Naggler Alm
1377
Mittagsgraben
Lenzenhöhe
Brennernock
1433
Mittagsnock
1473
1349
EU-Monument
Wegweiser für Morgen
Munigraben
Rupitschgraben
1289
Lacklgraben
Jhtt.
Jhtt. Alpl 1107
1500
Geißrücken
0 500 m

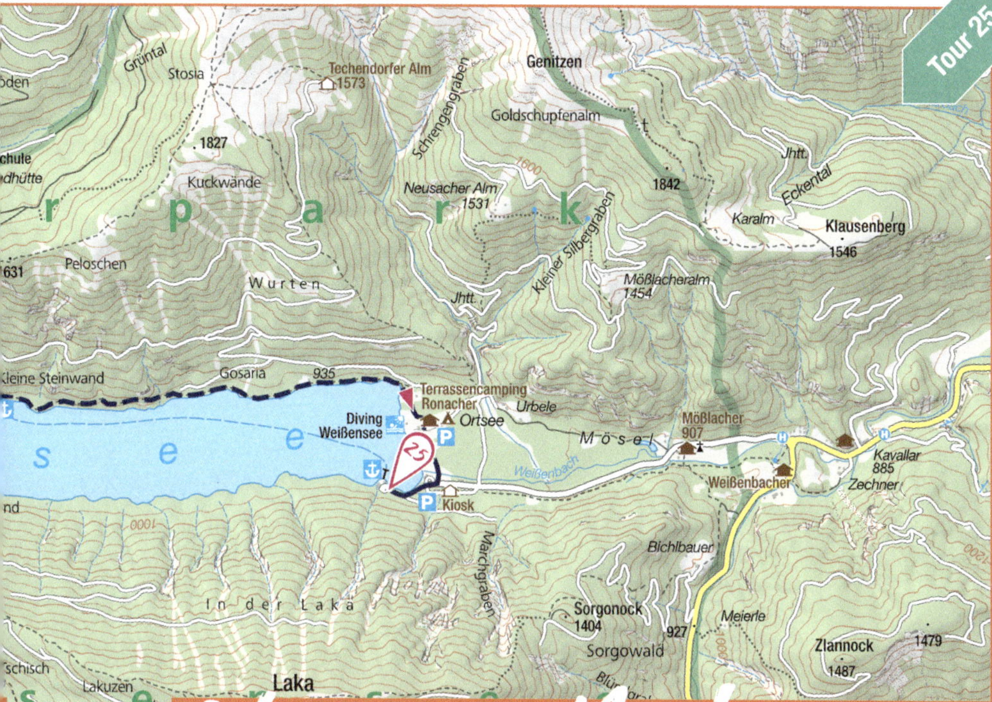

25

Seetour

Weißensee-Norduferweg

Unterwegs am „Alpenfjord“

DAUER	2h 30min
LÄNGE	9 km
HÖHENMETER	130 hm
SCHWIERIGKEIT	MITTEL
MIT ÖFFIS ERREICHBAR	ja

Das erwartet dich ...

Eine landschaftlich einmalig schöne Ufer-, Wald und Bergwanderung am Weißensee in Kärnten, die auf Nebenstraßen und stellenweise steinigen Pfaden, die Trittsicherheit erfordern, verläuft. Der Weißensee ist ein Naturjuwel, das seinesgleichen sucht – mit seinem glasklaren Wasser verspricht der höchstgelegene Badesee Kärntens ein Meer aus unvergesslichen Glücksmomenten (Badesachen nicht vergessen!).

25

Seetour

Start & Ziel & Anreise

Die Tour startet beim gebührenpflichtigen Parkplatz in Neusach am Weißensee. Anfahrt über die B 87, diese bei Kreuzberg verlassen und auf die Landstraße Richtung Weißensee wechseln. Am Nordufer über Techendorf nach Neusach, Parkplatz am östlichen Ortsende (Umkehrschleife). Alternativ mit Bus 5068 von Greifenburg bis zur Haltestelle „Neusach-Gh. Seefriede". Rückfahrt von Ortsee zurück zum Ausgangspunkt mit dem Linienschiff (www.weissensee-schifffahrt.at).

Tourenbeschreibung

Dies ist sicher eine der schönsten Kärntner Wanderrouten – und die einzige Wegverbindung zwischen dem Ost- und dem Westufer des Weißensees, denn neben dem berühmten „Alpenfjord" besteht keine durchgehende Straße. Bei einer Tour auf dem sehr beliebten Norduferweg erlebt man nicht nur großartige Landschaftsszenerien, sondern hat auch viel Muße, um das Wasser zu betrachten. Eingeschwemmte Partikel von Dolomitgestein sorgen für die türkise Färbung, während die seichten Uferbereiche fast weiß erscheinen – daher bekam der See seinen Namen.

Vom Parkplatz in Neusach (934 m) wandern wir zunächst auf dem breiten Schotterweg in 30 Minuten Richtung „Ortsee" nach Osten bis zum Ferienhaus am Ronacherfels (934 m, ½ Std.). Dort befindet sich eine Anlegestelle der Schifffahrtslinie. Weiter entlang des Ufers kommen wir auf einem schmaleren Pfad in die felsige Bucht unterhalb der Kleinen Steinwand (934 m, 1 Std.), in der die Schiffe ebenfalls anlegen.

Nun folgt der anspruchsvollste Abschnitt des Weges, der nach einem kurzen Anstieg durch die steilen, felsigen Waldhänge um die Hohe Steinwand führt. Dafür genießt man 60 m über dem Ufer herrliche Blicke auf den See, der dort bis zu 99 m tief ist. Bald geht's wieder hinunter und dann im sanften Auf und Ab zum Terrassencampingplatz Ronacher (Restaurant) am östlichen Ende des Sees. Wer nicht schon unterwegs ins Wasser gehüpft ist, findet dort ein schönes Strandbad und einen Badeplatz.

Die Schiffsstation befindet sich am Südufer in Ortsee (932 m, 2 ½ Std.). Wir lassen die Wanderung mit einer entspannten Schifffahrt zurück zum Ausgangspunkt in Neusach ausklingen.

Mit dem Schiff kommt man zuletzt wieder am Ronacherfels vorbei

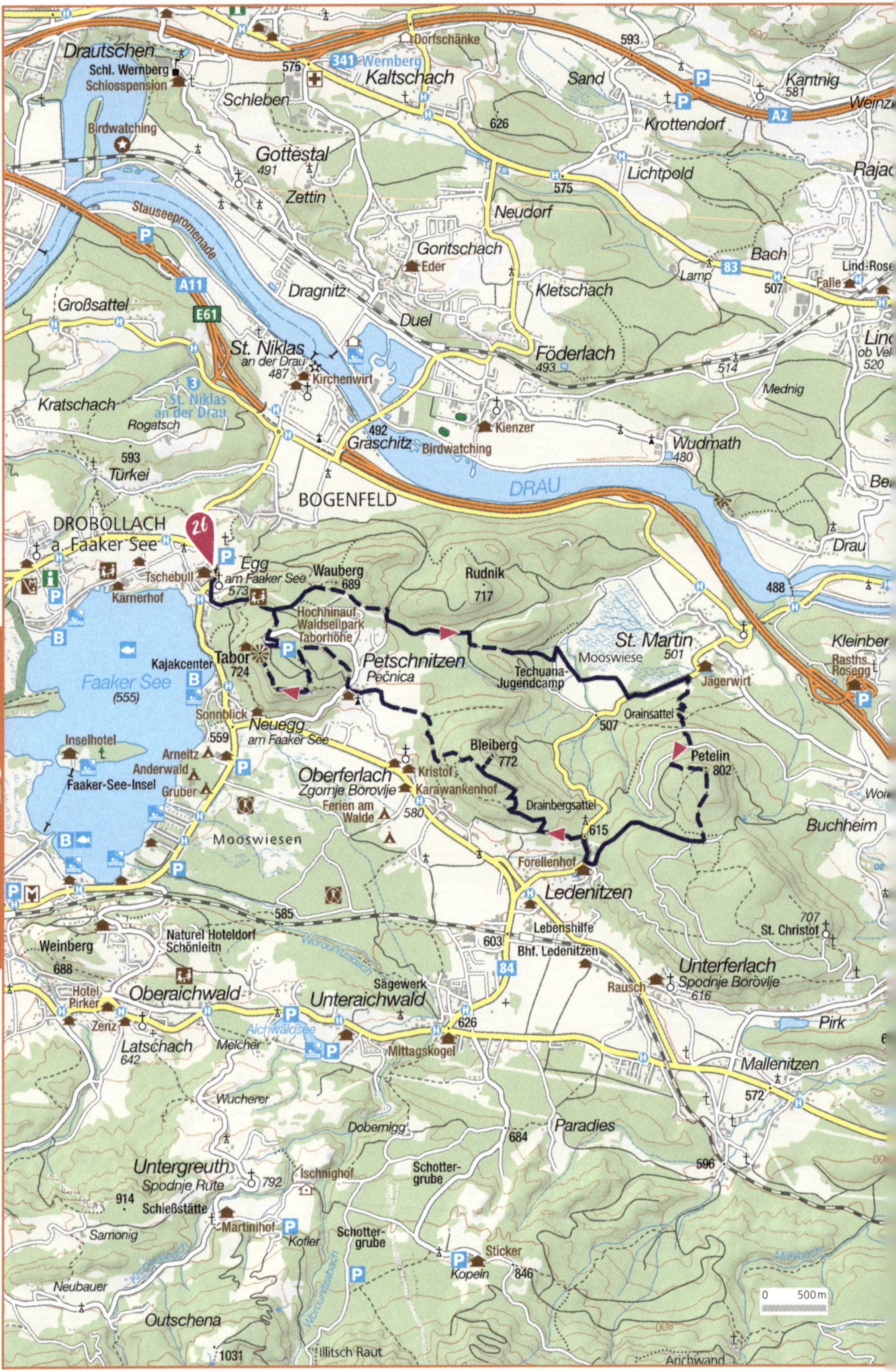
Drautschen
Schl. Wernberg
Schlosspension
Birdwatching
341 Wernberg
Dorfschänke
Kaltschach
575
Schleben
Gottestal
491
Zettin
Stauseepromenade
A11
E61
Großsattel
Kratschach
Rogatsch
3 St. Niklas an der Drau
St. Niklas an der Drau
487
Kirchenwirt
Dragnitz
Duel
Goritschach
Eder
Neudorf
Kletschach
Föderlach
493
Kienzer
492
Graschitz
Birdwatching
593
Türkei
BOGENFELD
DRAU
Sand
Kantnig
581
A2
Krottendorf
626
Lichtpold
575
Bach
Lamp
83
507
Lind-Rose
Falle
514
Mednig
Wudmath
480
Drau
488
Kleinber
Rasths. Rosegg
DROBOLLACH a. Faaker See
26
Tschebull
Egg am Faaker See
573
Karnerhof
Wauberg
689
Rudnik
717
Hochninauf Waldseilpark Taborhöhe
Tabor
724
Kajakcenter
Faaker See
(555)
Petschnitzen
Pečnica
Techuana-Jugendcamp
St. Martin
501
Mooswiese
Jägerwirt
Orainsattel
507
Petelin
802
Sonnblick
Neuegg am Faaker See
559
Inselhotel
Arneitz
Anderwald
Gruber
Faaker-See-Insel
Oberferlach
Zgornje Borovlje
Kristof
Karawankenhof
Ferien am Walde
580
Bleiberg
772
Drainbergsattel
615
Forellenhof
Ledenitzen
Buchheim
Mooswiesen
585
Naturel Hoteldorf Schönleitn
Weinberg
688
Lebenshilfe
Bhf. Ledenitzen
603
84
707
St. Christof
Unterferlach
Spodnje Borovlje
616
Rausch
Hotel Pirker
Zenz
Oberaichwald
Unteraichwald
Sägewerk
Aichwaldsee
626
Mittagskogel
Latschach
642
Melcher
Pirk
Mallenitzen
572
Wucherer
Dobernigg
684
Paradies
596
Untergreuth
Spodnje Rute
792
Ischnighof
914
Schießstätte
Martinihof
Kofler
Schotter-grube
Samonig
Sticker
Kopein
846
Neubauer
Outschena
1031
Illitsch Raut
Arichwand
0 500m

Tour 26

Gipfeltour 26

Petelin und Tabor

Verborgene Kraftplätze im Osten des Faaker Sees

DAUER	4h 30min
LÄNGE	12,5 km
HÖHENMETER	640 hm
SCHWIERIGKEIT	MITTEL
MIT ÖFFIS ERREICHBAR	ja

Das erwartet dich ...

Eine einsame Talwanderung auf guten, aber stellenweise steil ansteigenden Wegen und Pfaden in unmittelbarer Umgebung des Faaker Sees in Kärnten. Geheimnisvolle Hügellandschaften, dichte Waldabschnitte, Ruhe spendende Kraftplätze und ein wunderbarer Blick auf den Faaker See erwarten hier die Wanderfans. Auch für gehfreudige Kinder kommt die Tour in Frage.

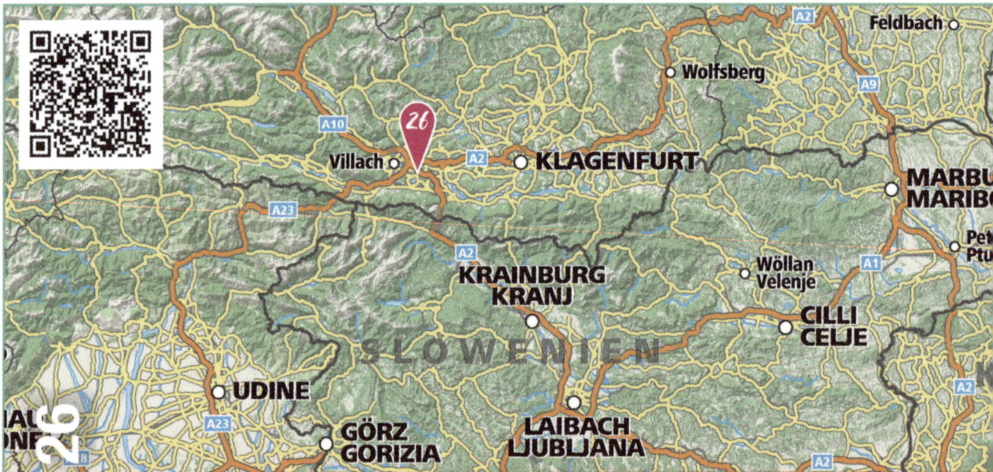

Start & Ziel & Anreise

Ausgangspunkt der Tour ist der Ort Egg am Faaker See. Auf der A 11 bei Villach die Ausfahrt 3 St.Niklas/Faaker See nehmen und der Beschilderung zunächst Richtung Faaker See und dann Richtung Egg am See folgen. Öffentliche Parkmöglichkeiten bei einem beschilderten Parkplatz hinter einer Billa-Filiale. Alternativ mit Bus 5194 von Villach zur Haltestelle „ Egg am Faaker See-Ort".

Tourenbeschreibung

Im Osten des 2,3 km langen, fast ebenso breiten und bis zu 29 m tiefen Faaker Sees erheben sich einige Waldhügel, in denen verborgene Kraftplätze und sagenumwobene Örtlichkeiten zu entdecken sind. Eine dieser Kuppen ist der für seine See-Sicht berühmte Tabor oberhalb von Egg, doch auch der Wauberg, der Petelin und der Bleiberg lohnen einen Besuch – am besten im Rahmen einer Rundwanderung durch das stille und kaum bekannte „Hinterland" des Faaker Sees.

Der Startpunkt dieser Wanderung befindet sich im Ortszentrum von Egg am Faaker See (573 m) unweit der Filialkirche St. Andrä. Von der der Egger Seeuferstraße gehen wir links auf dem Taborweg aufwärts. Am Kinderspielplatz vorbei kommen wir zu einer Abzweigung, bei der wir links weitergehen. Bald führt links ein kurzer Stichweg auf den Wauberg (689 m). Auf diesem Kegelberg fand man jungsteinzeitliche Keramik und Relikte aus der Römerzeit; umstritten bleibt die Bedeutung einer gemauerten Vertiefung und alter Steinfundamente. Zwischen den Bäumen sieht man zu den Karawanken und zur Drau. Nach der Rückkehr zur Abzweigung unter dem Berg steigen wir links (nach Osten) ab. In der Mulde der Petschnitzen biegen wir links Richtung St. Martin ab und durchqueren eine Waldschlucht am Fuße des Rudniks (717 m). Dieser Name bedeutet im Slowenischen so viel wie „Bergwerk" – und tatsächlich findet man in seinem Vorberg einige Stollen, die jedoch nicht mehr begehbar sind.

Danach geht's hinüber zu den St. Martiner Moorwiesen, wo wir uns nach rechts wenden und neben dem Pfadfinderlager Techuana zu einer Straße gelangen. Diese führt links in die Ortschaft St. Martin (501 m, 2 Std.). Bei den ersten beiden Häusern des Dorfes weist die Beschilderung rechts Richtung Petelin, was auf Slowenisch „Hahn" bedeutet. Der Weg auf diesen Berg – den höchsten in der Runde – führt zu einer Forststraße, der wir nur einige Meter nach links folgen. Weiter oben kreuzt der Pfad eine weitere Forststraße. Zuletzt folgt ein steiler, bei Nässe sehr rutschiger „Wurzelanstieg" zu einer Geländekante und daneben auf den Gipfel des Petelins (802 m, 2 ½ Std.), von dem man bis zum Wörthersee sieht.

Der Abstieg erfolgt südwärts auf einem Waldweg zu einer Forststraße, auf der wir rechts weitergehen. Vorbei an der Einmündung des Jakobsweges von der Humkirche gelangen wir zur Ferienanlage Forellenhof oberhalb von Ledenitzen (615 m). Von dort geht's auf der Straße kurz nach rechts Richtung St. Martin. Nach 100 m biegen wir links auf die zweite Straße, den Römerweg, ab und wandern bald auf dem rechts abzweigenden Waldweg weiter. Von der nächsten Gabelung steigen wir rechts auf den völlig bewaldeten Bleiberg (772 m) – der höchste Punkt befindet sich etwas rechts des Weges. Dank der Markierung ist der Abstieg nach Westen trotz mehrerer Forststraßen-Querungen gut zu finden. Durch Wiesen kommen wir in das kleine Dorf Petschnitzen (620 m) mit seiner schönen Pfarrkirche und seinem markanten Kapellen-Bildstock, wo wir beim Taborhof rechts auf die Taborstraße abzweigen. Wir verlassen die Straße schon nach wenigen Metern links Richtung Tabor. Man kann den westlichsten der vier Gipfel auf einem direkten Waldweg oder auf einer etwas weiter nördlich verlaufenden Route erwandern.

Auf jeden Fall bietet der 724 m hohe Tabor, ein Tafelberg mit Konglomeratwänden, mit seiner gleichnamigen Hütte eine wirklich empfehlenswerte Einkehrstation (Tipp: Schwarzbeeromlette). Am besten schmaust man auf der Terrasse, von der man eine großartige Aussicht über den Faaker See, zum Dobratsch und bis zu den Karnischen Alpen genießt. Der Abstieg folgt kurz der Straße und dann links dem steilen Weg Richtung Egg zur Zugangsroute. Auf dieser geht's links zum Spielplatz und nach Egg am Faaker See zurück.

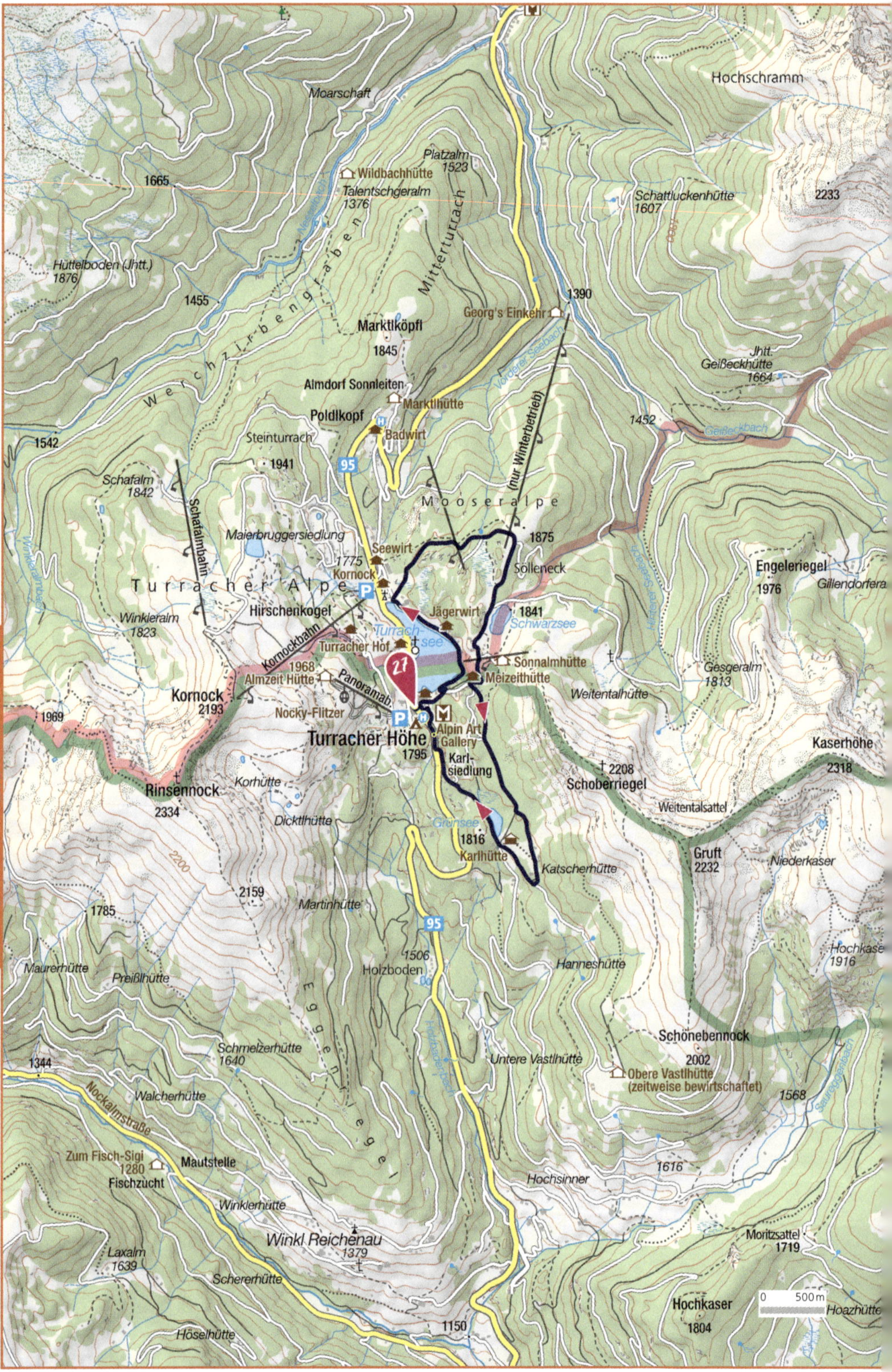
Moarschaft
Hochschramm
Platzalm
1523
Wildbachhütte
Talentschgeralm
1376
1665
Schattluckenhütte
1607
2233
Hüttelboden (Jhtt.)
1876
1455
Mitterturrach
1390
Georg's Einkehr
Werchzirbengraben
Marktlköpfl
1845
Jhtt.
Geißeckhütte
1664
Almdorf Sonnleiten
Marktlhütte
Poldlkopf
Badwirt
1452
Geißeckbach
(nur Winterbetrieb)
1542
Steinturrach
1941
95
Schafalm
1842
Schafalmbahn
Mooseralpe
Maierbruggersiedlung
1875
Seewirt
1775
Kornock
Sölleneck
Engeleriegel
1976
Gillendorfera
Turracher Alpe
Hirschenkogel
Jägerwirt
1841
Schwarzsee
Winkleralm
1823
Turracher Hof
Turrachsee
Kornockbahn
27
Sonnalmhütte
1968
Almzeit Hütte
Meizeithütte
Gesgeralm
1813
Panoramab.
Weitentalhütte
Kornock
2193
Nocky-Flitzer
1969
Alpin Art Gallery
Turracher Höhe
1795
Kaserhöhe
2318
Karl-siedlung
2208
Schoberriegel
Rinsennock
2334
Korhütte
Weitentalsattel
Dicktlhütte
Grünsee
1816
Karlhütte
Gruft
2232
Niederkaser
Katscherhütte
2200
2159
Martinhütte
1785
95
1506
Holzboden
Hochkase
1916
Maurerhütte
Preißlhütte
Hanneshütte
Eggenriegel
Schönebennock
2002
Schmelzerhütte
1640
Untere Vastlhütte
Obere Vastlhütte
(zeitweise bewirtschaftet)
1344
1568
Walcherhütte
Nockalmstraße
Zum Fisch-Sigi
1280
Mautstelle
Fischzucht
1616
Hochsinner
Winklerhütte
Winkl Reichenau
1379
Moritzsattel
1719
Laxalm
1639
Schererhütte
0
500 m
Hochkaser
1804
Hoazhütte
Höselhütte
1150

27

27 Seetour

Turracher Höhe

Wasserwandern im Zirbenwald

DAUER	2h 30min
LÄNGE	7,5 km
HÖHENMETER	150 hm
SCHWIERIGKEIT	LEICHT
MIT ÖFFIS ERREICHBAR	ja

Das erwartet dich ...

Eine einfache Wanderung für die ganze Familie durch herrliche Zirbenwälder und vorbei an drei bezaubernden Seen auf der Turracher Höhe. Das idyllische Almsee-Plateau zwischen Kärnten und der Steiermark präsentiert sich im Sommer als Naturparadies. Hier dreht sich alles um die Zirbe, ein seltenes Kieferngewächs, das einen besonders angenehmen Duft aufweist. Begleitet vom Zirbenduft zu wandern, was könnte es Schöneres geben?

Start & Ziel & Anreise

Die Tour startet auf der Turracher Höhe in den Gurktaler Alpen an der Grenze zwischen Kärnten und der Steiermark. Anfahrt von Feldkirchen in Kärnten oder Predlitz-Turrach in der Steiermark kommend auf der Turracher Straße B 95. Parkplätze entlang der Straße oder bei der Talstation der Panoramabahn. Alternativ mit Bus 5234 (von Feldkirchen in Kärnten über Ebene Reichenau-Ortsmitte) bis zur Haltestelle Turracher Höhe-Gh. Siegl.

Tourenbeschreibung

Der bedeutsame Passübergang zwischen dem Kärntner Gurktal und dem Murtal in der Obersteiermark hat sich in den letzten Jahren zu einem beliebten Sommer- und Wintersportort entwickelt. Dies liegt nicht zuletzt an den drei Seen im Bereich der Turracher Höhe. Wer bloß durchreist, sieht nur den fast 20 ha großen Turracher See, der das Zentrum der Hotelsiedlung bildet. Den kleineren Schwarzsee, der seine Farbe einem Moor und einem Anthrazitvorkommen auf seinem Grund verdankt, und den noch kleineren Grünsee bekommt man ebenso wie den berühmten Turracher Zirbenwald nur dann zu Gesicht, wenn man die Wanderschuhe schnürt. Dann lässt man sich am besten vom weißen „T" auf rotem Grund leiten – das ist die Markierung der beliebten 3-Seen-Runde.

Vom Parkplatz gegenüber dem Hotel „Die Nockalm" auf der Turracher Höhe (1795 m) folgen wir der Zufahrtsstraße zum Hotel Hochschober (Wegweiser

Schwarzsee, Weitental) zur Schotterstraße, die hinter dem Hotel durch den Waldhang über dem Turracher See führt. An der folgenden Abzweigung halten wir uns links nach der Beschilderung „FeWo Bauernstubn" zum Seeufer hinunter und dort links zur Talstation der Sonnenbahn (Landesgrenze zwischen Kärnten und der Steiermark).

Vorbei am Hotel Jägerwirt kommen wir zum Nordufer des Turracher Sees. Dort gehen wir nicht links über die Brücke, sondern noch einige Schritte geradeaus, bis wir noch vor der Talstation des Wildkopflifts rechts auf eine Forststraße abzweigen. Sie führt über die Piste und in den berühmten Zirbenwald der Turracher Höhe, wo wir bei einer Gabelung rechts bleiben. Nach der Unterquerung der Zirbenwaldbahn erreichen wir ein Hochmoor. Vor dem kleinen Hügel des Söllen ecks biegen wir rechts auf einen Pfad ab, der über Holzstege zum Schwarzsee (1841 m, 1 ¼ Std.) führt. Dieses moorschwarze Gewässer kann man auf einem Pfad umgehen. Links am Westufer verläuft ein Fahrweg; von den Wurzeln einer großen Zirbe sieht man zum Wintertaler Nock hinüber.

Für eine zwischenzeitliche Einkehr empfehlen sich die Sonnalmhütte oder die Meizeithütte, die wir nach einem kurzen Abstieg auf einer Schotterstraße erreichen. Von der dortigen Siedlung wandert man auf der 3-Seen-Runde nach Süden zur Katscherhütte, hinter der man rechts zum Grünsee absteigt. Vom Südufer des waldgesäumten Gewässers (1765 m) sind es nur ein paar Minuten bis zur Karlhütte, die zu einer Jause einlädt und für Kinder auch einen kleinen Streichelzoo bereithält. Vom Grünsee wandert man dann in 20 Minuten zur Turracher Höhe zurück, und zwar auf einer Forststraße, die zu einer weiteren Feriensiedlung und zur Turracher Straße führt. Rechts gelangen wir über die nahe Passhöhe wieder zum Ausgangspunkt.

Autoren Tipp

Zum Baden werden auf der Turracher Höhe nur Hartgesottene verleitet (der Turracher See ist meist sechs Monate im Jahr zugefroren). Wer es trotzdem versuchen möchte, hat als Gast des Hotels Hochschober ganzjährig Gelegenheit dazu – in einem 25 m langen Becken im See, dessen reines Seewasser auf 30 °C aufgeheizt wird. Bei seiner Eröffnung war das Seebad das erste seiner Art weltweit. Bis heute ist es das höchstgelegene, ganzjährig geöffnete Seebad.

28
Hintertal
Gosauschmied
Heimatmuseum Urzeitwald
Reit
Kraftwerk 799
Gosaukammbahn
Gosausee 937
Seeklausalm 960
Lärchkogel 1228
Vorderer Gosausee
Naturschutzgebiet
Dachstein
Gosaukamm
Scharwandhütte 1348
Holzmeisteralm
Gosaulacke
Hinterer Gosausee
Hohe Holzmeisteralm 1164
Gablonzer Hütte 1550
Sonnenalm
Panorama Jet (nur Wi.)
Gr. Donnerkogel
Kl. Donnerkogel
Steinriesenkogel
Strichkogel
Angerstein
Mandlkogel
Wasserkarkogel
Sternkogel
Großwand
Däumling
Große Bischofsmütze
Armkarwand
Steiglkogel
Kesselwand
Kramersattel
Sammetkogel
Gabelkogel
Vordere Kopfwand
Hintere Kopfwand
Adelwand
Mitterkogel
Halskogel
Brettkogel 1838
Moderecköhe
Hintere Seekarwand
Großer Schwarzkogel
Schachenkogel
Zaglauerloch
Löckenmoosberg
Badstum Hütte
OAV Linz Ernst Seidel Haus
Hofalm
Unterhofalm
Oberhofalm
Almsee
Hofpürglhütte 1705
Kirchgasshütte 1365
Marcheggboden
Aualm
Predigstuhl 1400
Arzbergalm 1345
Sulzkaralm 1543
Losegg
Neubachhütte
Langfeldhütte
Stuhlalm 1467
Theodor Körner Hütte 1458
Gosaustein
Hochkessel 2218
Reißgangscharte 1952
Rinderfeld
Bockstein
0 500 m

28

Tour 28

28

Seetour

Gosauseen

Die Spiegel des Dachsteins

DAUER	3h 45min
LÄNGE	12,7 km
HÖHENMETER	240 hm
SCHWIERIGKEIT	LEICHT
MIT ÖFFIS ERREICHBAR	ja

Das erwartet dich ...

Der imposante Blick über den Vorderen Gosausee zum Dachsteingletscher zählt zu einem der landschaftlichen Highlights im Salzkammergut. Trotz der vielen Fotos sollte man sich vom beliebten Fotomotiv der Gosauseen unbedingt in Echtzeit begeistern lassen. Diese einfache Wanderung auf breiten Wegen vom Vorderen zum Hinteren Gosausee bietet die perfekte Gelegenheit dazu!

Seetour 28

Start & Ziel & Anreise

Ausgangspunkt der Tour ist der Gasthof am Vorderen Gosausee. Anfahrt auf der B166 bis Gosau, von dort weiter Richtung Gosausee/Gosaukammbahn. Parkmöglichkeiten bei der Gosaukammbahn. Anreise mit öffentlichen Verkehrsmitteln mit Buslinie 542 von Bad Ischl über Bad Goisern und dem Hallstätter See zur Haltestelle Hintertal b. Gosau/Gosaukammbahn.

Tourenbeschreibung

Vom 1,7 Kilometer langen und 300 Meter breiten Vorderen Gosausee genießt man den vielleicht eindrucksvollsten Blick zur Kulisse des Dachsteingebirges (von links nach rechts hinter dem latschengrünen Brettkogel das Hohe Kreuz, daneben die Steinerscharte, Niederer und Hoher Dachstein über dem Großen Gosaugletscher, die Hohe Schneebergwand, die den Mitterspitz fast verdeckt, der Torstein über dem Kleinen Gosaugletscher, daneben der Hochkesselkopf). Rechts davon schießen die spitzen Zinnen des Gosaukamms in die Höhe – ein steinernes Märchenschloss, unnahbar und wild.

Kein Wunder, dass die herrliche Dreiseenwanderung, die mitten in diese Pracht hineinführt, zu den Ausflugs-Klassikern in Oberösterreich gehört. Mit der Installation des Themenweges „Was(s)erleben" ist sie noch attraktiver geworden – trifft man doch auf Stationen wie „Meer im Stein", „Wasserlauschen" oder auf eine Archimedische Spirale.

Vom Gasthof am Vorderen Gosausee (976 m) wandern wir auf dem breiten Weg am Nordufer (Markierung Nr. 614) in östliche Richtung zu einer Abzweigung, die links bergauf zur Ebenalm führt. Wir halten uns hier geradeaus auf dem aussichtsreichen Uferweg und wandern weiter zum östlichen Ende des Sees, stetig begleitet vom einmaligen Blick auf den majestätischen Dachstein. Am Ostende angekommen bleiben wir auf dem Forstweg taleinwärts und passieren die Holzmeisteralm (Vordere Seealm) und die nur periodisch gefüllten Gosaulacke.

Unterhalb des Launigg-Wasserfalls steigt die Route zum Luegbichl an. Durch einen Waldgraben erreichen wir den wunderbar unter Felsbergen gelegenen Hinteren Gosausee. Hier nun nach rechts, zunächst in südliche und dann in östliche Richtung dem Ufer entlang bis zur Hohen Holzmeisteralm (1164 m, 2 Std.), die sich zum Einkehren anbietet. Zurück wandern wir zunächst auf bekannter Route (der Weg auf der anderen Uferseite ist oft wegen Steinschlaggefahr oder – nach besonders schneereichen Wintern – wegen Lawinengefahr gesperrt). Wieder beim Vorderen Gosausee angekommen entscheiden wir uns diesmal für die südliche Seeseite, um über die Seeklausalm zurück zum Ausgangspunkt zu gelangen.

Die Kühe grasen vor der imposanten Dachsteinkulisse

E55
E60
A1
Thalgau
Sägewerk
Beten-macher
Santner
Kletterturm
Feuerwehrmus.
Mayerhof
Helsenhub
Forsthub
Fuschler Ache
Fischbach
-vetterbach
Ober-
Unter-
Kreuzinger
Sensen-schmiede
Fuchsberg-Maiberg
Gastberg
Schinagl
Langmoos
Keuschen
Friml
Wartberg
Eichingerbau
Aichingerwirt
Sägewerk
Romantikstraße
Teufelmühle
Voglhub
Baumgarten
Schoßleiten
Steiblhof
Leithen
Langenholz
Achleiten
Alpenblick
Schnitzlehen
Schwaighof
Lackner
Denggen
Huber
Egg
Göttner
Schwandbauer
Engelmoos
Haber
Vordereisenwang
Haslau
Waldach
NSG
Hundsmarkt
Berger
Hundsmarktkeller
Hundsmarkt-mühle
Ellmau
Kienberg
Schmeissen
Forsthaus Wartenfels
Ruine Wartenfels
Schober
Schoberhütte
Frauenkopf
Thann
Baderluck
Mitterau
Naturstrandbad
Jagdhof
Feldberg
Schloss Fuschl
Hotel Schloss Fuschl
Fuschlsee
Musch
Schöffbaumhöhe
Schöffbaum
Schober
Winkl
Jhtt.
Höfnerhäuser
158
Faistenauer Graben
Hallbach
Seehotel Schlick
Stefani-hof
Holzknecht-stub'n
Das See
Brunnwirt
Fuschl am See
Ellmaustein
Steinbach
Haslwald
Wesenau
Wesenauer-hof
Feichting
Brunn
Schafferer
Wald
Schlager-Wirt
Filbling
Filblingsee
Rumingmühle
Ruming
Bambichl
Ellmautal
Perfall
Kesselmann
Schmiedhorn
Botenwirt
Kühberg
1000-jährige Linde
Faistenau
Pens. Alpenblick
Sattelalm
Perfalleck
Gimplbauer
Bramsau
Ausweg
Brandstatt
Fischlehen
Schmiedbauer
Pillstein
Kurzmühle
Tiefbrunnau
Bramsau Bräu
Höfen
Oberhinteregghof
Ramsau
Loipenstüberl
Hatz
Kugelberg
Wittau
Steg
Brunnwald
Schreier
Wasenmoos
Wöhrlehen
Lohmühle
Hamosau
Brunnmühle
Raffl
Fischerwirt
Vordersee
CaVino
Döller
Mahd
Mitterholz
500 m

29 Seetour

Rund um den Fuschlsee

Genusswanderung im Salzburger Salzkammergut

DAUER	3h 30min
LÄNGE	11,5 km
HÖHENMETER	70 hm
SCHWIERIGKEIT	LEICHT
MIT ÖFFIS ERREICHBAR	ja

Das erwartet dich …

„Es lächelt der See, er ladet zum Bade“, heißt es schon bei Schillers Wilhelm Tell. Und zum Rundherumgehen, Staunen und zum intensiven Naturerlebnis. Der wunderbare Rundwanderweg um den 5,5 km langen, 800 m breiten und bis zu 65 m tiefen Fuschlsee im Salzburger Land zählt zu den Top-Routen im Salzkammergut! Eine einfache, naturkundlich sehr interessante Wanderung auf breiten Wegen und schmalen Pfaden.

29 Seetour

Start & Ziel & Anreise

Die Wanderung startet in Fuschl am See. Anfahrt über die B158 bis Fuschl am See, gebührenpflichtige Parkmöglichkeiten beim Parkplatz Seebad. Alternativ mit Bus 150 von Salzburg oder Bad Ischl bis zur Haltestelle „Fuschl (am See)-Ortsmitte“ oder „Fuschl (am See)-Brunnerwirt“ (von beiden Ausgangspunkten lässt es sich leicht in die Tour einsteigen).

Tourenbeschreibung

Der Fuschlseer Rundweg verläuft zum Großteil nahe dem Seeufer – lediglich am Westufer, beim Ausfluss der Fuschler Ache und beim Schloss Fuschl entfernt sich die Route für kurze Abschnitte vom Seeufer, führt aber durch ein nicht zu vernachlässigendes Naturschutzgebiet.

Vom Strandbad in Fuschl (670 m) gehen wir zur Kreuzung mit der Dorfstraße. Dort zweigen wir links ab und wandern entlang der Parkanlagen am Seeufer zum Hotel Seewinkel. Danach geht's links auf einem geschotterten Weg zwischen Hecken und Zäunen parallel zum Nordufer des Sees weiter.

Vorbei an einem Aussichtspunkt und einem Holzhaus führt der Weg sanft ansteigend zur Schöffbaumerwiese und dann durch Mischwald zum See hinab. Das Sigmundsbründl spendet rechtsdrehendes Quellwasser, dem sogar Heilkräfte zugesprochen werden. Über die Wiesen des Feldbauernguts, auf denen im Hochsommer mehrere Orchideenarten blühen, erreichen wir wieder den Wald. Dort steigen wir zum höchsten Punkt der Wanderung an. Wir bauen nach rechts einen kurzen Abstecher zur „Waldandacht" ein und wandern in mäßigem Anstieg zu einer Lichtung mit drei knorrigen Buchen (Holzterrassen). Wieder zurück zum Hauptweg, auf diesem rechts weiter und gegen den See hinunter (links verbirgt sich einer der schönsten Naturstrände des Fuschlsees). Der Pfad führt durch die steilen Waldhänge über dem Wasser. Etwa 15 Minuten nach der „Waldandacht" erreichen wir eine große Wiese mit einem Wegkreuz. Dort nach rechts zur Asphaltstraße, auf der man rechts zur nahen Einkehr und zur alten Mühle im Weiler Hundsmarkt kommt (670 m, 1 ½ Std.).

Der Seerundweg zieht dagegen links weiter. Nach 200 m biegen wir links auf einen Fahrweg ab, der einem Bach entlangführt. Rechts davon liegen Streuwiesen, die vielen seltenen Pflanzen- und Tierarten Lebensraum bieten. Dann überqueren wir die abfließende Fuschler Ache auf einem Holzsteg und erreichen den Naturbadestrand der Gemeinde Hof mit seinem weit in den See hinausragenden Steg, der einen tollen Blick über den ganzen Fuschlsee bietet. Die Zufahrtsstraße führt hinauf zum Gasthof Jagdhof, wo sich an der Hauptstraße eine Bushaltestelle befindet (für jene, die die Tour abkürzen möchten, gibt es hier die Möglichkeit mit dem Bus zurück nach Fuschl zu fahren).

Wir gehen am Golfplatz vorbei und überqueren die Zufahrt zum mondänen Hotel Schloss Fuschl (661 m). In weiterer Folge führt der Seerundweg (hier mit Nr. 804 markiert) wieder zum Wasser hinunter. Bei der Anlegestelle neben der Schlossfischerei besteht im Sommer die Möglichkeit, mit der Holzzille nach Fuschl zu fahren.

Wer im Auf und Ab durch den südlichen Uferhang weiterwandert, genießt nun den Schatten von Tannen, Bergahornbäumen und seltenen Eiben. Nach gut 1 km überqueren wir auf einem Holzsteg die tief eingeschnittene Schlucht des Hallbaches. Achtung! Bei Regenfällen kann sich das Bächlein in einen reißenden Wildbach verwandeln! Durch den Wald geht's weiter zum Gehöft Fischer mit seinem Badeplatz (kurze Straßenpassage). In der Wesenau beginnt ein Güterweg. Durch die Ortschaft kommen wir zur Hauptstraße, der wir links Richtung Fuschl folgen. Kurz darauf links zum Campingplatz und zum Strandbad Fuschl zurück.

Seewalchen
am Attersee
Schörfling
am Attersee
Kammer
UNESCO-Welterbe Pfahlbau
Kammer-Schörfling
Heimatmus.
Gerlham
Moos
Litzlberg
Schloss Litzlberg
Restaurant
Steinbach
Wörzing
Hainbach
Fantaberg
Erlath
Sulzberg
Marktwald
Schneiderwirt
Trattberg
Mitterleiten
Häfelberg
Waldvilla
Sicking
Stadler
Oberhehenfeld
Köpflehen
Steinwand
Seeberg
Geiner
Schönbach
Gahberg
864
Hintergahberg
863
Erholungsgebiet
Sternwarte
Schloßberg
Rohrleiten
Brand
Gahberg
901
889
Taubenkogel
Kreuzingalm
Landeröd
Plötzn
Weyregg
am Attersee
Ober-
zimmerberg
Schaffling
768
Green Golf
Unter-
Naturpark
Feld
Schöbering
713
Graben
Hotel zur Post
Reichholz
Bach
Reiching
Hasenbach
Miglberg
Brand-
graben
Grub
Widhag
907
Jachenpoint
Gwinnwiese
Bruckbach
Miesen-
berg
Böhmer
Möchtl
Wachtberg
Schmaußing
Kegelstüberl
Buchschacher
Wachtberg
823
Wolfering
Kienesberg
894
Födingeralm (Hubertushütte)
Jhtt.
845
Steinwand
Schmaußinger
Alm
Gupfalm
Gupf
948
Klausstube
Jhtt.
Alexenau
Flugschule
Attersee
Laxenbacher Holzstube
Jhtt.
Schachmahd
Fangriedel
927
Alexenauer-
Holzstube
Jhtt.
Weidensbacher-
Holzstube
Jhtt.
Miesenberg
993
0 500 m

Gahberg

Auf den Weyregger Hausberg

DAUER	4h
LÄNGE	13,5 km
HÖHENMETER	461 hm
SCHWIERIGKEIT	LEICHT
MIT ÖFFIS ERREICHBAR	ja

Das erwartet dich ...

Eine gemütliche Bergwanderung auf Güterwegen und stellenweise steilen Wald- und Feldwegen mit Blick auf den wunderschönen Attersee. Das Gipfelpanorama ist beeindruckend – so kann man bei guter Fernsicht das Höllengebirge, den Schafberg und den Traunstein bestaunen! Im Anschluss an die Wanderung sollte man einen Sprung in den Attersee einplanen – ein öffentlicher Badeplatz oder das Strandbad Weyregg laden dazu ein.

Hüttentour 30

Start & Ziel & Anreise

Ausgangspunkt der Wanderung ist Weyregg am Attersee. Anreise auf der B 152, öffentlicher Parkplatz im Ortszentrum unweit des Musikheims/Feuerwehr direkt an der Bundesstraße. Alternativ mit Bus 562 von Kammer oder Unterach bis zur Haltestelle „Weyregg/Attersee-Feuerwehr".

Tourenbeschreibung

Die reizvolle Landschaft im Norden des Attersees – und das milde Klima um diese große Wasserfläche – hat schon unsere Vorfahren zum Bleiben motiviert: Spuren von 4.000 Jahre alten Pfahlbausiedlungen bei Schörfling und Reste römischer Villen bei Weyregg belegen die Bedeutung dieses uralten Kulturbodens.

Wir wandern zunächst auf den beliebten Aussichtsberg, der sich östlich über den beiden Attersee-Orten erhebt. Der Weg auf den Gahberg beginnt bei der Gärtnerei Hemetsberger an der Bundesstraße in Weyregg (482 m) nahe dem SPAR-Markt. Dort folgen wir dem Plötzingerweg und biegen beim gleichnamigen Hof links auf den Brandsteig ab („Brandsteig, Gahberg"). Durch Mischwald geht's zur Pension Brandner hinauf (700 m). Dort links abzweigen und weiter nach der Markierung mit dem roten Kreuz hinauf. Bei einer Abzweigung halten wir uns rechts zur großen Wiese unter dem Gahberg-Gipfel (830 m, 1 ¼ Std.) und zuletzt auf einem Asphaltweg zum Bauernhof Häuslmann (Wildgehege). Kurz weiter zur Gahberg-Straße, der wir über den flachen Bergrücken des Hintergahbergs folgen – vorbei an der Sternwarte und der mit Holzschindeln vor dem Wetter geschützten Kirche. Wo sich die Straße rechts in den Hang wendet, zweigen wir links auf eine Forststraße ab (Schild „Kreuzingalm"). Kurz darauf rechts auf dem Weg Nr. 6 („Kreuzing Alm, Hongar") auf den bewaldeten Taubenkogel (901 m). Wir folgen dem Kamm für circa 1,5 km, bis wir rechts über den Weidehang zur Kreuzingalm absteigen (787 m, 2 ¼ Std.).

Auf der asphaltierten Zufahrtsstraße wandern wir hinab und zweigen nach 500 m rechts auf die sanft ansteigende Gahberg-Straße Richtung Gahberg ab. Beim Bauernhof Schaffling (829 m) halten wir uns links auf dem Weg Nr. 7 („Weyregg, Miglberg") über einen freien Rücken hinunter. Wir stoßen auf einen asphaltierten Güterweg, auf dem wir rechts zum Schöberinghof und nach Miglberg (713 m, 3 ¼ Std.) schlendern. Auf der dort einmündenden Straße kurz nach links, dann rechts wieder auf dem Weg Nr. 7 in die Ortschaft Bach hinab (502 m). Kurz talaus und nach der Brücke über den Weyregger Bach links abzweigen. Zwischen den Häusern Nr. 55 und 70 beginnt ein schmaler Weg, der über Holzstufen auf den Stegbühel führt. Auf dem Fronleichnamsweg gelangen wir schlusssendlich wieder zur Kirche im Ortszentrum von Weyregg.

Höllengebirge vom Gahberg bei Weyregg am Attersee

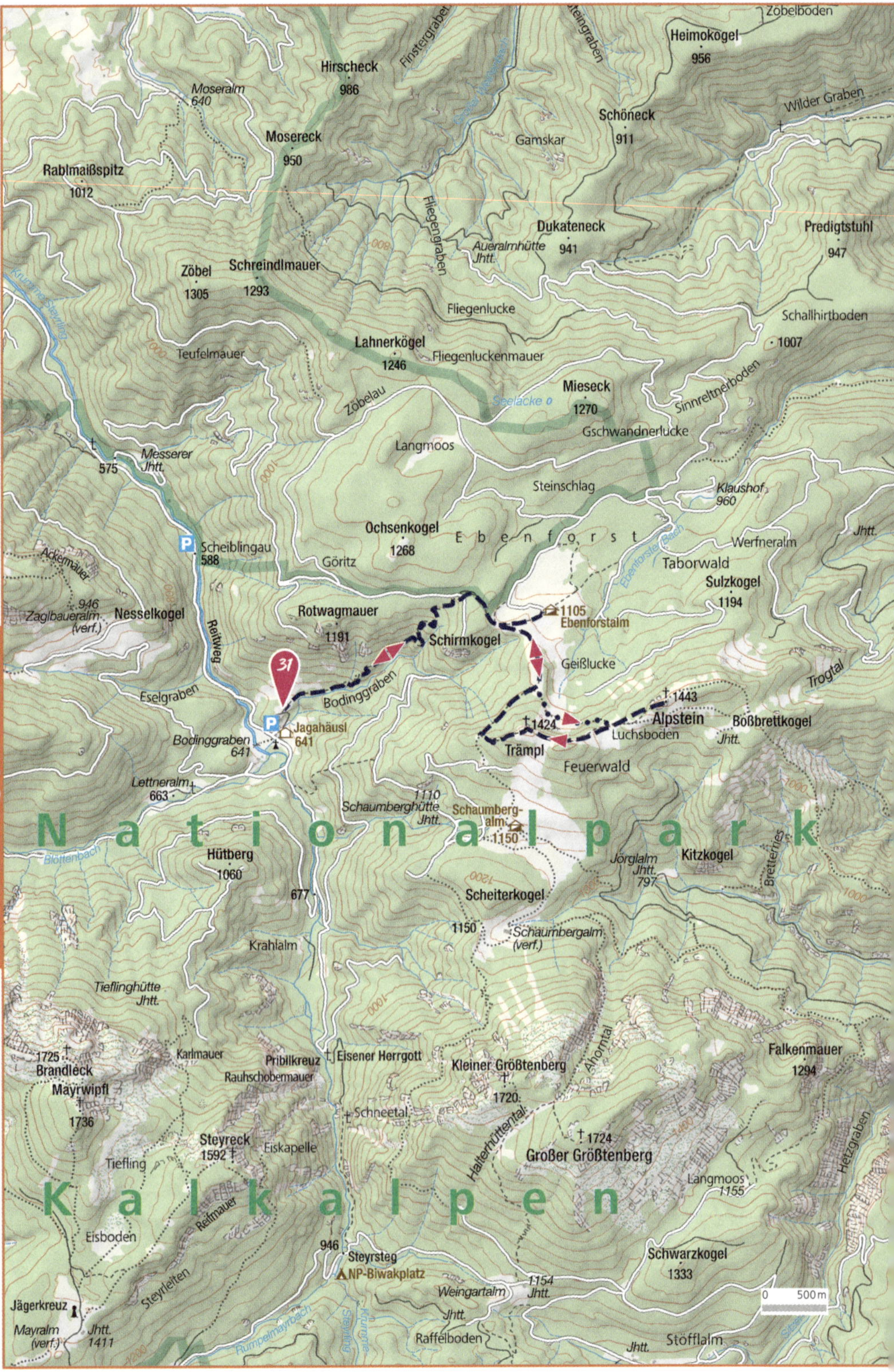
Zöbelboden
Heimokogel
956
Hirscheck
986
Finstergraben
Steingraben
Moseralm
640
Mosereck
950
Gamskar
Schöneck
911
Wilder Graben
Rablmaißspitz
1012
Fliegengraben
Aueralmhütte
Jhtt.
Dukateneck
941
Predigtstuhl
947
Zöbel
1305
Schreindlmauer
1293
Fliegenlucke
Schallhirtboden
1007
Teufelmauer
Lahnerkögel
1246
Fliegenluckenmauer
Zöbelau
Seelacke
Mieseck
1270
Sinnreitnerboden
Gschwandnerlucke
Langmoos
Messerer
Jhtt.
575
Steinschlag
Klaushof
960
Scheiblingau
588
Ackermauer
Ochsenkogel
1268
Ebenforst
Göritz
Werfneralm
Jhtt.
Taborwald
Sulzkogel
1194
946
Zaglbaueralm
(verf.)
Nesselkogel
Reitweg
Rotwagmauer
1191
1105
Ebenforstalm
Schirmkogel
Geißlucke
31
Trogtal
Eselgraben
Bodinggraben
1443
Alpstein
Boßbrettkogel
Jhtt.
Bodinggraben
641
Jagahäusl
641
1424
Trämpl
Luchsboden
Feuerwald
Lettneralm
663
1110
Schaumberghütte
Jhtt.
Schaumberg-
alm
1150
Nationalpark
Blöttenbach
Hütberg
1060
677
Jörglalm
Jhtt.
797
Kitzkogel
Bretterries
Scheiterkogel
1150
Schaumbergalm
(verf.)
Krahlalm
Tieflinghütte
Jhtt.
1725
Brandleck
Karlmauer
Pribilkreuz
Rauhschobermauer
Eisener Herrgott
Kleiner Größtenberg
1720
Ahorntal
Falkenmauer
1294
Mayrwipfl
1736
Schneetal
Halterhüttental
1724
Hetzgraben
Steyreck
1592
Eiskapelle
Großer Größtenberg
Tiefling
Langmoos
1155
Kalkalpen
Reifmauer
Eisboden
946
Steyrsteg
NP-Biwakplatz
Schwarzkogel
1333
Steyrleiten
1154
Jhtt.
Weingartalm
0 500 m
Jägerkreuz
Mayralm
(verf.)
Jhtt.
1411
Rumpelmayrbach
Jhtt.
Raffelboden
Jhtt.
Stöfflalm

Panoramatour 31

Alpstein und Trämpl

Wanderzuckerl im Nationalpark Kalkalpen

DAUER	4h 30min
LÄNGE	10,6 km
HÖHENMETER	940 hm
SCHWIERIGKEIT	MITTEL
MIT ÖFFIS ERREICHBAR	nein

Das erwartet dich ...

Eine begeisternde Bergwanderung mit Gipfelerlebnis im Nationalpark Kalkalpen mit herrlichen Ausblicken in das internationale Schutzgebiet. Der Nationalpark beheimatet ein in etwa 21.000 Hektar großes Areal dichter Wälder, die nahezu unberührt geblieben sind und einen herausragenden Lebensraum für Tiere und Pflanzen bietet. Aufgrund der zu bewältigenden Höhenmeter ist gute Grundkondition gefragt, in den Gipfelbereichen ist Trittsicherheit erforderlich.

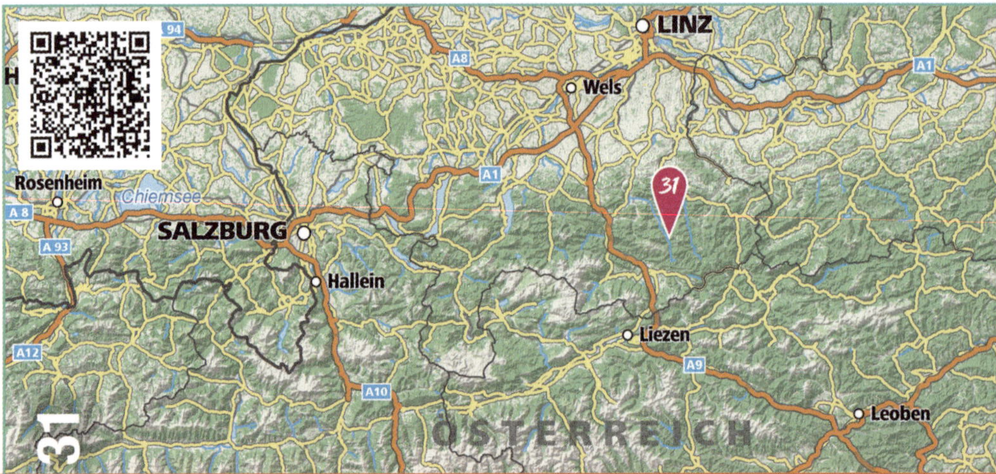

Panoramatour 31

Start & Ziel & Anreise

Die Tour startet bei der Jausenstation Jagahäusl im Bodinggraben bei Molln, Parkmöglichkeiten ebendort. Anfahrt auf der B 140, dann zwischen Schnitzlhub und Leonstein Richtung Molln abzweigen. In Molln der Beschilderung Richtung Bodinggraben folgen. Achtung! Die Zufahrt zum Jagahäusl ist nur von 6 bis 9 Uhr möglich (Rückfahrt jederzeit) , danach kann man nur mehr am davor gelegenen Parkplatz Scheiblingau parken. Für die Wegstrecke von Scheiblingau zur Jausenstation Jagahäusl muss man 1,3 km einplanen.

Tourenbeschreibung

Vom Jagahäusl im Bodinggraben (641 m) wandern wir auf dem markierten Weg 472 in den Wald hinein und kommen nach einem ersten Anstieg zur Rotwagwiese. Hier sollte man dem kurzen Abstecher links zum Nationalpark-Panoramablick folgen (740 m, ¼ Std.). Nach diesem „schauvergnügen" auf die Nordseite des Sengsengebirges geht man kurz entlang des Baches. Dieser hat den Fels an vielen Stellen ausgeschliffen und sogenannte „Bodinge" gemacht. Diese haben dem Bodinggraben auch den Namen gegeben. In Serpentinen wandern wir den Waldhang unterhalb des Schirmkogels empor. Schließlich überqueren wir eine Forststraße und erreichen rasch den Waldsattel, wo wir den Weidezaun zur Ebenforstalm überqueren (1161 m, 1 ¼ Std.). Noch vor der Ebenforstalm-Hütte befindet sich der Wegweiser zu den zwei Gipfeln Alpstein und Trämpl. Wir wandern Richtung Süden entlang eines Wiesensattels aufwärts und erreichen eine Weggabelung. Richtung Osten erhebt sich der Felszacken des Alpsteins. Hier zweigen wir links auf einen Steig ab und queren die Gestrüpp- und Waldflanke unter der Geißlucke. Wiesen-Kerbel, Kuckucks-Lichtnelke und Trollblumen säumen im Sommer den Steig. Durch einen älteren Bergmischwald gelangen wir auf die einsamen Weideflächen des Luchsbodens. Der letzte Anstieg auf den Alpstein ist steil und mit schroffem Gestein versehen. Am Alpstein angekommen hat man einen 360°-Blick auf die Waldberge und Täler des Hinter- und Sengsengebirges (1443 m, 2 Std.).

Der Abstieg ist derselbe zurück zum Luchsboden, wo wir den Schwung mitnehmen, um den zweiten Gipfel, den Trämpl, in Angriff zu nehmen. Nun führt der Weg wieder kurz aufwärts, dann entlang einer Felswand und zum oberen Teil der Schaumbergalm. Zuletzt steigen wir über einen kurzen, felsigen Anstieg zum Trämpl (1424 m, 2 ¾ Std.). Beeindruckend präsentiert sich dort die bis zu 600 m abfallende Nordseite des Sengsengebirges. Weiter wandern wir hinab zur idyllischen Ebenforstalm (1105 m, 3 ¼ Std.), wo wir mit Topfen, Speck, Strudel, Saft oder Most verwöhnt werden. Die Ebenforstalm ist auch ein Stützpunkt für ausgedehnte Hintergebirgswanderungen. Nach dem Genuss der Almschmankerln steigen wir wieder zum Jagahäusl ab.

Blick auf die Ebenforstalm

32

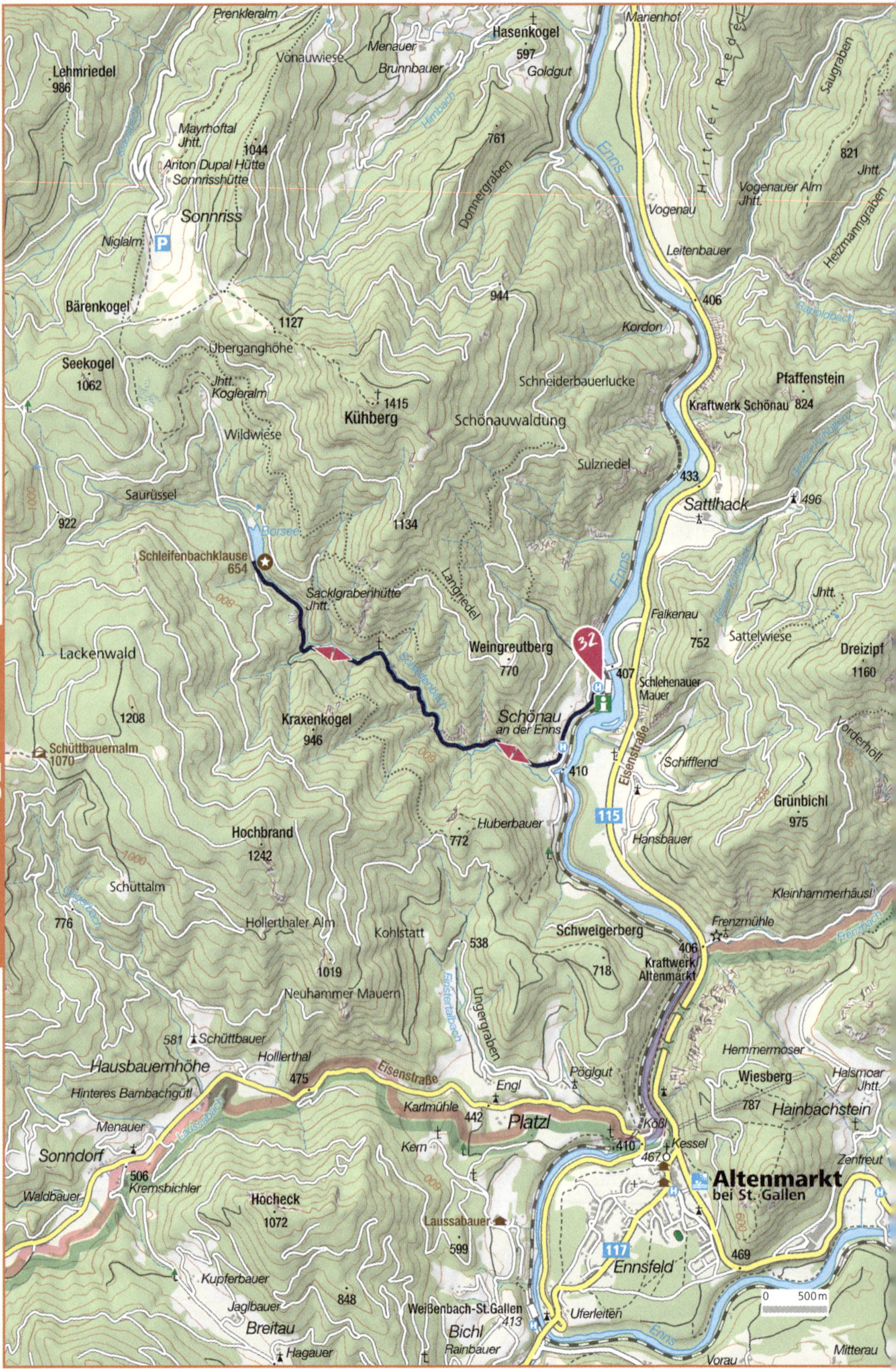
Prenkleralm
Hasenkogel
597
Goldgut
Marienhof
Lehmriedel
986
Vonauwiese
Menauer
Brunnbauer
Himbach
Mayrhoftal
Jhtt.
1044
Anton Dupal Hütte
Sonnrisshütte
761
Donnergraben
Enns
Saugraben
821
Jhtt.
Vogenauer Alm
Jhtt.
Vogenau
Heizmanngraben
Sonnriss
Niglalm
P
Leitenbauer
406
944
Bärenkogel
1127
Kordon
Übergangshöhe
Seekogel
1062
Jhtt.
Kogleralm
1415
Kühberg
Schneiderbauerlucke
Schönauwaldung
Pfaffenstein
Kraftwerk Schönau
824
Wildwiese
Sulzriedel
433
Saurüssel
922
1134
Sattlhack
496
Borsee
Schleifenbachklause
654
Langriedel
Enns
Sacklgrabenhütte
Jhtt.
Falkenau
Jhtt.
752
Sattelwiese
Dreizipf
1160
Lackenwald
Weingreutberg
770
32
407
Schlehenauer
Mauer
1208
Kraxenkogel
946
Schönau
an der Enns
Schüttbauernalm
1070
410
Eisenstraße
Schifflend
Vorderhöll
Grünbichl
975
115
Hochbrand
1242
Huberbauer
772
Hansbauer
Schüttalm
Kleinhammerhäusl
776
Hollerthaler Alm
Kohlstatt
538
Schweigerberg
718
Frenzmühle
Frenzbach
406
Kraftwerk
Altenmarkt
1019
Neuhammer Mauern
Finsterbach
Ungergraben
Hemmermoser
581
Schüttbauer
Hausbauernhöhe
Hollerthal
475
Eisenstraße
Pöglgut
Wiesberg
787
Halsmoar
Jhtt.
Hainbachstein
Hinteres Bambachgütl
Engl
Karlmühle
442
Platzl
Kößl
Menauer
Laussabach
Kern
410
Kessel
Zenfreut
Sonndorf
467
Altenmarkt
bei St. Gallen
506
Kremsbichler
Waldbauer
Hocheck
1072
Laussabauer
117
599
469
Ennsfeld
Kupferbauer
848
Jaglbauer
Weißenbach-St.Gallen
413
Uferleiten
0
500 m
Breitau
Bichl
Rainbauer
Hagauer
Enns
Vorau
Mitterau

32

Seetour

Borsee

Zur letzten Triftklause im Ennstal

DAUER	2h 30min
LÄNGE	8,3 km
HÖHENMETER	355 hm
SCHWIERIGKEIT	LEICHT
MIT ÖFFIS ERREICHBAR	ja

Das erwartet dich ...

Eine kurze, einfache Schluchtwanderung auf einer Forststraße entlang des Schleifbaches zum Naturjuwel Borsee. Rund um den in etwa 2 m tiefen See herrschen ideale Bedingungen für Insekten aller Art: Kleinkrebse, Amphibien und Reptilien. Eine kurze Tunnelpassage, imposante Felsgebilde und Tiefblicke sorgen für Abwechslung. Kinder sollte man nicht zu nahe an den Abgrund treten lassen!

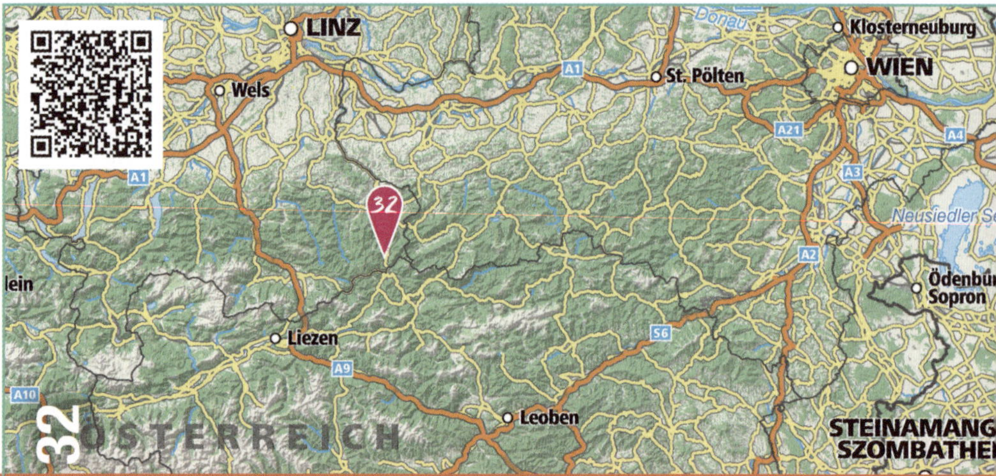

Seetour 32

Start & Ziel & Anreise

Ausgangspunkt der Tour ist der alte Bahnhof Schönau an der Enns in der Gemeinde Weyer. Anfahrt auf der B 115, etwa 5 km nördlich von Altenmarkt bei St. Gallen der Beschilderung Richtung „Borsee" folgen und die Enns über eine Brücke überqueren. Der alte Bahnhof befindet sich auf der linken Straßenseite. Alternativ mit Bus 912 von Altenmarkt bei St. Gallen oder Kleinreifling bis zur Haltestelle „Kleinreifling-Abzw. Schönau", dann zu Fuß über die Enns bis zum Ausgangspunkt (Gehzeit ca. 10 Minuten).

Tourenbeschreibung

Vom 16. bis ins 19. Jahrhundert waren Holz- und Holzkohle neben dem Eisen die elementaren Rohstoffe für die Eisenverarbeitung in der Eisenwurzen. Ganzen Wäldern wurde der Garaus gemacht. Weil das Wasser des Schleifenbaches nicht ausreichte, um die Baumstämme talabwärts zur Enns zu schwemmen, baute man im 16. Jahrhundert eine künstliche Sperre, die sogenannte Schleifenbachklause. Der Rückstau bildet den Borsee. 1996 wurde diese Klause vom Nationalpark Kalkalpen, dem Verein Eisenstraße, der Erzdiözese Salzburg und der Wildbachverbauung reaktiviert, nachdem im Jahr 1992 ein Hochwasser die Klause fast vollständig zerstört hat und der See zu verlanden drohte. Bis zur Klause transportierte man das geschlägerte Holz mit Pferde- und Ochsenfuhrwerken, und knapp unterhalb der Klause wurde das Holz im Bachbett gelagert. Die Klause wurde dann von den „Triftern" geschlagen. Das Wasser wurde schwallartig wieder an den Bach abgegeben. Die Baumstämme polterten dann mit dem Wasser zu Tal. Das Holz wurde dann bei Rechen gesammelt und auf den „Ganterplätzen" zu Flößen für den Weitertransport auf der Enns zusammengebaut.

Vom Bahnhof in Schönau (400 m) wandern wir vorerst auf Asphalt, später dann auf einer Forststraße in südlicher Richtung. Bald schon geht es in nordwestliche Richtung auf der Forststraße weiter durch das Tal des Schleifenbaches. Die Straße wird im oberen Bereich etwas steiler und sie gewährt beeindruckende Tiefblicke auf den bis zu 100 m tiefer liegenden Schleifenbach. Zuletzt gehen wir flacher zum Borsee weiter (1 ½ Std.). In seinem 2 bis 3 m tiefen Wasser konnte sich eine reichhaltige Flora und Fauna ansiedeln. An seinem südlichen Ende findet man das Schwimmende Laichkraut und am Nordufer hat sich eine Niedermoorfläche erhalten.

Der Abstieg erfolgt auf derselben Route.

Schleifenbachklause

Oberer Ring
Ringkamp
2153
Ringkarwand
2014
Severinkogel
2038
Niedere Scharte
Krautgartenkogel
Rotlacken
Mittelkuppe
1982
Sampelboden
Hutkogel
2035
Ochsenreichkar
Ringkarwand
Böse Mauer
Große Kamp
Kleine Kamp
Lahngang
Höllmauer
Seeta
Wetterkogel
2055
Kühreichkar
Höllkampl
Franzosenkreuz
1449
Lettanger
1005
942
Untere Dullwitz
1042
Kaiserwal
Böser Wald
Jochgraben
Voisthalergasse
Florlhütte
1284
Voisthalerhütte
1654
Fölzsattel
1626
Edelspitzen
Karlmauer
Barmauer
Hofertal
Gschirrmauer
1836
Feistringstein
Zeller Steig
Hacker
1291
Kampl
1990
Fölzalm
Mitteralm
1967
Windscharte
Unterstandshütte
Fölzkogel
2022
Grasser Hütte
1472
Zlackenkogel
Mitteralmkogel
1881
Baumeralm
Jhtt.
Ebenwa
Großer Winkelkogel
1957
1743
Höchstein
1741
Zlacken
Lärchet
1946
Fölzstein
1747
Kleiner Winkelkogel
Schartenspitz
Unter der Wand
1400
Wäschenriegel
Jhtt.
1325
1004
Zirbeneck
Eisgraben
1709
Mitteralmturm
1168
Endriegelbach
Endriegel
Lärchkogel
1713
Schontal
Feistringgraben
Schlagalm
1318
Jhtt.
Hollgraben
Endriegelgraben
Windgrube
1809
Schönleitenhaus
Schönleiten
Trog
Jauringer Alm
Jhtt.
1200
Mitterbachriegel
Fölzboden
Nadelsteinriegel
Fölzriegel
Achnerriegel
1595
Tiefer
Hühnersteigkogel
1636
834
33
Schwabenbartl
814
Eisental
Jhtt.
Pengg
Almrauschhütte
1111
Mitterbachgraben
Fölzklamm
Bürgeralm
Gretlhöh
Schönleitenblick
Skywalk
Ranstein
1555
Aussichtsplattform
Jauringer Graben
Gsenk
Schwarzenbachriegel
Schwarzenbachgraben
765
1000
1300
Am Stand
Bürgergraben
Steinkogel
1222
Luckertstein
1296
Luckertsteinsattel
Jhtt.
Fölzgraben
Bürgeralm Panoramastraße
Böswand
1339
Hauskoge
Bär
742
Presserbach
1162
Jauringbach
894
1200
Ilgner Alpl
1506
Haug
Auf der R
Friedler
Lammer
836
Jhtt.
Jhtt.
Pierer
Jaurin
Wolfsgrube
0
500 m
St. Ilgen
736
Rusteck
1298
960
Aflenz
Kurort 763

Almen am Hochschwab

Aussichtsreiche und alpine Höhenwanderung mit uriger Einkehr

DAUER	5h 30min
LÄNGE	13,2 km
HÖHENMETER	600 hm
SCHWIERIGKEIT	MITTEL
MIT ÖFFIS ERREICHBAR	ja

Das erwartet dich ...

Eine ausgiebige, aber großteils unschwierige und ganz besonders aussichtsreiche Höhenwanderung in alpinem Gelände. Auf der Mitteralm und Fölzalm gibt es eine besonders schön blühende Flora zu bestaunen – im Frühsommer die Enzian- und Primelarten, im Juli dann die Arnikablüte und eine „Edelweißwiese" auf dem Höchstein. Eine bodenständige Einkehr bei den Hütten der Fölzalm mit steirischen Schmankerln macht diese Tagestour perfekt!

Hüttentour 33

Start & Ziel & Anreise

Die Tour startet bei der Bürgeralm/Bergstation des Sessellifts in Aflenz. Anfahrt über die B20 bis Zöbriach, dort der Beschilderung Richtung Aflenz/Bürgeralm folgen. Parkmöglichkeiten bei der Talstation. Alternativ mit Bus 170/171 bis zur Haltestelle „Aflenz Kurort-Kirche" und zu Fuß weiter zur Talstation (15 Minuten). Die Tour endet beim Gasthof Schwabenbartl, Rückfahrt nach Aflenz per Taxibus mit dem Kombiticket der Aflenzer Bergbahnen (umfasst Sessellift-Bergfahrt plus Rückfahrt mit Taxi).

Tourenbeschreibung

Wir parken bei der Talstation des Sessellifts auf die Aflenzer Bürgeralm. Für die Bergfahrt unbedingt das Kombiticket für die Sessellift-Bergfahrt und Taxibus-Rückfahrt lösen! Wer nicht zu den Betriebszeiten des Lifts unterwegs ist, kann zu Fuß auf die Bürgeralm aufsteigen (zzgl. Gehzeit ca. 2 Std.) und vom Endpunkt Gasthof Schwabenbartl mit dem Taxi zurück nach Aflenz fahren (z. B. Taxi Hochschwab-Reisen, Tel. 03861-2400). Alternativ ist die Auffahrt zur Bürgeralm auch über eine Mautstraße möglich.

Wir beginnen unsere Wanderung ganz ohne Anstrengung mit der Sessellift-Auffahrt. Mühelos auf diese Art 660 Höhenmeter gewonnen und auf der Aflenzer Bürgeralm (1530 m) angekommen, halten wir über einen Fahrweg und an etlichen Almhütten vorbei auf das bereits am Gipfel vor uns erkennbare Schönleitenhaus zu. Dazu steigen wir kurz nach der letzten Hütte links zuerst weglos über den mäßig steilen Almboden zu einem kleinen, lichten Lärchenwald hinauf. Wir queren diesen auf einem gleichmäßig ansteigenden Weg und gelangen danach der „Direttissima" entlang über die Almwiese zum aussichtsreich gelegenen Schönleitenhaus auf der Windgrube (1809 m, ¾ Std.).

Die Fortsetzung unserer Tour führt uns am Panoramasteig an einer kleinen Lacke vorbei und über den Rücken des Endriegels mit schönen Blicken auf die links gegenüberliegenden Felsabbrüche der Mitteralm und die Veitsch zu unserer Rechten. Weiter über einen Sattel, den Zlacken (1743 m, 1 ½ Std.), geht es dann gut 150 Höhenmeter bergauf auf die Mitteralm. Rund 40 Minuten danach – wir haben die Hochfläche der Mitteralm bereits überquert – eröffnet sich uns ein prächtiger Blick hinüber zum Hochschwab und zur Aflenzer Staritzen, die mit ihren gewaltigen Südwänden teils senkrecht in die Obere Dullwitz und das Seetal abfallen.

Ein besonders schöner Ausblick auf dieses Panorama ergibt sich, wenn wir hier den markierten Steig kurz nach rechts verlassen und weglos in wenigen Minuten auf das Kampl (1990 m, 2 ¼ Std.), der höchsten Erhebung der Gschirrmauer, zusteuern. Hier könnten wir eine aussichtsreiche Pause einlegen bevor wir zurück auf den markierten Steig gelangen und diesem bergab folgen. Die herrlichen Ausblicke begleiten uns während des gesamten Abstiegs von der Mitteralm zum Fölzsattel (1626 m, 3 ½ Std.), aber Achtung – auch der an mehreren Stellen schmale Steig, teils steile Hänge querend und auf dem lockeren Schutt, erfordert unsere Aufmerksamkeit.

Am Fölzsattel leicht rechtshaltend können wir einen Abstecher zur neu errichteten Voisthaler Hütte wagen (Variante, ca. 20 Min. Gehzeit) und eine Pause auf der Terrasse mit ihrem beeindruckendem Rundblick in der Oberen Dullwitz einlegen. Wenden wir uns hingegen nach links gelangen wir durch Latschenfelder bergab zur herrlich in einem von Felswänden umrahmten Hochtalboden gelegenen Fölzalm/Grasser Hütte (1472 m, 4 Std.). Doch nicht nur aufgrund ihrer wunderschönen Lage, auch ihrer Ursprünglichkeit, Freundlichkeit und einfachen, aber guten Hausmannskost wegen sollte man sich bei der Grasser Hütte unbedingt eine Rast gönnen. Der weitere Abstieg führt uns auf einem steilen und durch Schutt teils rutschigen Steig zwischen den Felsabbrüchen von Mitteralm und Fölzstein hindurch und bald darauf in den Wald. An der Abzweigung Richtung Gasthof Schwabenbartl (814 m, 5 ½ Std.) wechseln wir nach links auf einen schön angelegten Weg und über den Kamm des Fölzriegels und zuletzt in steilem, aber immer gut gangbarem Abstieg erreichen wir den Gasthof Schwabenbartl.

Rückfahrt nach Aflenz zur Talstation des Sessellifts per Taxibus mit Kombiticket der Aflenzer Bergbahnen (umfasst Sessellift-Bergfahrt plus Rückfahrt mit Taxibus).

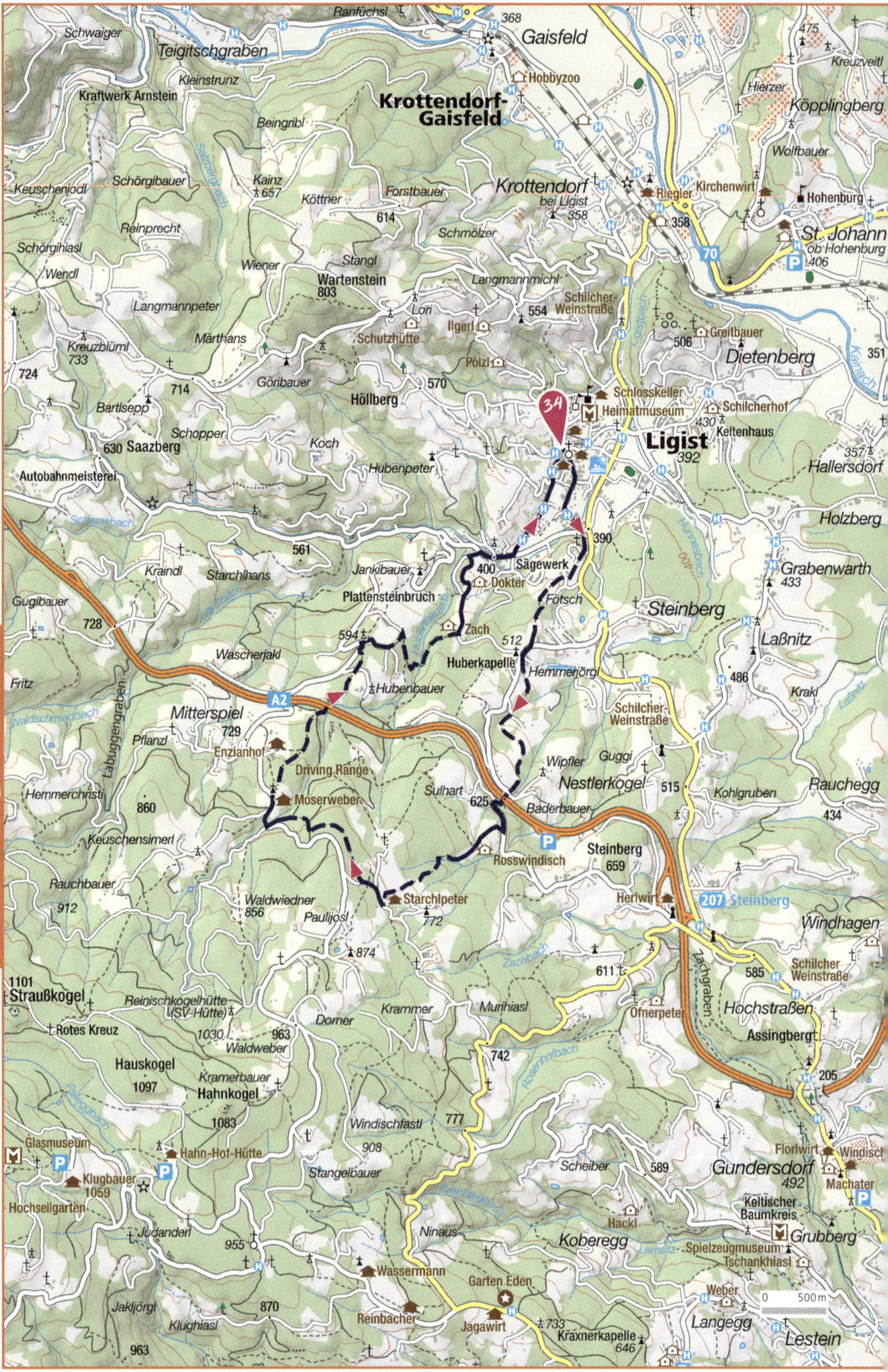
Ranfüchsl
368
Gaisfeld
475
Schwaiger
Teigitschgraben
Kreuzveitl
Kleinstrunz
Hobbyzoo
Kraftwerk Arnstein
Hierzer
Krottendorf-
Gaisfeld
Köpplingberg
Beingribl
Wolfbauer
Keuschenjodl
Schörgibauer
Kainz
657
Köttner
Forstbauer
Krottendorf
bei Ligist
358
Riegler
Kirchenwirt
Hohenburg
614
Reinprecht
Schmölzer
358
St. Johann
ob Hohenburg
406
Schörgihiasl
70
Wendl
Wiener
Stangl
Wartenstein
803
Langmannmichl
Langmannpeter
Lori
Schilcher-
Weinstraße
554
Märthans
Schutzhütte
Ilgerl
506
Greitbauer
Kreuzblüml
733
Dietenberg
351
724
714
Göribauer
Pölzl
570
Höllberg
Bartlsepp
Schlosskeller
Heimatmuseum
Schilcherhof
Schopper
430
Keltenhaus
630
Saazberg
Koch
34
Ligist
392
357
Autobahnmeisterei
Hubenpeter
Hallersdorf
Holzberg
561
390
Kraindl
Starchlhans
Jankibauer
400
Sägewerk
Grabenwarth
433
Dokter
Gugibauer
Plattensteinbruch
Fötsch
728
Steinberg
594
Zach
Laßnitz
512
Wascherjakl
Huberkapelle
Hemmerjörgl
486
Fritz
A2
Hubenbauer
Krakl
Mitterspiel
Schilcher-
Weinstraße
729
Pflanzl
Enzianhof
Wipfler
Guggi
Driving Range
Nestlerkogel
515
Rauchegg
Hemmerchristl
Sulhart
Kohlgruben
860
Moserweber
625
Baderbauer
434
Keuschensimerl
P
Steinberg
659
Rosswindisch
Rauchbauer
912
Waldwiedner
856
Starchlpeter
Herlwirt
207 Steinberg
Pauliijosl
772
Windhagen
874
611
585
Schilcher
Weinstraße
1101
Straußkogel
Reinischkogelhütte
(SV-Hütte)
Krammer
Murihiasl
Ofnerpeter
Hochstraßen
Rotes Kreuz
1030
963
Dorner
Assingberg
Waldweber
742
Hauskogel
1097
Kramerbauer
Hahnkogel
205
1083
Windischfastl
777
Glasmuseum
908
Fiorlwirt
Windisch
Hahn-Hof-Hütte
Scheiber
589
Gundersdorf
492
Klugbauer
1059
Stangelbauer
Machater
Hochseilgarten
Keltischer
Baumkreis
Judanderl
Ninaus
Hackl
Koberegg
Grubberg
955
Spielzeugmuseum
Tschankhiasl
Wassermann
Garten Eden
Weber
Jakljörgl
870
0
500 m
Klughiasl
Reinbacher
Jagawirt
733
Kraxnerkapelle
646
Langegg
963
Lestein

34

Ligister Schmankerlweg

Von der Hollerblüte bis zur Weinlese

DAUER	3h 30min
LÄNGE	8,5 km
HÖHENMETER	400 hm
SCHWIERIGKEIT	LEICHT
MIT ÖFFIS ERREICHBAR	ja

Das erwartet dich ...

Eine kulinarische und auch landschaftlich abwechslungsreiche Wanderung, streckenweise auf Waldwegen, teilweise auf Wiesenpfaden und kurz auf befestigten Wegstrecken. Im schmucken Örtchen Ligist am nördlichen Ende der Schilcherweinstraße beginnt der mit Schautafeln versehene „Sch(m)ankerlweg", der einen perfekten Einstieg in das Waldwanderparadies der Region darstellt. Genusswandern pur! Mehrere Gasthäuser und Buschenschänken entlang der Route laden zur Einkehr ein.

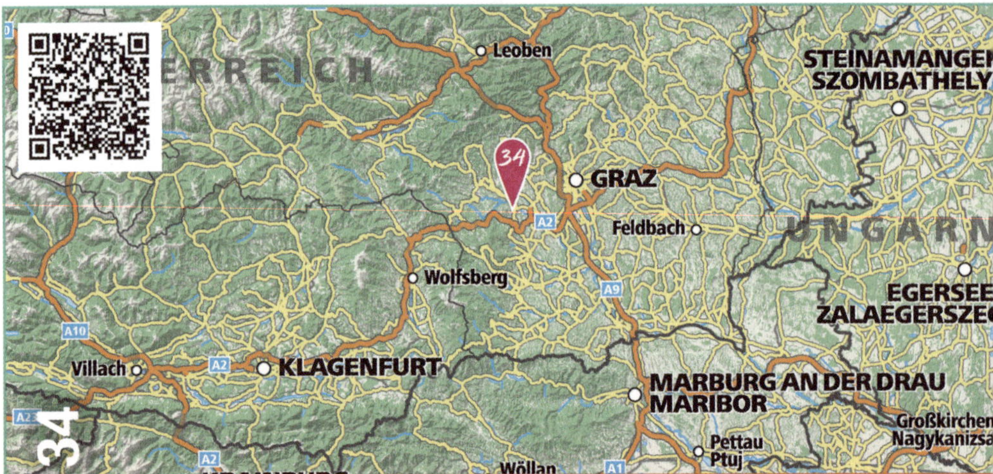

Genusstour 34

Start & Ziel & Anreise

Ausgangspunkt der Tour ist der Marktplatz von Ligist in der Steiermark. Anreise auf der A2 bis zur Ausfahrt 207 Steinberg, dann der Beschilderung Richtung Ligist folgen, Parkmöglichkeiten im Ortszentrum. Alternativ mit Bus 720 von Graz oder Voitsberg bis zur Haltestelle „Ligist-Hauptplatz".

Tourenbeschreibung

Vom Ausgangspunkt in Ligist (392 m) ist zunächst ein 15 Minuten langer Asphaltmarsch durch die Badstraße zur Umfahrungsstraße zu bewältigen. Vom Marktplatz schlendern wir am Museum (gegenüber der Volksschule) Richtung Süden zur historischen Weinpresse. Im Anschluss lässt ein anregender Wiesenanstieg die erste Konditionsüberprüfung folgen. Vom Hof des Bauern Fötsch, wo auch das sogenannte Kernöltauchen (oder Kernöltunken) geboten wird, weitet sich der Blick schon über die dem Kainachboden vorgelagerten Hügel. Hier kann zertifiziertes, vor Ort hergestelltes, Kernöl verkostet werden. Ein steiler Waldhohlweg bringt uns im Anschluss zur Huberkapelle (512 m, ¾ Std.). In der nahe gelegenen Imkerei Rosenzopf kann man eine Bienenkunde-Lehrstunde genießen und Honigprodukte ausprobieren. Weiterhin steil am Waldrand ansteigend wird die Geräuschkulisse, die schon einige Zeit zu vernehmen ist, durch den plötzlichen Anblick der Südautobahn erklärbar. Wir unterqueren sie auf einem schmalen

Landsträßchen und bald verliert sich das Rauschen beim weiteren Anstieg zum Kleinbuschenkschank Rosswindisch (680 m, 1 ½ Std.), wo eine alte „Krautgruabm" zu besichtigen ist. Kurz einige Male tief durchgeatmet – dann ist der letzte Anstieg auch schon bewältigt und die Gastwirtschaft Starchlpeter erreicht (2 Std.), die ein weites Panorama bis ins Grazer Feld und in die oststeirische Hügelwelt bietet.

Auch am vorerst ebenen, dann leicht und schließlich stark abfallenden Weiterweg finden sich noch einige gastliche Stationen, ehe sich der Talkessel von Ligist wieder auftut. Dorthin steigen wir entlang des Hubenbauerbaches zum Buschenschank Zach (570 m, 3 ¼ Std.) und im Anschluss durch Obstplantagen weiter zum Buschenschank Dokter ab.

Zurück in Ligist gelangen wir über die Grabenstraße zurück zum Ausgangspunkt der Tour.

Kernölverkostung

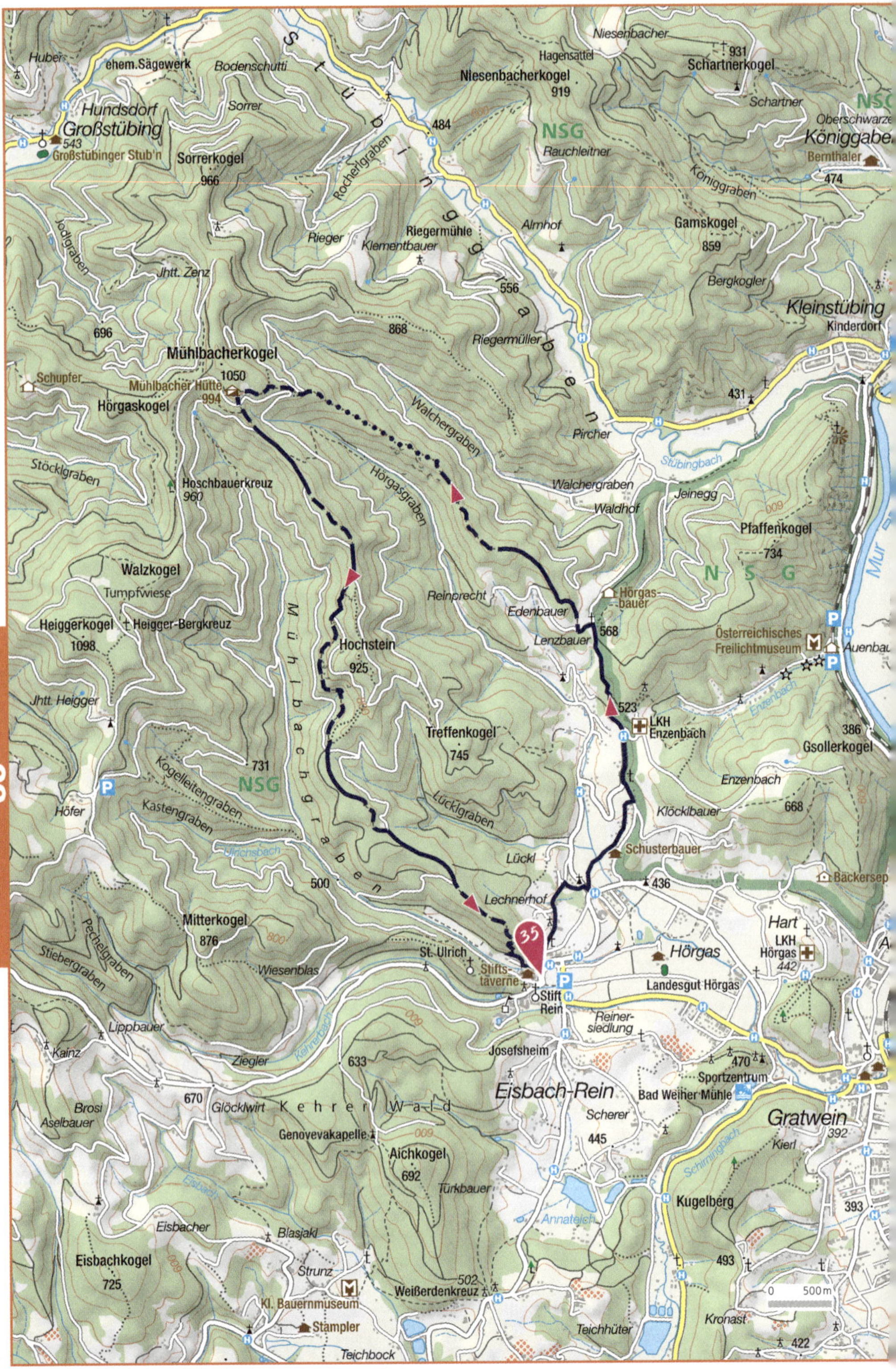
Huber
ehem. Sägewerk
Bodenschutti
Hundsdorf
Großstübing
543
Großstübinger Stub'n
Sorrer
Sorrerkogel
966
Stübinggraben
Rocherlgraben
484
Niesenbacher
Hagensattel
931
Niesenbacherkogel
919
Schartnerkogel
Schartner
NSG
Oberschwarze
Königgabe
Rauchleitner
Bernthaler
474
Königgraben
Jodlgraben
Rieger
Riegermühle
Klementbauer
Almhof
Gamskogel
859
Jhtt. Zenz
556
Bergkogler
Kleinstübing
Kinderdorf
696
868
Riegermüller
Mühlbacherkogel
1050
Schupfer
Mühlbacher Hütte
994
Hörgaskogel
Walchergraben
431
Pircher
Stübingbach
Stöcklgraben
Hoschbauerkreuz
960
Hörgasgraben
Walchergraben
Waldhof
Jeinegg
Pfaffenkogel
734
Mur
Walzkogel
Tumpfwiese
Reinprecht
Hörgas-bauer
Edenbauer
Heiggerkogel
Heigger-Bergkreuz
1098
Hochstein
925
Lenzbauer
568
Österreichisches Freilichtmuseum
Auenbau
Mühlbachgraben
Jhtt. Heigger
523
LKH Enzenbach
Enzenbach
Treffenkogel
745
386
Gsollerkogel
731
NSG
Kogelleitengraben
Kastengraben
Höfer
Lücklgraben
Enzenbach
Klöcklbauer
668
Ulrichsbach
Lückl
Schusterbauer
500
436
Bäckersep
Lechnerhof
Mitterkogel
876
Pechelgraben
Stiebergraben
35
St. Ulrich
Stifts-taverne
Stift Rein
Hörgas
Hart
LKH Hörgas
442
Wiesenblas
Landesgut Hörgas
Lippbauer
Reiner-siedlung
Kainz
Ziegler
Kehrerbach
633
Josefsheim
470
Sportzentrum
Brosi
Aselbauer
670
Glöcklwirt
Kehrer Wald
Eisbach-Rein
Bad Weiher Mühle
Scherer
Gratwein
392
Kiel
Genovevakapelle
445
Aichkogel
692
Türkbauer
Schirningbach
Kugelberg
393
Annateich
Eisbacher
Blasjakl
Eisbach
Eisbachkogel
725
Strunz
493
502
Weißerdenkreuz
Kl. Bauernmuseum
Stampler
Teichhüter
Kronast
422
Teichbock
0
500 m

35 Gipfeltour

Mühlbacherkogel

Der Erste der Grazer „Dreitausender“

DAUER	4h
LÄNGE	11 km
HÖHENMETER	700 hm
SCHWIERIGKEIT	MITTEL
MIT ÖFFIS ERREICHBAR	ja

Das erwartet dich ...

Die „Dreitausender“ von Graz sind eigentlich nur drei „Tausender“ – sanft aufgewölbte Hausberge, die über 1.000 m Seehöhe aufragen. Sie wachen – von der Pyhrnautobahn gut sichtbar – als dominante Waldhöhen über das Industrieland von Gratwein und Gratkorn, und sie locken zu jeder Jahreszeit ein „lufthungriges Wanderervölkchen“ in ihre dunkelgrünen Waldflanken. Diese schöne Waldwanderung auf streckenweise „rassigen“ Steigen führt zu einem der drei Tausender, dem Mühlbacherkogel.

Gipfeltour 35

Start & Ziel & Anreise

Die Tour startet beim Stift Rein unweit von Gratkorn in der Steiermark. Auf der A9 die Ausfahrt 169 Gratkorn-Nord nehmen und der Beschilderung zunächst nach Gratkorn und dann Richtung Stift Rein folgen, großer Parkplatz beim Stift. Alternativ mit Bus 110 von Graz bis zur Haltestelle „Stift Rein".

Tourenbeschreibung

Vom Parkplatz vor dem Stift Rein (450 m) folgen wir dem markierten Weg Nr. 11a beim Gasthaus zur Linde vorbei. 100 m nach dem Gasthaus biegen wir – vor dem Friedhof – rechts ab und folgen dem Schild mit der Markierung 11a. An einer Kapelle unter einer markanten Doppelfichte vorbei erreichen wir über Wiesen und zuletzt wieder auf einer Straße Enzenbach, eine imposante, im Stil des 19. Jahrhunderts errichtete Heilstätte für Lungenkrankheiten (540 m, ¾ Std.). Nun geht es entlang einer kaum befahrenen Straße durch einen Waldabschnitt weiter zum Gehöft Hörgaspauli. In unmittelbarer Umgebung davon befindet sich die Mostschenke Hörgasbauer (575 m, 1 ¼ Std.), ein idyllisch gelegener Betrieb auf bewaldeter Anhöhe, wo Schmankerln aus eigener Produktion, dazu selbst gebackenes Bauernbrot und hausgemachte Mehlspeisen genossen werden können. Ab hier dringt unser Fußsteig – mit Nr. 562 markiert – in ein weites Waldgelände ein. Auf dem sogenannten Kaschlsteig, einem reizvollen Weg mit überraschenden

Ausblicken von Felskanzeln, geht es zielstrebig der unerwartet auf einem Wiesenhang auftauchenden Mühlbacherhütte (994 m, 2 ¾ Std.) entgegen, eine weitere Einkehrmöglichkeit. Das Holzhaus ist ein Wandererheim in bester Hüttentradition. Der bewaldete und daher aussichtslose Gipfel des Mühlbacherkogels (1050 m) kann hinter der Hütte weglos in 15 Minuten „mitgenommen" werden.

Für die Rückkehr benützen wir den Jägersteig, der am Wiesenrand unterhalb der Hütte im Wald verschwindet (Markierung Nr. 34). Er führt durch die steilen Bergwaldhänge auf der Westseite des Hochsteins, seine Begehung ist daher bei Schneelage wegen der Rutschgefahr nicht anzuraten. Der Schlussabstieg – in engen Serpentinen in den steilen Wald angelegt – klingt dann im Tal mit dem beschaulichen Prälatenweg Richtung Stift Rein aus.

Mühlbacherkogel

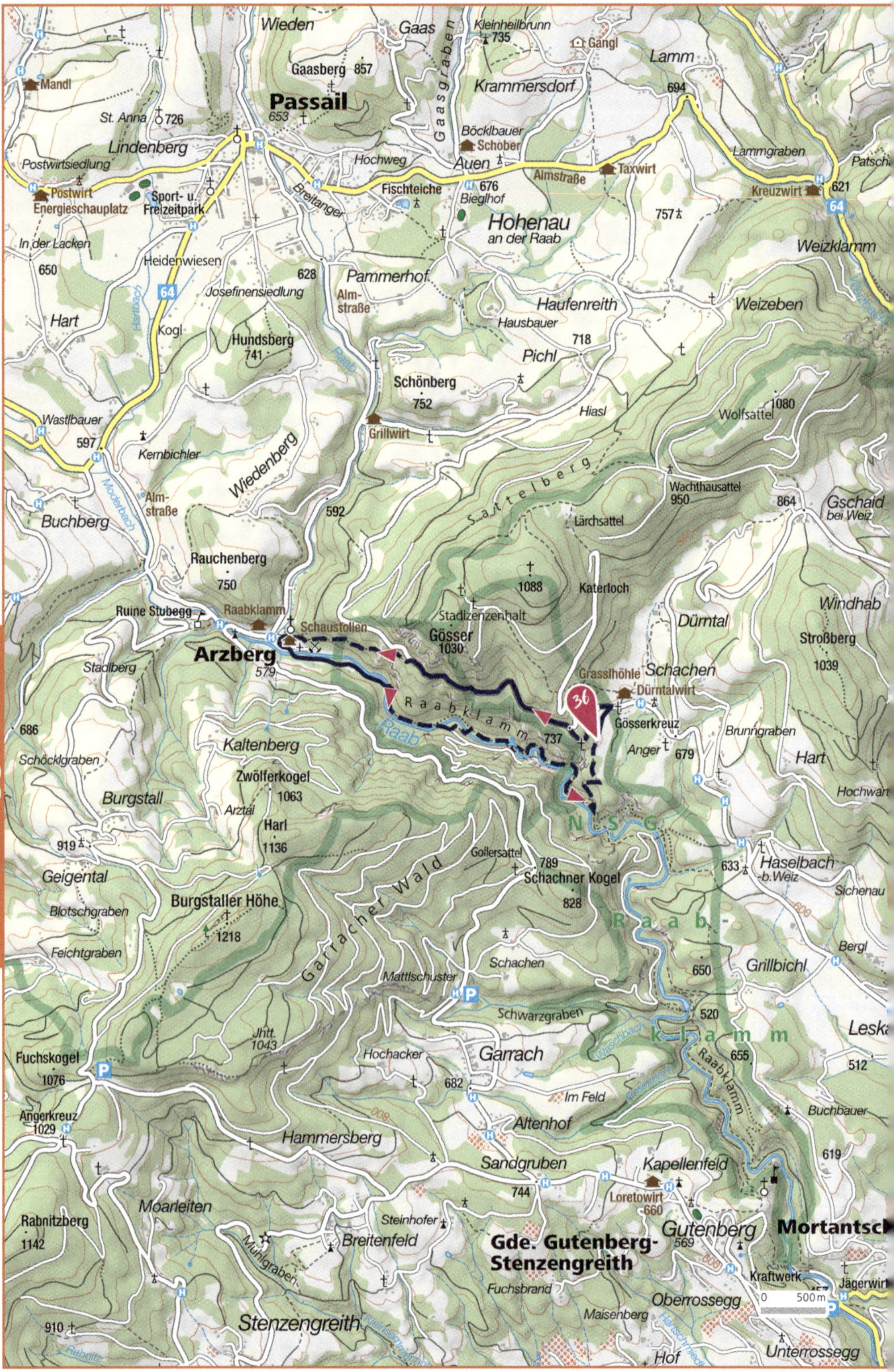

Wieden
Gaas
Gaasgraben
Kleinheilbrunn
735
Gangl
Lamm
Gaasberg 857
Mandl
Passail
653
Krammersdorf
694
St. Anna
726
Böcklbauer
Schober
Lindenberg
Hochweg
Auen
Lammgraben
Patsch
Postwirtsiedlung
Taxwirt
Almstraße
Postwirt
Energieschauplatz
Sport- u. Freizeitpark
Fischteiche
676
Bieglhof
Kreuzwirt
621
64
Breitanger
757
Hohenau an der Raab
In der Lacken
650
Weizklamm
Heidenwiesen
628
Pammerhof
Josefinensiedlung
Alm-straße
Haufenreith
Weizeben
Hart
Hausbauer
Kogl
Hundsberg 741
718
Pichl
Raab
Schönberg
752
Hiasl
Wolfsattel
1080
Wastlbauer
Grillwirt
597
Kernbichler
Wiedenberg
Sattelberg
Buchberg
Moderbach
Alm-straße
592
Wachthausattel 950
864
Gschaid bei Weiz
Lärchsattel
Rauchenberg
750
1088
Katerloch
Windhab
Ruine Stubegg
Raabklamm
Stadlzenzenhalt
Dürntal
Stroßberg
1039
Schaustollen
Gösser
1030
Arzberg
579
Stadlberg
Grasslhöhle
Schachen
Dürntalwirt
36
Raabklamm
Gösserkreuz
686
737
Brunngraben
Raab
Kaltenberg
Anger
679
Hart
Schöcklgraben
Zwölferkogel
1063
Hochwan
Burgstall
Arztal
Harl
1136
NSG
919
Gollersattel
789
Haselbach b. Weiz
633
Geigental
Schachner Kogel
828
Sichenau
Burgstaller Höhe
Garracher Wald
Blotschgraben
1218
Raab-
Feichtgraben
650
Grillbichl
Bergl
Schachen
Mattlschuster
520
Schwarzgraben
klamm
Leska
Jhtt.
1043
Fuchskogel
Hochacker
Garrach
655
1076
Waschbach
Raabklamm
512
682
Im Feld
Angerkreuz
1029
Buchbauer
Altenhof
Hammersberg
619
Sandgruben
Kapellenfeld
744
Rabnitzberg
Moarleiten
Loretowirt
660
1142
Steinhofer
Gutenberg
Mortantsch
Breitenfeld
569
Mühlgraben
Gde. Gutenberg-Stenzengreith
Kraftwerk
Jägerwirt
Fuchsbrand
Oberrossegg
0
500 m
Maisenberg
910
Stenzengreith
Rabnitz
Hof
Unterrossegg

36

36 Flusstour

Raabklamm

Die längste durchgehende Klamm Österreichs

DAUER	3h
LÄNGE	7,5 km
HÖHENMETER	200 hm
SCHWIERIGKEIT	MITTEL
MIT ÖFFIS ERREICHBAR	nein

Das erwartet dich ...

Im Frühling und Frühsommer, wenn viel Wasser fließt, ist ein Ausflug in die Raabklamm ein reizvolles Unternehmen. Man sollte dort vormittags oder nachmittags unterwegs sein, wenn die Sonne den Talgrund gerade schon oder noch streift – dann spielt das junge Buchengrün mit Licht und Schatten. Ein wunderbarer Schluchtsteig mit genügend Höhepunkten für das Auge, der Stege und durch Geländer gesicherte Passagen aufweist, die Trittsicherheit erfordern. Griffige Schuhsohlen sind notwendig.

Start & Ziel & Anreise

Ausgangspunkt der Tour ist Arzberg in der Steiermark. Auf der B 64 zwischen Seilnergraben und Passail Richtung Arzberg abzeigen, dort dann der Beschilderung Richtung Raabklamm folgen. Parkplatz „Raabklamm" beim Ausgangspunkt. Anreise mit öffentlichen Verkehrsmitteln nur bis zur Haltestelle „Tulwitz Schremszottler" auf der B 64 möglich, von dort muss ein Taxi genommen werden (unbedingt im Voraus organisieren: SAM Taxi unter +43 50-363738 oder Taxi Niederl unter +43 3179-23229).

Tourenbeschreibung

Mit insgesamt 17 Kilometern ist die Raabklamm im Naturpark Almenland die längste durchgehende Klamm Österreichs. Sie teilt sich in die Große Raabklamm (von Arzberg bis zum ehemaligen Jägerwirt in Mortantsch) und in die Kleine Raabklamm (von Mortantsch bis Mitterdorf an der Raab). Unzählige Holzbrücken und Stege schlängeln sich durch die Klamm, führen zwischen den Ufern hin und her und geben Blicke auf das kristallklare Wasser frei. Ein beeindruckendes Naturparadies, das Lebensraum für zahlreiche Tier- und Pflanzenarten ist.

Diese Rundtour führt uns durch den ersten Teil der Großen Raabklamm. Hinweistafeln leiten uns vom Ausgangspunkt in Arzberg (579 m) auf dem Weg Nr. 765 in die Klamm. Einmal in das enge Tal eingetreten, ist der Weiterweg nicht zu verfehlen: Hart am Ufer der Raab geht es um die zahlreichen Flusswindungen herum, wobei sich immer wieder überraschende Ausblicke auftun. Angesichts des ruhelos strömenden Wassers erstaunt der Gedanke, dass dieses Flüsschen bei Györ in Ungarn in die Donau mündet. Nach rund einer Stunde Gehzeit machen die felsigen Bergflanken bewaldeten Steilhängen Platz. Wir befinden uns nun nach mehrmaligem Uferwechsel links des Flusslaufes und achten auf die Abzweigung des Weges Nr. 17, dem wir in steilen Serpentinen aufwärts folgen. Wir erreichen den oberen Rand des Tals und stehen auf einer weiten, bäuerlich genutzten Hochfläche – so als ob es das urwüchsige Flusstal nie gegeben hätte. Bei der nahen Häusergruppe lädt der Dürntalwirt zur Rast (676 m, 1 ½ Std). Für den Rückweg benützen wir vorerst die asphaltierte, aber nur sporadisch befahrene Gösserstraße (Markierung 764) bergwärts.

Nach rund 1,5 km verlassen wir die Straße dort, wo die Felsformationen bergseitig ganz nahe sind, nach links: Von dort leitet uns ein spannender, in den steilen Laubwaldhang geschnittener Steig gemächlich ins Tal hinab und zurück zum Ausgangspunkt in Arzberg.

Raabklamm

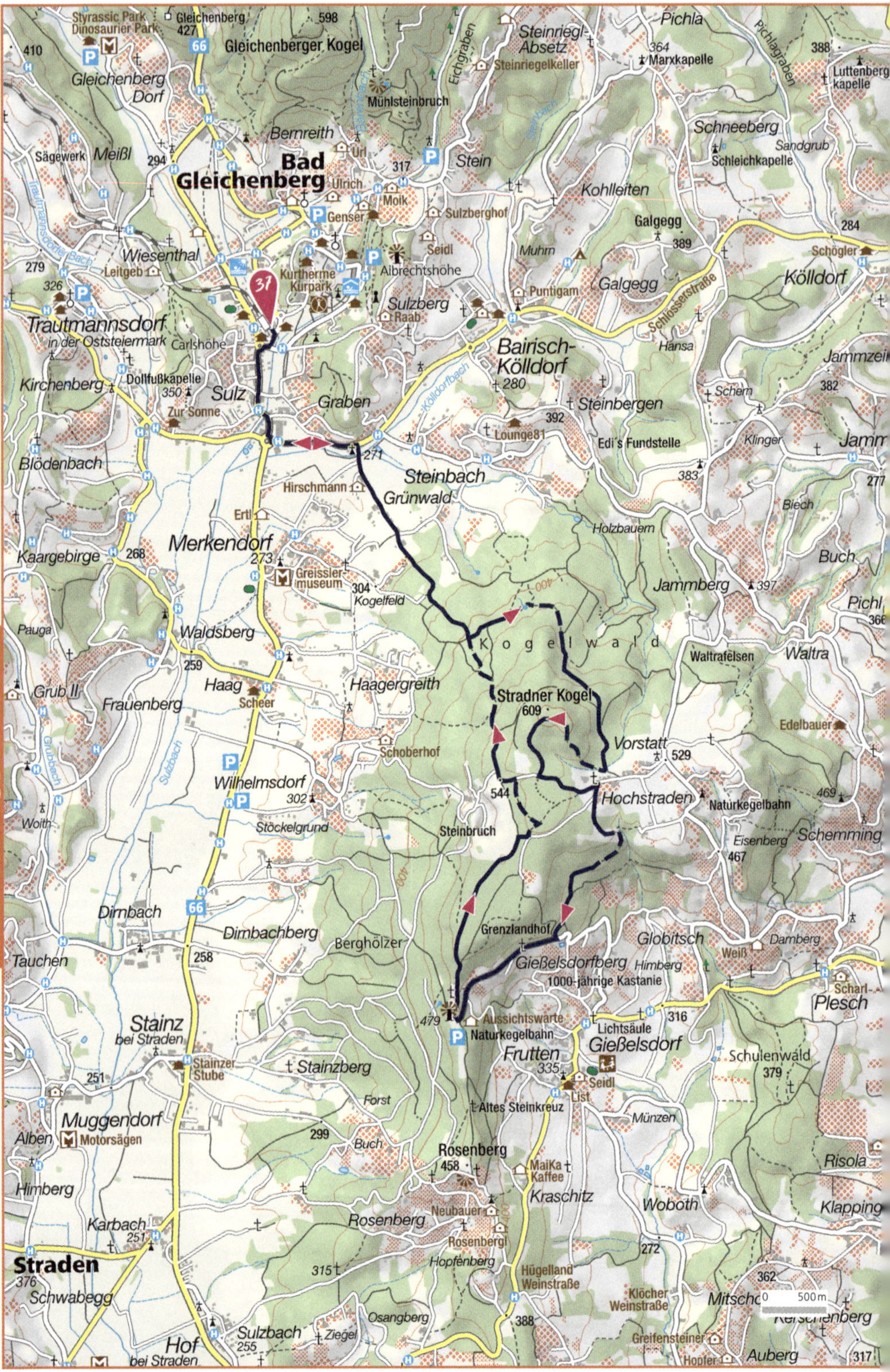

Styrassic Park Dinosaurier Park
Gleichenberg 427
598
Gleichenberger Kogel
Steinriegl-Absetz
Pichla
Pichlagraben
364 Marxkapelle
388
Luttenberg-kapelle
410
Gleichenberg Dorf
Mühlsteinbruch
Eichgraben
Steinriegelkeller
Bernreith
Url
Stein
Schneeberg
Schleichkapelle
Sandgrub
Sägewerk
Meißl
294
Bad Gleichenberg
Ulrich
317
Moik
Kohlleiten
Genser
Sulzberghof
Galgegg
389
284
Wiesenthal
Seidl
Muhrn
Schögler
279
Leitgeb
37
Kurtherme Kurpark
Albrechtshöhe
Puntigam
Galgegg
Kölldorf
326
Trautmannsdorf in der Oststeiermark
Sulzberg
Raab
Schlossetstraße
Carlshöhe
Bairisch-Kölldorf
Hansa
Jammzei
Kirchenberg
Dollfußkapelle
280
Steinbergen
Schem
382
350
Sulz
Graben
Kölldorfbach
392
Zur Sonne
Lounge81
Edi´s Fundstelle
Klinger
Jamm
Blödenbach
271
383
277
Hirschmann
Steinbach
Grünwald
Biech
Ertl
Holzbauern
Kaargebirge
268
Merkendorf
273
Buch
Greissler-museum
304
Kogelfeld
Jammberg
397
Pichl
366
Pauga
400
Waldsberg
Kogelwald
259
Waltrafelsen
Waltra
Grub II
Haag
Scheer
Haagergreith
Frauenberg
Stradner Kogel
609
Edelbauer
Grubbach
Sulzbach
Schoberhof
Vorstatt
529
Wilhelmsdorf
302
544
Hochstraden
Naturkegelbahn
469
Woith
Stöckelgrund
Steinbruch
Eisenberg
467
Schemming
400
Dirnbach
66
Grenzlandhof
Globitsch
Damberg
Dirnbachberg
Berghölzer
Gießelsdorfberg
Himberg
Weiß
Tauchen
258
1000-jährige Kastanie
Scharl
Plesch
Stainz bei Straden
479
Aussichtswarte
Naturkegelbahn
Lichtsäule
316
Frutten
Gießelsdorf
Schulenwald
251
Stainzer Stube
Stainzberg
335
Seidl
379
List
Forst
Altes Steinkreuz
Muggendorf
Münzen
Alben
Motorsägen
299
Buch
Rosenberg
458
Risola
Himberg
MaiKa Kaffee
Kraschitz
Woboth
Klapping
Karbach
251
Rosenberg
Neubauer
Rosenbergl
Straden
376
315
Hopfenberg
272
Hügelland Weinstraße
362
Schwabegg
Klöcher Weinstraße
Mitschdorf
0 500 m
Kerschenberg
Osangberg
388
Sulzbach
255
Ziegel
Hof bei Straden
Greifensteiner
Hopfer
Auberg
317

37 Gipfeltour

Stradner Kogel

Ein Höhepunkt im oststeirischen Hügelland

DAUER	5h
LÄNGE	12,6 km
HÖHENMETER	320 hm
SCHWIERIGKEIT	MITTEL
MIT ÖFFIS ERREICHBAR	ja

Das erwartet dich ...

An klaren Tagen zeigt sich das oststeirische Hügelland in voller Pracht. Man entdeckt schmucke Häuschen gesäumt vom Weinlaub der Kämme; dazwischen immer wieder auf die Kuppen gesetzte Kirchtürme und Burgen. Fast scheint es so, als würden sich die Hügel wie Elefanten aus dem heute noch wogenden, Jahrmillionen alten Tethysmeer erheben. Einer dieser Riesen – wie alle hier ein erloschener Vulkan – ist unser heutiges Tagesziel. Eine schöne Wanderung durch Mischwald und stellenweise steiles Gelände.

Start & Ziel & Anreise

Die Tour startet beim Bahnhof Bad Gleichenberg in der Steiermark. Anfahrt auf der B 66 bis Bad Gleichenberg, dann der Beschilderung Richtung Zentrum folgen, Parkmöglichkeiten beim Bahnhof. Alternativ mit der Regionalbahn R 8615 (von Feldbach) oder Bus 409 (von Bad Radkersburg) und 416 (von Feldbach oder Bad Radkersburg).

Tourenbeschreibung

Wir verlassen den Bahnhof in Bad Gleichenberg (270 m) nach Süden, benützen kurz die südliche Zufahrtsstraße zu den Kuranlagen und schwenken von dieser gleich wieder nach rechts auf einen schmalen Naturweg ein, der sich bald zur Straße weitet. Dieser folgen wir bis zur querenden Landesstraße zwischen Trautmannsdorf und Bairisch-Kölldorf. Auf dieser kurz nach links bis zur Kapelle (270 m, ½ Std.), wo wir auf den Richtung Berg führenden mit Nr. 786 bezeichneten Weg treffen. Auf diesem steigen wir im Wald circa 20 Minuten an und biegen dann nach links in einen abzweigenden Karrenweg (Weg Nr. 44) ein, der vorerst eben nach Osten verläuft. Nach etwa 800 m achten wir auf einen rechts steil bergaufführenden Fußsteig, der entlang des Bergkamms in rund 30 Minuten zum höchsten, wegen des Waldbestandes aussichtsarmen Punkt des Stradner Kogels (Funksendeanlage) führt (609 m, 2 Std.).

Jenseits auf einem Güterweg (der Zufahrt zum Sender) abwärts. Bald stoßen wir auf einen querenden Forstweg, auf dem wir links zu den Häusern von Hochstraden hinabgehen. Beim ersten Gebäude verlassen wir diese Straße nach rechts, nehmen gleich darauf die linke Abzweigung des sich teilenden Weges und steigen auf einem Fußpfad steil über Wiesen und durch Wald ab. Beim Grenzlandhof (460 m, 2 ¼ Std.) erreichen wir die Fahrstraße, der wir über den Weinhängen von Gießelsdorfberg fast eben zur einer Aussichtswarte folgen, wo uns ein herrlicher Panoramablick erwartet (479 m, 3 Std.). Wir befinden uns nun wieder am Weg Nr. 786, der uns den Rückweg in Nordrichtung weist – ansteigend und am Stradner Kogel westlich vorbei, bis wir wieder auf die vertraute Weggabelung treffen, bei der wir beim Aufstieg auf den Karrenweg Nr. 44 gewechselt haben.

An dieser Stelle halten wir uns nun auf Weg 786 und gelangen auf schon bekannter Route zurück zum Bahnhof in Bad Gleichenberg.

Aussichtswarte Frutten

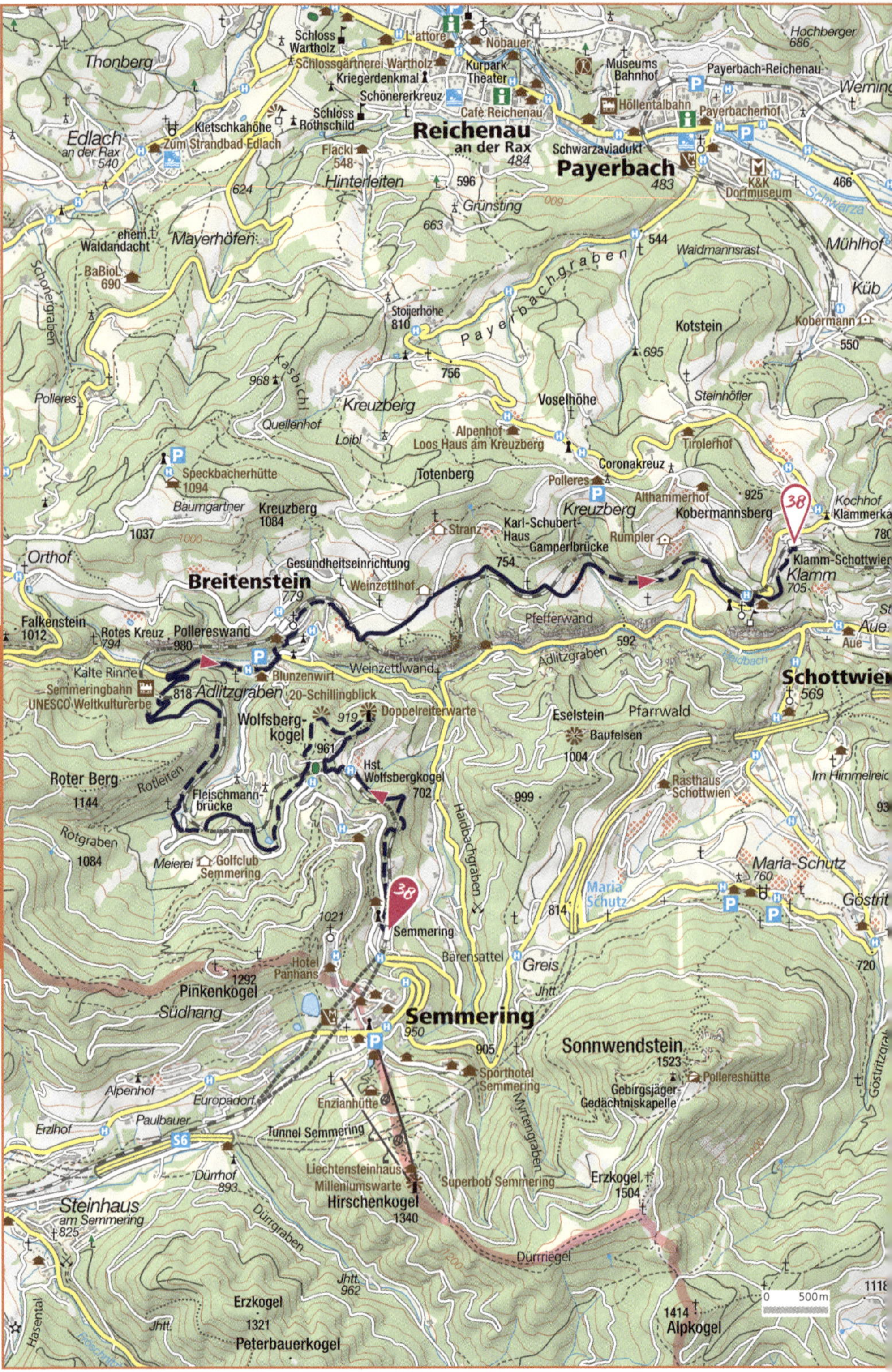
Schloss Wartholz
L'attore
Nöbauer
Hochberger 686
Thonberg
Schlossgärtnerei Wartholz
Kriegerdenkmal
Kurpark Theater
Museums Bahnhof
Payerbach-Reichenau
Weming
Schönererkreuz
Höllentalbahn
Cafe Reichenau
Schloss Rothschild
Kletschkahöhe
Payerbacherhof
Edlach an der Rax 540
Zum Strandbad Edlach
Reichenau an der Rax 484
Schwarzaviadukt
Payerbach 483
Flackl 548
Hinterleiten
596
K&K Dorfmuseum
466
Schwarza
624
Grünsting
663
009
ehem. Waldandacht
Mayerhöfen
544
Waidmannsrast
Mühlhof
BaBioL 690
Payerbachgraben
Küb
Schoberegraben
Stojerhöhe 810
Kotstein
Kobermann
550
695
756
968
Kasbichl
Steinhöfler
Polleres
Kreuzberg
Voselhöhe
Quellenhof
Loibl
Alpenhof
Loos Haus am Kreuzberg
Tirolerhof
Speckbacherhütte 1094
Totenberg
Coronakreuz
Polleres
Althammerhof
925
38
Kochhof
Klammerka
Baumgartner
Kreuzberg 1084
Kreuzberg
Kobermannsberg
Karl-Schubert-Haus
Stranz
780
1037
1000
Rumpler
Gamperlbrücke
Klamm-Schottwien
Orthof
Gesundheitseinrichtung
754
Klamm 705
Breitenstein 779
Weinzettlhof
Pfefferwand
Falkenstein 1012
Rotes Kreuz 794
Polleres wand 980
592
Aue
Adlitzgraben
Kalte Rinne
Blunzenwirt
Weinzettlwand
Schottwien 569
Semmeringbahn UNESCO Weltkulturerbe
818
Adlitzgraben
20-Schillingblick
Wolfsbergkogel
919
Doppelreiterwarte
Eselstein
Pfarrwald
Baufelsen
961
1004
Roter Berg 1144
Rotleiten
Hst. Wolfsbergkogel 702
Rasthaus Schottwien
Im Himmelreich
Fleischmann-brücke
999
Rotgraben 1084
Haidbachgraben
Meierei
Golfclub Semmering
Maria-Schutz 760
Maria Schutz
Göstritz
814
1021
38
Semmering
Bärensattel
720
Hotel Panhans
1292 Pinkenkogel
Greis
Südhang
Jhtt.
Semmering 950
905
Sonnwendstein 1523
Sporthotel Semmering
Polleres hütte
Alpenhof
Europadorf
Enzianhütte
Gebirgsjäger-Gedächtniskapelle
Erzlhof
Paulbauer
S6
Tunnel Semmering
Myrtengraben
Dürrhof 893
Liechtensteinhaus
Milleniumswarte
Superbob Semmering
Erzkogel 1504
Hirschenkogel 1340
Steinhaus am Semmering 825
Dürrgraben
Dürriegel
Jhtt. 962
1200
1118
0 500m
Erzkogel 1321
Jhtt.
1414 Alpkogel
Peterbauerkogel
Hasental

Tour 38

Panoramatour 38

Bahnwanderweg Semmering

Entlang des UNESCO-Weltkulturerbes

DAUER	4h 30min
LÄNGE	14,2 km
HÖHENMETER	480 hm
SCHWIERIGKEIT	LEICHT
MIT ÖFFIS ERREICHBAR	ja

Das erwartet dich ...

Leichte, aber besonders aussichtsreiche Wanderung für die ganze Familie entlang der einzigartigen Landschaft des Adlitzgrabens und der historischen Trasse der Semmeringbahn. Die Semmeringbahn von Gloggnitz nach Mürzzuschlag wurde 1848 bis 1854 unter der Leitung von Carl Ritter von Ghega errichtet. Über 20.000 Arbeiter schufen unter anderem 15 Tunnels und 16 Viadukte die notwendig sind, um die rund 500 Höhenmeter zu überwinden – eine für diese Zeit einmalige technische Meisterleistung.

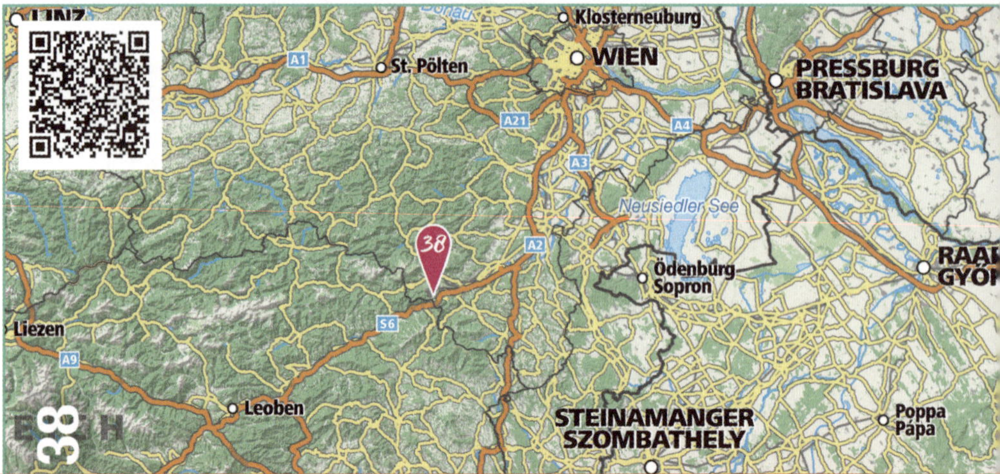

Panoramatour 38

Start & Ziel & Anreise

Ausgangspunkt der Tour ist der Bahnhof Semmering. Auf der S6 die Ausfahrt Maria-Schutz/Semmering nehmen, Parkplätze im Ortszentrum Semmering (von dort sind es ca. 15 Gehminuten zum Ausgangspunkt). Alternativ mit der Bahn RJ 653 von Wien-Meidling oder mit R91 von Mürzzuschlag bzw. Payerbach bis Semmering-Bahnhof. Auch mit dem Bus 343 ist die Anreise von Gloggnitz bis zur Haltestelle „Semmering-Bahnhofsstraße" möglich. Die Tour endet bei der Haltestelle Klamm-Schottwien, Rückfahrt mit der Bahn.

Tourenbeschreibung

Wir besuchen das UNESCO-Welterbe-Infozentrum (von Mai bis Oktober geöffnet), das Ghega-Denkmal und den ausgestellten Triebwagen im Bahnhof Semmering (895 m) und folgen anschließend der gelb-grünen Kennzeichnung des Bahnwanderweges und der roten Markierung. Wir schlendern über Fuß- und Fahrwege in stets leichtem Auf und Ab zur Haltestelle Wolfsbergkogel und weiter zur Doppelreiterwarte (919 m, ¾ Std.). Von hier bietet sich uns ein eindrucksvoller Panoramablick über weite Streckenteile der Bahn mit ihren Tunnels und Viadukten an den Steilhängen des Adlitzgrabens. Von der Warte gelangen wir weiter zum berühmten „20-Schilling-Blick" mit seiner einzigartigen Aussicht auf die Bahnstrecke und die Rax, und wandern auf schön angelegtem Weg durch lichten Nadelwald weiter zu einer Straße, die uns an der ehemaligen Dampfwäscherei für die Hotellerie des Semmeringgebietes (heute Wohnhaus) vorbeiführt. Weiter gehen wir über eine Wiese, unter dem Fleischmann-Viadukt hindurch zu einem kurzen, aber knackig steilen Anstieg im Föhrenwald. Wir bleiben zunächst immer oberhalb der Bahntrasse, bis wir schließlich hinunter in den Adlitzgraben zum netten Gasthof Blunzenwirt (720 m, 3 Std.) absteigen. 200 m danach geht es über die Brücke nach links bergauf nach Breitenstein. Im Ort wandern wir entlang zweier Straßenkehren stetig bergan, halten uns beim Gemeindeamt geradeaus in die Lindenstraße, und folgen ab nun den grünen Markierungen erst durch Wald und dann auf eine aussichtsreiche Wiese. Weiter geht es in mehrfachem Bergauf-Bergab in den Ortsteil Klamm mit seiner kleinen Kirche (705 m, 4 Std.) und dahinter aufragenden Burgruine. In Klamm nun kurz bergauf und danach rechts auf einem schmalen Steig zur Straße, wo wir uns nach links wenden und unter dem Viadukt hindurch in Kürze die Haltestelle Klamm-Schottwien erreichen (699 m, 4 ½ Std.). Unsere Rückfahrt per Bahn zum Bahnhof Semmering bietet – in Fahrtrichtung linksseitig (!) – noch einmal wunderschöne Ausblicke auf die Landschaft (Fahrpläne unter www.oebb.at).

Für alle die gerne der Semmeringbahn noch weiter entlangwandern möchten bietet sich nach Klamm-Schottwien der Weiterweg bis nach Payerbach oder Gloggnitz an (zusätzlich 1 Std. bzw. 1 ½ Std.). Rückfahrt auch von hier jeweils mit der Semmeringbahn zurück zum Ausgangspunkt.

Der „20-Schilling-Blick" mit Semmeringbahn, Adlitzgraben und Pollerswand, im Hintergrund die Rax

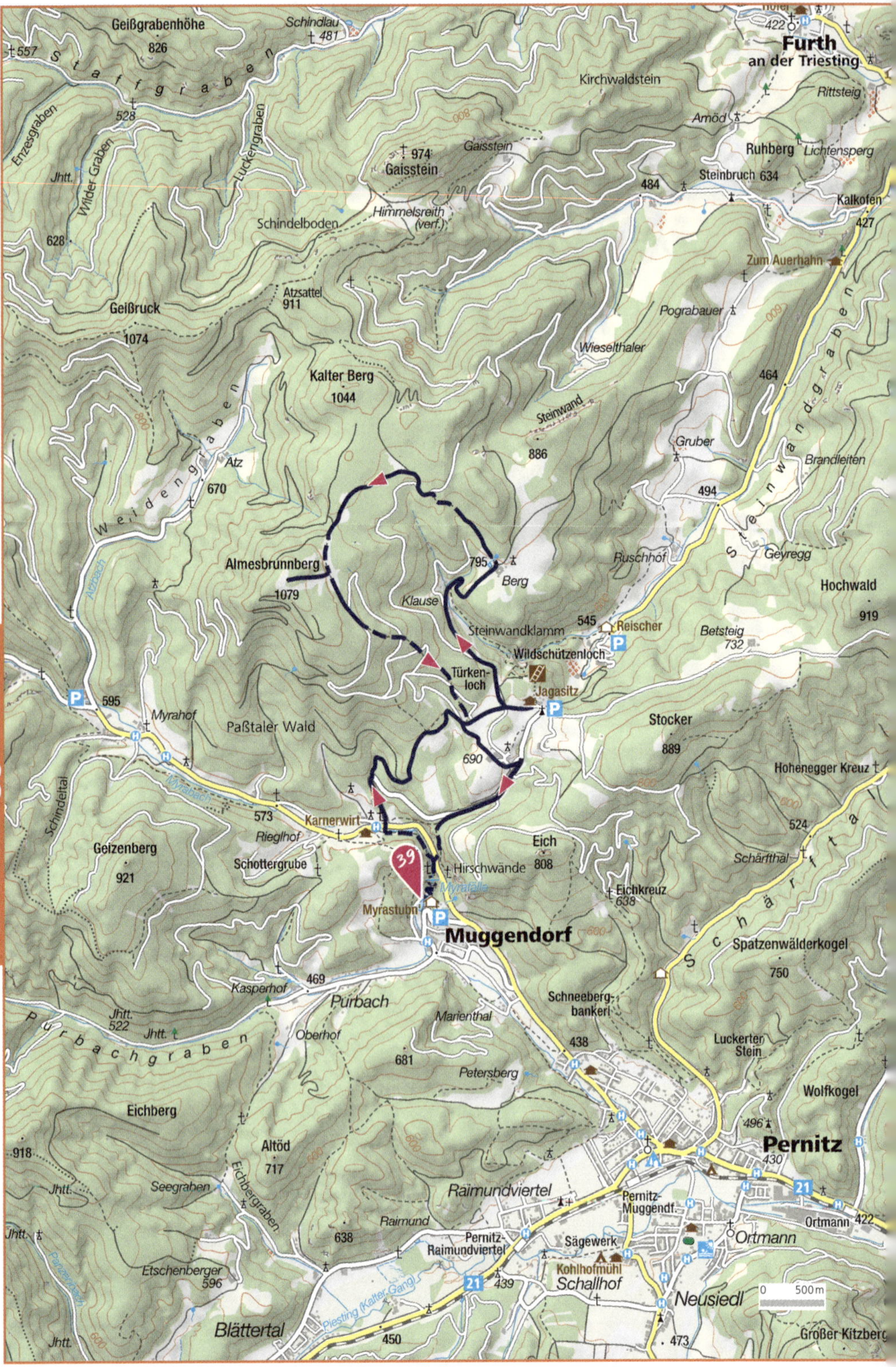

Geißgrabenhöhe
826
Schindlau
481
557
Staffgraben
528
Furth
an der Triesting
Kirchwaldstein
Rittsteig
Amöd
Enzesgraben
Jhtt.
Wilder Graben
Luckengraben
974
Gaisstein
Gaisstein
Ruhberg
Lichtensperg
Steinbruch 634
484
Kalkofen
427
628
Schindelboden
Himmelsreith
(verf.)
Zum Auerhahn
Atzsattel
911
Geißruck
1074
Pograbauer
Wieselthaler
Kalter Berg
1044
464
Weidengraben
Steinwand
886
Gruber
Brandleiten
Atz
670
494
Steinwandgraben
Almesbrunnberg
1079
795
Berg
Ruschhof
Geyregg
Hochwald
919
Klause
545
Reischer
Steinwandklamm
Betsteig
732
Wildschützenloch
Türken-
loch
Jagasitz
595
Myrahof
Paßtaler Wald
Stocker
889
690
Hohenegger Kreuz
Myrabach
Schindeltal
573
Karnerwirt
Rieglhof
524
Schärftal
Geizenberg
921
Schottergrube
Eich
808
Schärftthal
Hirschwände
Myrafälle
39
Eichkreuz
638
Myrastubn
Muggendorf
Spatzenwälderkogel
750
Kasperhof
469
Purbach
Jhtt.
522
Jhtt.
Purbachgraben
Oberhof
Marienthal
Schneeberg-
bankerl
438
Luckerter
Stein
681
Petersberg
Wolfkogel
Eichberg
496
Pernitz
430
918
Altöd
717
Eichberggraben
Jhtt.
Seegraben
Raimundviertel
21
Pernitz-
Muggendt.
Ortmann
422
Jhtt.
Raimund
Ortmann
638
Pernitz-
Raimundviertel
Sägewerk
Kohlhofmühl
Etschenberger
596
Schallhof
21
439
Neusiedl
0
500m
Piesting (Kalter Gang)
Blättertal
Jhtt.
450
473
Großer Kitzberg

Wasserfalltour 39

Almesbrunnberg

Myrafälle und der „schönste" Schneebergblick

DAUER	3h 45min
LÄNGE	12,5 km
HÖHENMETER	660 hm
SCHWIERIGKEIT	MITTEL
MIT ÖFFIS ERREICHBAR	ja

Das erwartet dich ...

Eine äußerst abwechslungsreiche Wanderung durch unterschiedliche Landschaften in den Gutensteiner Alpen. Vorbei an Obstwiesen und Wälder und Weiden durchwandernd bieten sich unterwegs schöne Ausblicke. Besonders das Panorama von einer Wiese unterhalb des Gipfels auf den Schneeberg ist beeindruckend. Die Tour verläuft auf guten Wegen, entlang der Myrafälle kann es auf Stegen und Felsen bei Nässe rutschig werden.

Wasserfalltour 39

Start & Ziel & Anreise

Die Tour startet in Muggendorf im Bezirk Wiener Neustadt-Land in Niederösterreich. Anfahrt auf der B 21 bis Pernitz, dann der Beschilderung Richtung Myrafälle/Muggendorf folgen. Parkmöglichkeiten beim Eingang zu den Myrafällen. Alternativ mit der Bahn R97/REX97 von Wiener Neustadt bis Pernitz, von dort mit Bus 332 bis zur Haltestelle „Muggendorf-Myrafälle".

Tourenbeschreibung

Gleich zu Beginn unserer Wanderung bei der Myra-Stubn (470 m) bieten die Myrafälle einen fulminanten Auftakt – das Wasser des Myrabachs stürzt in zahllosen Stufen und Wasserfällen zu Tal – ein echtes Naturschauspiel!

Über zahlreiche Stege und Stufen erklimmt man den gemächlichen Oberlauf des Myrabachs und an einem großen Fischteich vorbei gelangt man bald zum Gasthof Karnerwirt (570 m, ½ Std.). Wir folgen nun ein kurzes Stück der Straße zum Gasthaus Jagasitz, verlassen diese aber in der ersten Kehre und wandern über Wald und Wiesen zum Gasthaus Jagasitz (710 m, 1 ¼ Std.) mit seiner gemütlichen Stube und sonnigen Terrasse. Nach der Rast überqueren wir die Wiese vor dem Gasthaus und wenden uns einem Fahrweg zu, der uns über die verlassenen Häuser der Rotte Klause hinauf zum Weiler Berg bringt, der wunderschön am Rande einer großen Wiese liegt. Hier können wir in Ruhe den – laut Insidern

– schönsten Schneebergblick genießen! Weiter wenden wir uns links und wandern einen Karrenweg durch dichten Wald bis zu einer Forststraße. Dieser folgen wir nach links etwa 60 m, um sie dort gleich wieder auf einem Karrenweg nach rechts zu verlassen. Auf diesem Weg beschreiben wir einen weiten Linksbogen, bis wir auf eine Abzweigung stoßen. Hier geradeaus bis zu einem kleinen Sattel mit einem schönen Blick auf die Umgebung und am höchsten Punkt der Forststraße angelangt nach rechts durch lichten Wald „direttissima" über Steigspuren zum Gipfel des Almesbrunnbergs (1079 m, 2 Std.). Beim Abstieg folgen wir unseren Spuren bis zum Karrenweg zurück und wandern diesen nun bergab, bis wir wieder zur Wiese vor dem Gasthaus Jagasitz (2 ¾ Std.) gelangen. Weiter führt uns ein Fahrweg geradeaus über die Wiese vorbei am ehemaligen Touristenheim Almesbrunnberg zu der zum Gasthaus Jagasitz führenden Straße. Auf dieser geht es ein kurzes Stück bergab und danach unter den Hirschwänden vorbei die Landesstraße querend zurück zu einem Steg über den Myrabach knapp oberhalb der Fälle.

Der letzte Abschnitt unserer Wanderung führt uns über die Myrafälle wieder talwärts zurück bis zu deren Eingang. Als Ausklang erwartet uns nun das wunderschön an einem Teich gelegene Gasthaus Myra-Stubn, das sich im stilvoll adaptierten ehemaligen Turbinenhaus des Kraftwerkes Myrafälle befindet.

Über Stege wandern wir entlang der Myrafälle

Windpassing
342
Pitzelsberg
415
Mühlgang
304
301
Neumühle
St. Georgen
am Steinfelde
Atzling
Unendkreuz
Eggendorf
392
Traisen
Probstwald
Ochsenburg
336
Steinfeld
Schottergrube
408
Dörfl
Hummelberg
bei Hinterholz
356
360
312
Ganzendorf
Poppenberg
Leithen
Hinterholz
Fabrik
Buchberg
552
Gittelhof
20
312
365
Reith
Raffelsberg
Grabenbauer
Gesselhof
Viereckhof
Sportplatz
320
Krempelhof
Grünbauer
Tyom
608
Draxelhof
592
Reitbauer
Gölsenhof
Engelbauer
Rudolfshöhe
In der Oed
Ochsenburger Hütte
594
422
WILHELMSBURG
Eckenbauer
(321)
Wolfsberg
Izerhof
Wolfshütten
Köpelberg
40
Dingelberg
Geisriegel
Rohrhof
524
Haferberg
Kreisbach
448
614
Dörnach
443
Trumberg
Grillenberg
Schloss Kreisbach
350
400
386
Bramberg
326
Kögelhof
Kreisbach
Rametsberg
Dolln
Habereg
Luech
Stoiberlehen
Katzelhofer Höhe
693
Hohentann
375
Hechererb
673
Steinkellner
Holz
529
Am Waldreich
Sulzhof
Felberer
644
Münichwald
Waldbauern
Wiesbauer
465
598
Brandstätter
Angerbauer
Grunberger
Hinterwallner
Am Gugerl
Mayerhof
Zehethofer Höhe
608
Zehethof
Stadelböck
Großriegler
Kleinriegler
Stockerhütte
(derz. nicht bewirtschaftet)
Hst.Rotheau-Eschenau
Schwarzengruberhöhe
734
Schwarzenbach
an der Gölsen
399
Stocker
Steinköllner
Großödbauer
640
637
577
Steinbruch
Hohenöd
Ecker
Steinwandleiten
Schwarzenbach
Maret
Gut Sonnhof
Bhf.Traisen
Bacher
Traisen
410
Hinterleitner Kogel
Wies
Kalkmühle
559
0 500 m
346
400
541
Auf der Öd
Gölsen

Tour 40

Panoramatour 40

Wilhelmsburger Runde

Aussichtsreiche Tour im Alpenvorland

DAUER	4h
LÄNGE	15,5 km
HÖHENMETER	440 hm
SCHWIERIGKEIT	MITTEL
MIT ÖFFIS ERREICHBAR	ja

Das erwartet dich ...

Eine abwechslungsreiche, teils auch aussichtsreiche Rundwanderung auf gut erhaltenen Forst- und Güterwegen für alle Jahreszeiten, die ein gewisses Maß an Ausdauer erfordert. Der Wilhelmsburger Rundwanderweg wurde von den Naturfreunden angelegt und umfasst eine Gesamtstreckenlänge von circa 38 km – die hier beschriebene Tour umfasst nicht den gesamten Rundwanderweg, sondern nur den Großteil des besonders attraktiven östlich des Traisentals gelegenen Abschnitt.

Panoramatour 40

Start & Ziel & Anreise

Ausgangspunkt ist der Bahnhof Kreisbach bei Wilhelmsburg. Auf der B20 in Wilhelmsburg der Beschilderung Richtung Kreisbach folgen, Parkmöglichkeiten im Ortszentrum. Anreise mit dem Regionalzug R55 (von St. Pölten bzw. Schrambach) oder R54 (von St. Pölten bzw. Hainfeld) bis zur Haltestelle „Kreisbach-Bahnhof". Alternativ mit Bus 690 (von St. Pölten bzw.Türnitz) bis zur Haltestelle „Wilhelmsburg-Abzw. Kreisbach" und zu Fuß über den Fluss Traisen zum Ausgangspunkt beim Bahnhof Kreisbach.

Tourenbeschreibung

Wir beginnen unsere Rundtour beim Bahnhof Kreisbach (330 m). Hier weist uns ein Wegweiser durch den Ortsteil Dingelberg gleichmäßig bergauf. Nach den letzten Häusern geht es zunächst über Wiesen, dann durch Wald und weiter auf einen aussichtreichen Rücken mit einem kleinen Salettl, von wo wir einerseits den Blick nach Norden Richtung St. Pölten richten, andererseits aber auch schon den Großteil unseres Weiterweges auf den Höhen rund um das Kreisbachtal gut erkennen können. Kurz darauf haben wir unser erstes Ziel, die engagiert geführte Ochsenburger Hütte, erreicht (590 m, 1 Std.). Der Großteil unseres heutigen Aufstieges liegt somit hinter uns und so können wir getrost in die meist gut besuchte Hütte oder auf deren Terrasse mit herrlichem Blick Richtung Voralpen und Ötscher einkehren.

Am Weiterweg folgen wir dem Bergrücken der Rudolfshöhe teils durch den Wald, teils dem Waldrand entlang bis zu einer Wegkreuzung nach einem Marterl. Hier wenden wir uns rechts Richtung Haberegg und erreichen kurz darauf das Gehöft In der Oed und weiter über Wiesen den Izerhof.

Als Alternative können wir von der Ochsenburger Hütte ein kurzes Stück des Anstiegsweges zurückgehen und bei der ersten Wegkreuzung auf der Wiese unterhalb der Hütte scharf nach links abbiegen. Wir kommen dann auf den unterhalb der Rudolfshöhe entlangführenden Fahrweg und stets zu Ötscher und Voralpen aussichtreich bis zum Gehöft In der Oed. Von dort geht es den Richtungspfeilen folgend zum nahen Wald und in einem längeren Steigungsstück bergan zum Gehöft Haberegg (670 m, 2 ½ Std.). Direkt danach wenden wir uns nach rechts und wandern in fast unmerklichem Bergauf-Bergab über Wiesen und mehrmals kurze Waldstücke querend bis wir rund eine halbe Stunde später, nachdem wir die Wiese unterhalb der Katzeldorfer Höhe gequert haben, direkt auf ein stattliches Gehöft zuhalten. Direkt davor wenden wir uns entlang des Fahrweges nach rechts bergab und folgen diesem Fahrweg und der roten Markierung stets angenehm leicht bergab ins Kreistal. Nach der Brücke über den Bach folgen wir der Straße nach links talauswärts und erreichen nach rund 500 m Schloss Kreisbach samt der für ihre Hausmannskost weithin geschätzten Schlosstaverne (720 m, 3 ¾ Std.). Stets der Markierung weiter talaus folgend erreichen wir nach weiteren 20 Minuten mühelos die Haltestelle Kreisbach, unseren Ausgangspunkt.

Autoren Tipp

Das Wilhelmsburger Geschirrmuseum beleuchtet einen Teil Österreichischer Industriegeschichte. Auf über 700 m² Ausstellungsfläche können Porzellanfans das berühmte Lilienporzellan und Objekte aus dem Wilhelmsburger Steingut inmitten der einstigen Fabriksräumlichkeiten bestaunen, sich über die Geschichte des Geschirrs schlau machen und sich über die Keramikbranchen informieren. Ein Besuch des Museums lässt sich ideal mit der Wilhelmsburger Rundwanderung kombinieren!

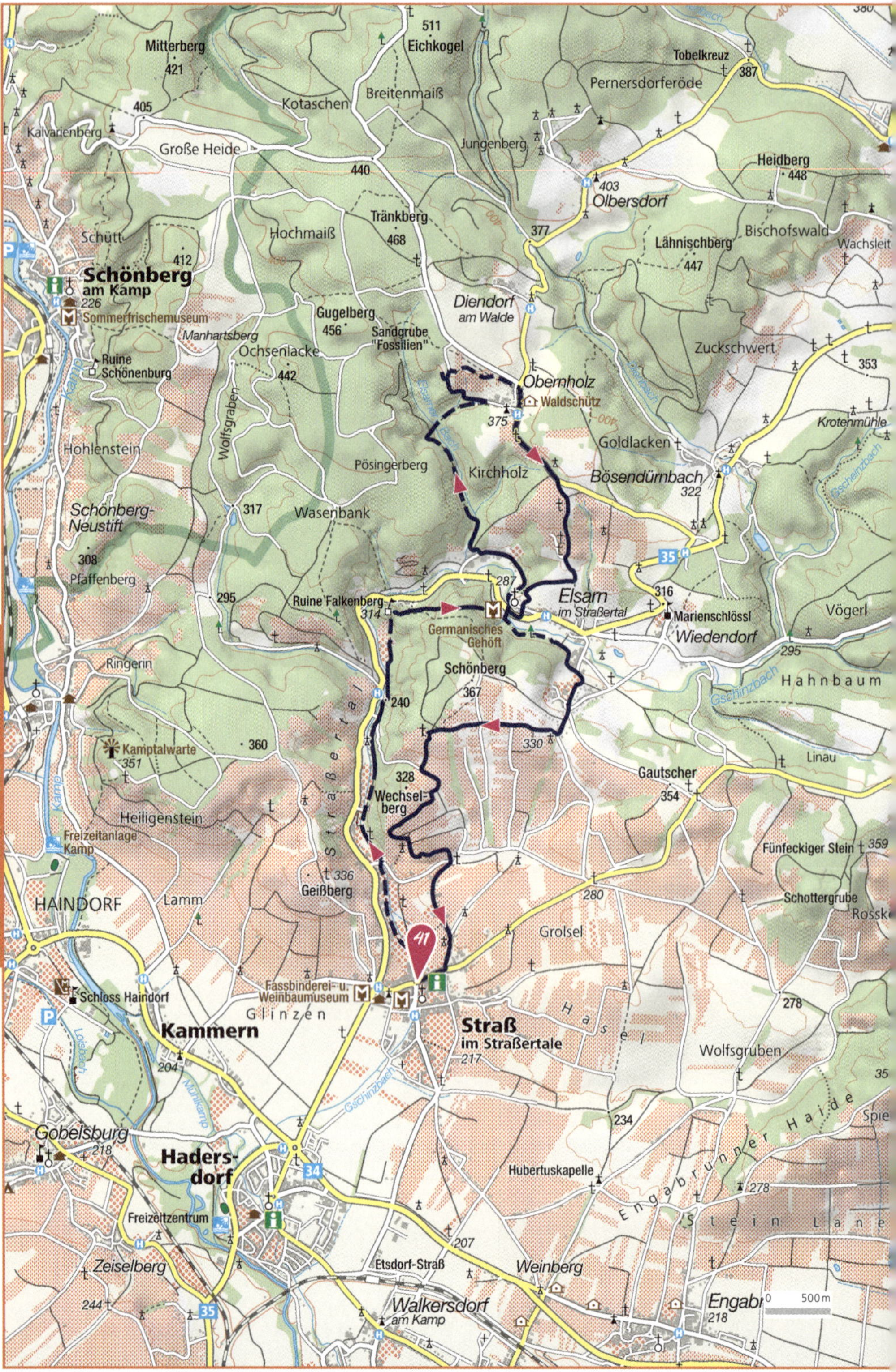
511
Eichkogel
Mitterberg
421
405
Kotaschen
Breitenmaiß
Tobelkreuz
387
Pernersdorferöde
Kalvarienberg
Große Heide
Jungenberg
440
Heidberg
448
403
Olbersdorf
Tränkberg
468
377
Schütt
Hochmaiß
Lähnischberg
447
Bischofswald
Wachsleit
412
Schönberg
am Kamp
226
Sommerfrischemuseum
Diendorf
am Walde
Gugelberg
456
Sandgrube
"Fossilien"
Manhartsberg
Ochsenlacke
442
Zuckschwert
353
Ruine
Schönenburg
Obernholz
Waldschütz
375
Krotenmühle
Goldlacken
Hohlenstein
Wolfsgraben
Pösingerberg
Kirchholz
Bösendürnbach
322
Schönberg-
Neustift
317
Wasenbank
308
Pfaffenberg
295
35
287
Elsarn
im Straßertal
316
Ruine Falkenberg
314
Marienschlössl
Wiedendorf
Vögerl
Germanisches
Gehöft
295
Ringerin
Schönberg
367
Hahnbaum
240
Gschinzbach
330
Kamptalwarte
351
360
Linau
328
Wechsel-
berg
Gautscher
354
Heiligenstein
Straßertal
Freizeitanlage
Kamp
Fünfeckiger Stein
359
336
Geißberg
HAINDORF
Lamm
280
Schottergrube
Rossk
Grolsel
41
Schloss Haindorf
Fassbinderei- u.
Weinbaumuseum
Glinzen
Hasel
278
Kammern
204
Straß
im Straßertale
217
Wolfsgruben
35
Gschinzbach
234
Spie
Gobelsburg
218
Haders-
dorf
34
Engabrunner Haide
Hubertuskapelle
278
Stein
Lane
Freizeitzentrum
207
Zeiselberg
Etsdorf-Straß
Weinberg
244
35
Walkersdorf
am Kamp
Engab
218
0
500 m

Tour 41

41 Kulturtour

Straßertal

Eine Zeitreise im Weinviertel

DAUER	4h
LÄNGE	15,5 km
HÖHENMETER	420 hm
SCHWIERIGKEIT	LEICHT
MIT ÖFFIS ERREICHBAR	ja

Das erwartet dich ...

Eine nette Runde auf guten Güterwegen und Forststraßen, zunächst durch das Straßertal, dann durch Wälder, verschlafene Ortschaften und ausgedehnte Weinrieden. Keine großartigen Steigungen, nur der Aufstieg zur Ruine Falkenberg ist auf einem schmalen Waldweg etwas steiler. Eine geschichtlich interessante Wanderung, auf der sowohl Fossilien als auch eine Ruine bestaunt werden können.

Kulturtour 41

Start & Ziel & Anreise

Die Tour startet am Marktplatz von Straß im Straßertale, Anreise über die B 35, dann der Beschilderung Richtung Ortsmitte folgen. Parkmöglichkeiten rund um den Marktplatz bei der Kirche. Alternativ mit Bus 703 von Krems an der Donau bzw. Diendorf am Walde bis zur Haltestelle „Straß im Straßertale-Marktplatz".

Tourenbeschreibung

An der Nordseite des Marktplatzes von Straß (217 m) führt uns zwischen Weingut Heindl und dem Gschinzbach der Kirchensteig direkt entlang des Bachs aus dem Ort hinaus. Wir wandern kaum ansteigend den „Ruinen-Rundwanderweg" durch das Straßertal dem Gschinzbach folgend entlang und erreichen eine kleine Siedlung am Fuße des Burgfelsens der Ruine Falkenberg. Steil über einen schmalen Fußweg erreichen wir die Ruine (314 m, ¾ Std.), nur die spärlichen Mauerreste eines spätromanischen Burgfrieds und ein Burgtor zeugen noch von der einstigen Wehrhaftigkeit der Burg. Ein kurzes Wegstück folgt der Abstieg dem Anstieg, doch an der nächsten Weggabelung wenden wir uns nach links und gelangen durch lichten Föhrenwald zu einem Rastplatz am Ende einer Forststraße. Auf dieser und der Wegtafel „Zum Germanischen Gehöft" folgend gelangen wir nach Elsarn, folgen der Landesstraße 100 m nach rechts und gelangen zum Freilichtmuseum Germanisches Gehöft. Hier erhalten wir Einblicke in das Leben der bäuerlichen Bevölkerung des 2. und 3. Jahrhunderts. Nach unserem Museumsbesuch folgen wir der Landesstraße wieder zurück und zweigen vor der Brücke nach rechts in die mit Trautbach bezeichnete Straße ab, folgen dieser bis auf der linken Straßenseite eine große Halle mit auffallend rotem Blechdach steht und zweigen wenige Schritte danach in den Waldweg nach rechts ab (nicht beschildert). Durch Wald entlang dem Elsarner Bach und stets leicht bergauf folgen wir an einer Gabelung dem Weg nach rechts und erreichen in einer lang gezogenen Rechtskurve das Ende der Hauptstraße von Obernholz. Hier wenden wir uns dann in einem spitzen Winkel nach links und folgen dem Fahrweg zwischen Wald und Weingärten weiter bergan bis zur Abzweigung zur Sandgrube von Obernholz (400 m, 2 Std.). Der Abstecher zur Sandgrube lohnt sich, hier entdeckt man Muschelabdrücke und andere Fossilien, die am Grunde des einstigen Eggenburger Meeres vor Jahrmillionen abgelagert wurden. Nach dem kurzen Abstecher treten wir aus dem Wald hinaus und folgen dem auf Höhe eines Hochstandes beginnenden Weg durch die Weingärten von Obernholz, diese idyllische Ortschaft immer im Blickfeld. Ein kurzes Stück gehen wir auf der kaum befahrenen Straße und dann gleich nach rechts in die Kellergasse samt Fossilienschauraum, bevor wir – sofern „ausg'steckt" ist – bei dem in der ganzen Region bekannten Heurigen Waldschütz einkehren. Nach der Kellergasse rechts, etwa 500 m entlang der Straße Richtung Bösendürnbach und zuletzt durch ein kurzes Waldstück mit einem Marterl an der linken Straßenseite. Rund 150 m nach dem Marterl gelangen wir zur Abzweigung eines Fahrweges (als Radroute nach Straß beschildert), dem wir rechts teils steil bergab durch Weingärten folgen. Vorbei an einem Rastplatz folgen wir der Straße noch circa 200 m bergab, um dann nach rechts auf einem nicht asphaltierten Feldweg Elsarn zu umgehen. Auf einer kleinen Anhöhe am Ortsrand stoßen wir auf die Kirche von Elsarn (287 m, 2 ¾ Std.), erreichen auf einem Weg durch Häuser hindurch wieder das Freilichtmuseum.

Nun wenden wir uns auf der Landesstraße dem Ortsausgang zu und zweigen nach etwa 100 m bei der Brücke links auf einen schmalen Fußweg ab, der zwischen Hausgärten und Wald Elsarn im Süden umgeht und in die Weinbergstraße mündet. Dieser folgen wir etwa 500 m bergauf, bis wir am Ortsende von Elsarn (330 m, 3 Std.)) bei einem Wegkreuz nach rechts in einen Weg zwischen Weingärten einbiegen. Nun geht es mit herrlichem Ausblick auf Straß, das Donautal, Tullner Feld und die Voralpen durch Reben soweit das Auge reicht. Stets folgen wir hier wieder dem als „Ruinen-Rundwanderweg" ausgeschilderten Fahrweg durch die Rieden des Weinbauortes Straß und gelangen über die Placher Kellergasse und die Weinviertelstraße zurück auf den Marktplatz von Straß.

Weidlingau
251
Hadersdorf
HADERSDORF
Wolfersberg
322
Unter Purkersdorf
Stadt des Kindes
Auhof Center
226
9 Wien-Auhof
Silbersee
Dehne-park
WEIDLINGAU
Mühlberg
Raststation Auhof
Wien
218
HÜTTELDORF
A1
Pulverstampftor
286
1
Nikolaitor
Allianz Stadion Hütteldorf
Rudolfshöhe
475
Bischofstadl
Auhof
Rotwasser
246
HACKING
Gelber Berg
305
250
Deutschordenswald
OBER ST. VEIT
Glasgraben
Johannserkogel
377
Hackenberg
406
Adolfstor
Schallautzergraben
Grünauer Bach
234
Lainzer Tunnel
Glasgrabenwiese
Naturschutzgebiet
Laurenzerwald
Hüttgrabenstadl
288
Wiener Blick
434
Zur Wildsau
Roter B
269
Dollwiese
377
Brandberg
Glasgraben
400
Lindwurm
321
230
Schottenwald
Rohrhaus
404
St. Veiter Tor
518
Lainzer
Katzengraben
Hörndlwald
Seilergraben
Hornauskogel
Franz von Assisi Denkmal
303
Hirschgstemm
407
Hubertuswarte
Vogelschutzpark
Hermesvilla
42
Friedensstadt
Dreihufeisenberg
508
Vösendorfer Graben
292
Dachsgeschleif
Kaltbründlberg
Lainzer Tor
Altes Dianator
390
Teichhaus
Lainzer Bach
Römische Villa
400
Kaltbründlwiese
276
Laaber Tor
Mittlerer Eichberg
Diebsgraben
Bärenberg
368
Tiergarten
400
326
327
Maurer Wald
Laab im Walde
Kaiserzipf
Kleiner Eichberg
332
Faßlberg
Gütenbachtor
290
Vorderer Kaufberg
Zur Schießstätte
363
327
422
2. Wr. Hochquellenleitung
Drasche-Eiche
MAUER
Laaber Bach
274
Antonshöhe
Tirolerhütte
Wotruba Kirche
293
Hinterer Kaufberg
Eichwiese
Pappelteich
13
Krischke
321
330
In der Klause
Frankental
Gütenbach
Kalksburger Grat
341
261
Eigenheim-siedlung
Dorotheerwald
KALKSBURG
276
267
13
Roter Stadl
Grüner Baum
Ostende
RODAUN
322
Leopoldsdorfer Wald
Götterplätte
Zugberg
266
Breitenfurt-Ost
Wiener-Bürgerspitalswald
Neumühle
Mizzi-Langer-Wand
295
267
Pölleritzwiese
Lütter-Wand
1. Wiener Hochquellen-leitung
Wiener Hütte
Eichkogel
Bierhäuslberg
13
Wambacherwiese
428
488
Rablhütte
0 500m
335
Wiener Graben
Kammerstein
Rotes Kreuz
Gernberg
Merkurhöhle
Franz-Ferdinand-Hütte
532
Drexler-Leeb
410
Sonnberg

Panoramatour 42

Lainzer Tiergarten

Mit Fernblicken auf die Pirsch

DAUER	3h
LÄNGE	12 km
HÖHENMETER	340 hm
SCHWIERIGKEIT	MITTEL
MIT ÖFFIS ERREICHBAR	ja

Das erwartet dich ...

Diese Wanderung führt über bequeme Waldstraßen und Wege. Ein Naturlehrpfad sowie eine Aussichtswarte gestalten die Tour recht abwechslungsreich. In zwei schönen Gasthäusern kann zwischendurch eine Pause eingelegt werden, um die schönen Eindrücke wirken zu lassen. Es gibt einige Spielplätze und große Wiesen, doch nur die Lagerwiesen dürfen betreten werden. Wir bewegen uns durch Naturschutzgebiet, da gilt natürlich im gesamten Park Hunde- und Fahrradverbot.

Panoramatour 42

Start & Ziel & Anreise

Ausgangspunkt ist das Lainzer Tor. Anfahrt über Wien-Hietzing und dann über die Hermesstraße Richtung Lainzer Tiergarten. Kleiner, gebührenpflichtiger Parkplatz beim Lainzer Tor. Alternativ mit der Straßenbahnlinie 62 Richtung Lainz/Wolkersbergenstraße bis zur Haltestelle „Speising/Hermesstraße", von dort weiter mit dem Bus Nr. 56B zum Lainzer Tor.

Tourenbeschreibung

Das Lainzer Tor ist der Ausgangspunkt unserer Wanderung. Wir folgen dem Teerweg nach rechts – alternativ können wir jedoch auch dem Naturlehrpfad Richtung Hermesvilla folgen; Er führt parallel zum Teerweglein. Die Hermesvilla war ursprünglich als Jagdhaus gedacht. Kaiser Franz Joseph schenkte die Villa – die eher wie ein Schloss anmutet – seiner Frau Sisi mit dem Hintergedanken, seine reiselustige Frau in Wien halten zu können. Heute finden hier Ausstellungen des Wien Museums Hermesvilla statt.

Unser Weiterweg führt uns nun entweder über eine Schotterstraße, die wir gemütlich und ohne größere Schwierigkeiten entlangwandern können, oder alternativ führt ein steilerer Waldweg entlang des Katzengrabens hinauf. Wie auch immer wir uns entscheiden, letztendlich erreichen wir doch über beide Wege das Gasthaus Rohrhaus auf der gleichnamigen Wiese. Gerade auf den Wiesen oder am Waldrand kann es schon einmal passieren, dass uns das eine oder andere Wild über den Weg läuft. Das oberste Gebot ist dann stets Abstand zu halten – besonders zu den Wildschweinen. Nach einer kurzen Rast machen wir uns auf den Weg zum höchsten Punkt des Tiergartens, dem Kaltbründlberg und der Hubertuswarte. Bevor man einen herrlichen Ausblick auf das gesamte Tierparkareal genießen kann, muss man die 122 Stufen des steinernen Turmes bewältigen. An klaren Tagen reicht die Sicht über den angrenzenden Wienerwald hinaus bis zum westlichen Wien.

Unser nächstes Ziel ist das Gasthaus Hirschgstemm mit seiner weitum bekannten Wildkarte; doch das ist nicht verwunderlich, wenn man von Dam- und Schwarzwild umgeben ist. Hier erwarten uns ein freundlicher Gastgarten und ein großer Abenteuerspielplatz für das jüngere Publikum. Für den Abstieg wandern wir zunächst zur Dianawiese. Hier halten wir uns links Richtung Gütenbachtor. Über den Südhang des Kaltbründlbergs geht es schließlich auf angenehmen Wegen leicht hinab zum Lainzer Tor. Im nahe gelegenen Wildgehege und am Teich können allerlei Wildarten und Wasservögel beobachtet werden. Am Lainzer Tor selbst gibt es auch ein Besucherzentrum, das Exkursionen und Führungen zu verschiedenen Themen anbietet.

Diese Wanderung kann auch ohne Schwierigkeiten beim Gütenbachtor oder beim Laaber Tor begonnen werden. Aber auch in umgekehrter Richtung bietet sie sich an, da die Rundwanderung dann mit einem Besuch in der Hermesvilla beendet werden kann.

Autoren Tipp

Die wechselnden Ausstellungen in der Hermesvilla handeln meist von kulturgeschichtlichen Themen, aber auch ohne Ausstellung kann das opulente Gebäude besichtigt werden. Dabei kann man die Privatgemächer des Kaisers und der Kaiserin bewundern. Hans Makart und Gustav Klimt haben die Räumlichkeiten hier mit ihren Malereien verschönert. Auch interessant zu sehen sind ein enormes Prunkbett aus dem 18. Jahrhundert sowie das Turnzimmer der Kaiserin. Ein Café-Restaurant bietet Gaumenfreuden in kaiserlichem Ambiente.

43

MANNERSDORF
am Leithagebirge
212
Sommerein
197
Hof
am Leithaberge
215
Schmelchen
Weißes Kreuz
176
174
205
206
202
Grünen Baum
Maria Biljan-Bi
Kunsthalle
Wohlmutten
Tongrube
187
Sandbreiten
183
15
Oberes Dammfeld
226
215
Wenzelberg
Hubertuskapelle
Schwarzes Bründl
352
Hausfeld
Jägerhof
Rattenbachberg
240
Donatikapelle
Freizeitpark
Steinmetzmuseum
188
Kalksteinbruch
Mitterberg
397
Hausfelder am Arbach
Maria Theresien Obelisk
Hochfilzerhütte
Scheiterberg
350
Schweingraben
Arbach
BAXA Kalkofen- u. Steinabbaumuseum
Kalksteinbruch
273
Eichberg
Antonikreuz
192
392
Kaiserallee
43
314
Arbachmühle
Naturpark
Feld gegen Mannersdorf
Fuchsbründl
Grüner Stand
196
Kaltes Bründl
Kloster St. Anna in der Wüste
386
Rundhütte
Großer Berg
Mauerbach
224
Mannersdorf-Wüste
Scharfeneck
349
Eremitage
393
Schinderboden
Sieben-Linden-Kreuz
418
393
Haus des Pferdes
Thurmhof
Spitzberg
348
Großer Ochsenstand
Kaiserallee
400
254
Pfaffenberg
Wasserberg
Sachberg
Grünwald
Binderkreuz
380
Hotter
409
Grüner Graben
Growischerberg
Grünwaldberg
Kaisereiche
Franz-Joseph-Warte
443
Suchentrunkkreuz
Großer Berg
375
Breitleiten
Waldäckergraben
393
313
Pestkreuz
Hofer-Hotter-Graben
402
Sophiengraben
Hotterberg
333
Burgstall
325
Heiderberg
Mitterberg
359
Weiberberg
384
Teufelsgraben
Himmelreich
0
500 m
Goldberg
317
Gemeindewald

Kaisereiche

Unterwegs im Naturpark DIE WÜSTE Mannersdorf

DAUER	4h 30min
LÄNGE	17 km
HÖHENMETER	300 hm
SCHWIERIGKEIT	LEICHT
MIT ÖFFIS ERREICHBAR	ja

Das erwartet dich ...

Eine gemütliche Wanderung durch teils dichten Wald ohne besondere Schwierigkeiten. Das Leithagebirge wird aufgrund seiner geringen Höhe oft links liegen gelassen, doch diese Tour bietet neben schönen Aussichtspunkten auch kulturelle Highlights. So dient die Kirche des Klosters St. Anna als Raum für temporäre Ausstellungen. Auch der Baxa-Kalkofen lockt mit einer Dauerausstellung im Kalkofen- und Steinabbaumuseum (Mai–Juni und Sept.–Okt. an Sonn- und Feiertagen von 14–17 Uhr geöffnet).

Panoramatour 43

Start & Ziel & Anreise

Die Tour startet beim Restaurant Arbachmühle unweit von Mannersdorf am Leithagebirge. Anfahrt über die B 15, das Restaurant befindet sich direkt an der Bundesstraße am südwestlichen Ende von Mannersdorf. Parkmöglichkeiten ebendort. Alternativ mit Bus 277 von Eisenstadt bzw. Bruck an der Leitha bis zur Haltestelle „Mannersdorf/Arbachmühle".

Tourenbeschreibung

Am Parkplatz hinter dem Restaurant Arbachmühle (210 m) weisen uns Schilder in den Naturpark Mannersdorf-Wüste und zum ehemaligen Karmeliterkloster St. Anna in der Wüste. Durch einen Torbogen betreten wir das Klosterareal und erreichen kurz danach durch eine schöne Allee das Kloster. Weiter führt uns der Weg am Fischteich und den Resten einer Eremitage vorbei zu der das gesamte Kloster- und Naturparkareal umgebenden Mauer. Nach der Klostermauer wenden wir uns auf einen Abstecher nach links und erreichen die mächtigen Mauern der Ruine Scharfeneck (349 m, ½ Std.). Hier tut sich ein schöner Blick über das Wiener Becken auf, allerdings gilt „Betreten verboten!" – es ist tatsächlich nicht ungefährlich. Der Weg führt uns entlang der Klostermauer wieder zurück und dann weiter neben dieser her bis zu einer Abzweigung an deren Ende. Hier halten wir uns links, unserem nächsten Ziel zu – der Franz-Joseph-Warte auf der Kaisereiche.

Der Weg führt uns leicht ansteigend durch dichten Buchenwald zu einem der markantesten Aussichtspunkte des Leithagebirges. Von der Franz-Joseph-Warte (443 m, 1 ¼ Std.) aus sieht man im Osten den Neusiedler See mit den umgebenden Weinbaugebiet und dem Schilfgürtel sowie die Weiten der Ungarischen Tiefebene; im Westen den Alpenostrand vom Schneeberg bis zum Wienerwald.

Für den Abstieg folgen wir in dichtem Buchenwald dem Burgenland-Weitwanderweg Richtung Hotter. An der dortigen Abzweigung weist uns ein Schild „Loipe" den richtigen Weg zum Sieben-Linden-Kreuz. Hier wenden wir uns scharf nach rechts und gelangen am Kalten Bründl vorbei zur Hochfilzerhütte (280 m, 3 ¼ Std.) am Fuße des Scheiterbergs. Über einen Fahrweg gelangen wir in Kürze nach Mannersdorf. Der Weg durch das Ortsgebiet führt uns entlang der Oberen Hochleiten, der Tattendorfgasse und Waldgasse. Am Ende der Waldgasse (Wegweiser Kalkofen Baxa) führt uns ein Fußweg, der in eine Forststraße mündet, zu den Steinbrüchen des Mannersdorfer Zementwerkes.

Wer möchte, kann einen kurzen Abstecher zum Industriedenkmal Baxa-Kalkofen unternehmen (vor dem ersten Steinbruch rechts bergab, Hin-/Rückweg etwa 20 Minuten). An den Steinbrüchen vorbei gelangen wir wieder in den Naturpark, wo wir bald die Straße zum Kloster St. Anna erreichen. Hier wenden wir uns nach rechts und gelangen wieder zum Ausgangspunkt.

Burgruine Scharfeneck

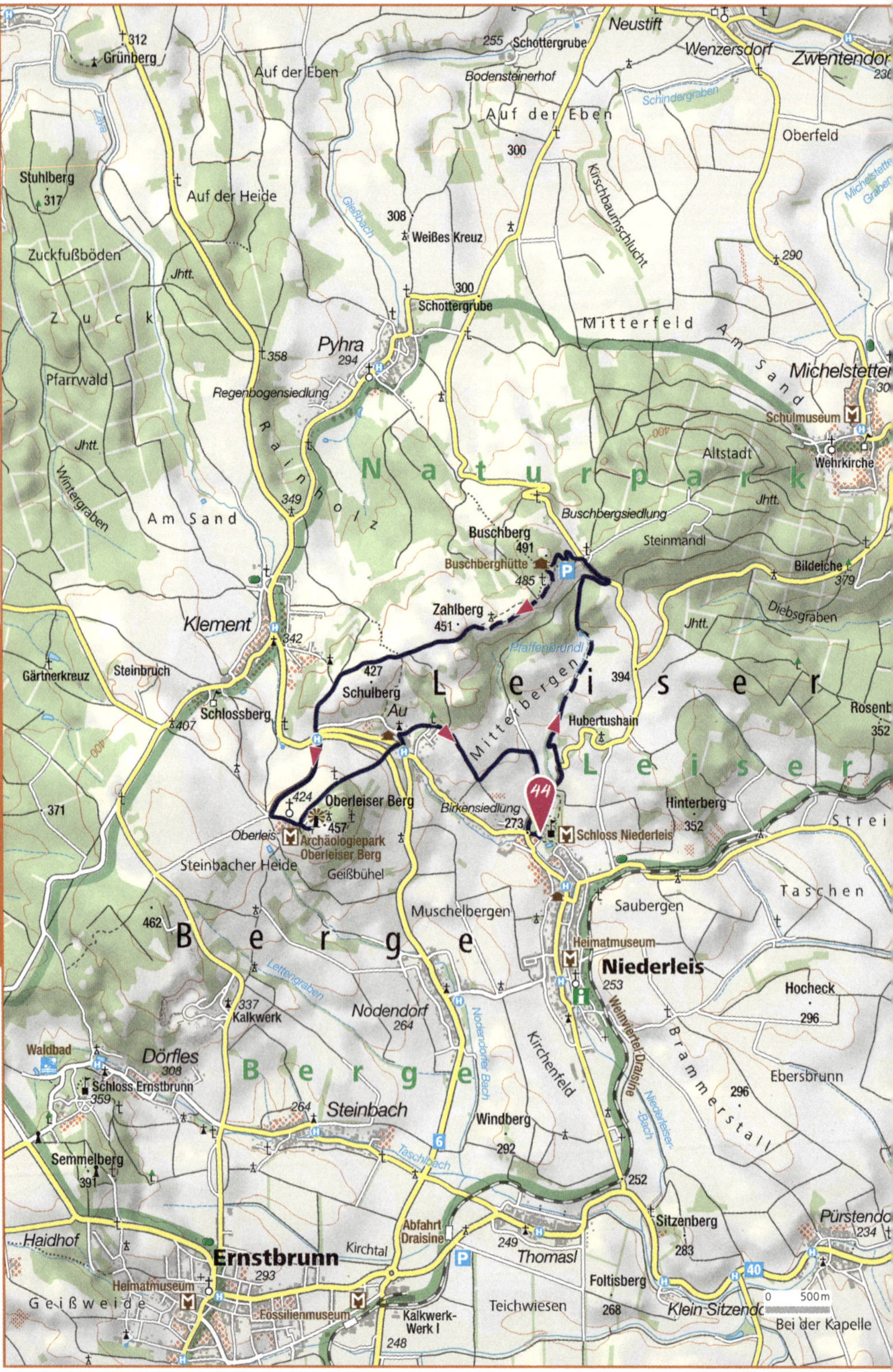
Grünberg
312
Auf der Eben
Schottergrube
255
Neustift
Wenzersdorf
Zwentendorf
Bodensteinerhof
Schindergraben
Auf der Eben
300
Oberfeld
Stuhlberg
317
Auf der Heide
Gießbach
Kirschbaumschlucht
Michelstettner Graben
308
Weißes Kreuz
290
Zuckfußböden
Jhtt.
300
Schottergrube
Zuck
Mitterfeld
Am Sand
Pyhra
294
358
Michelstetten
Pfarrwald
Regenbogensiedlung
Schulmuseum
Rainholz
Jhtt.
Naturpark
Altstadt
Wehrkirche
Wintergraben
349
Buschbergsiedlung
Jhtt.
Am Sand
Buschberg
491
Steinmandl
Buschberghütte
Bildeiche
485
379
Zahlberg
451
Diebsgraben
Klement
Jhtt.
342
Pfaffenbründl
Gärtnerkreuz
Steinbruch
427
394
Schulberg
Leiser
Schlossberg
Au
Mitterbergen
Hubertushain
Rosenberg
352
407
Leiser
371
424
Oberleiser Berg
Birkensiedlung
Hinterberg
457
273
44
Oberleis
Archäologiepark Oberleiser Berg
Schloss Niederleis
352
Steinbacher Heide
Geißbühel
Taschen
Saubergen
Muschelbergen
462
Berge
Heimatmuseum
Niederleis
253
Lettengraben
Hocheck
296
337
Kalkwerk
Nodendorf
264
Weinviertel Draisine
Brammerstall
Waldbad
Dörfles
308
Nodendorfer Bach
Kirchenfeld
Ebersbrunn
Schloss Ernstbrunn
359
Berge
296
264
Steinbach
Windberg
Niederleiser-Bach
292
Semmelberg
6
391
Taschlbach
252
Haidhof
Abfahrt Draisine
Sitzenberg
Pürstendorf
234
249
283
Kirchtal
Thomasl
Ernstbrunn
293
40
Heimatmuseum
Foltisberg
Geißweide
Fossilienmuseum
Teichwiesen
268
Klein Sitzendorf
0
500 m
Kalkwerk-Werk I
248
Bei der Kapelle

Tour 44

Panoramatour 44

Buschberg

Zum höchsten Gipfel des Weinviertels

DAUER	2h 30min
LÄNGE	10,5 km
HÖHENMETER	320 hm
SCHWIERIGKEIT	MITTEL
MIT ÖFFIS ERREICHBAR	ja

Das erwartet dich ...

Die Wanderung auf den Buschberg ist nicht besonders schwierig, dafür aber umso aussichtsreicher. Die Wege sind durchgehend gepflegt und sehr angenehm zu laufen und führen uns durch den Naturpark Leiser Berg. Unser Gipfelziel bildet mit 491 Metern die höchste Erhebung im Naturpark und ist mit seiner weißen Radarkuppel der Flugsicherung schon von Weitem sichtbar. Die freundliche Buschberghütte hingegen ist mit 480 Metern die niedrigstgelegene Alpenvereinshütte.

Panoramatour 44

Start & Ziel & Anreise

Die Tour startet beim Schloss Niederleis im Herzen des Weinviertels. Anreise von Wien über die A22 Richtung Prag, dann der S1 Richtung Tschechien folgen. Diese bei der Ausfahrt 55 Richtung Korneuburg-Nord verlassen, weiter über die B6 nach Niederleis. Alternativ mit Bus 857 von Korneuburg-Bahnhof oder Bus 572 von Mistelbach oder Ernstbrunn bis zur Haltestelle „Niederleis-Ortsmitte".

Tourenbeschreibung

Wir beginnen unsere Wanderung im Norden des Ortes bei Schloss Niederleis, das an der Landesstraße zum Buschberg liegt. Zunächst folgen wir der Straße 600 m Richtung Buschberg. An der ersten Rechtskurve, noch an der Kellergasse vorbei, folgen wir einem Feldweg nach links. Am Bach entlang und über Felder und Wiesen bringt er uns, vorbei noch an zwei kleinen Teichen, zum Waldrand und an eine Quelle, dem Pfaffenbründl.

Angenehme Fahrwege führen uns erst durch den Wald, dann am Waldrand entlang. Nun erspähen wir auch die weiße Radarkuppel der Flugsicherung. Eine halbe Stunde später treffen wir auf die Landesstraße, der wir gut 200 Meter nach links bis zum Buschberg-Parkplatz folgen. Von hier aus bringt uns nun ein Fußweg, der die Kehren der Straße abkürzt, weiter hinauf. Wenig später erreichen wir die weiße Kuppel und somit den Gipfel des Buschbergs.

Die Buschberg-Flugsicherungsanlage erfasst den zivilen Flugverkehr. Für die Überwachung des gesamten österreichischen Luftraumes gibt es drei solcher Radarstationen: Sie erfassen Geschwindigkeit, Position, Flughöhe und Identität aller Luftfahrzeuge. Vorsicht, das Betreten der Anlage ist verboten! Kurz darauf führt uns der Weg an einer Abzweigung zur Buschberghütte mit einem schönen Rastplatz in alpinem Ambiente.

Wir wandern weiter Richtung Oberleis und erreichen das Gipfelkreuz. Es kennzeichnet einen der aussichtsreichsten Punkte unserer schönen Rundwanderung. Das Kreuz und ein noch gut erkennbarer Erdwall zeigen uns die Existenz einer frühmittelalterlichen Fluchtburg an dieser Stelle. Der Blick von hier ist wahrlich eine Augenweide: Weit über das Weinviertel hinaus bis zu den Voralpen mit Schneeberg und Ötscher. Über die pannonischen Trockenrasen mit Wacholder und Weißdornbüschen setzten wir unseren Weg fort. Er bringt uns direkt über den Rücken des Zahlbergs, und auch hier erleben wir tolle Weitblicke. Wir steigen kurz hinab und überqueren die Laaer Straße (B 6); dann bringt uns die Zufahrtsstraße zur Wallfahrtskirche Oberleis. An der Kirche vorbei erreichen wir den Oberleiser Berg. Hier stehen ein paar Informationstafeln des Naturparks und kurz darauf erwartet uns die Aussichtswarte am Oberleiser Berg (geöffnet April–Oktober, Samstag 13–18 Uhr, Sonn- und Feiertag 10–12 und 13–18 Uhr). Kurz halten wir für eine weitere Panoramaschau inne, bequeme Holzliegen laden dann zur Rast ein. Daneben kann man sich im Schauraum des Aussichtsturmes über die Besiedlungsgeschichte des Weinviertels informieren.

Für den Weiterweg nehmen wir erst einmal den Anstiegsweg bis zum Naturparkeingang mit den Infotafeln. Hier führt uns ein Fahrweg nach rechts über Wiesen und Felder zur Laaer Straße. Wir überqueren sie auf der Römerbrücke Richtung Au. In Au führt uns dann ein Weg nach rechts zur Kaisereiche, dann nach links zum Dorfplatz mit einer kleinen Kapelle. An der Kapelle führt uns eine Gasse nach rechts. Sie führt in einem Bogen durch eine Siedlung. Dann wandern wir über Felder mäßig abwärts bis zu einer Kreuzung. Wir folgen dem Feldweg nach links. Er bringt uns zurück zur Kellergasse von Niederleis. Nun wandern wir bis zur Landesstraße weiter, dann nach rechts zurück zum Schloss Niederleis.

GUT
ZU WISSEN

Unsere Wander-Hacks

Es geht auch einfacher

HACKS

SAISONSTART

1000 Höhenmeter und 20 Kilometer sind etwas viel für die erste Tour, fange mit einigen gemütlichen Wanderungen an und steigere dich langsam. Je nach Fitnesslevel können das über 500 Höhenmeter am Anfang sein oder auch 200. Hör auf deinen Körper und überfordere dich nicht gleich am Anfang.

AUFWÄRMEN

Das Herz pumpt schon nach den ersten fünf Minuten wie verrückt? Dann bist du wohl zu schnell los! Wie bei jeder Sportart solltest du dich auch beim Wandern aufwärmen. Gehe die erste halbe Stunde etwas langsamer, bis der Kreislauf in Schwung gekommen ist. Vor allem in ungewohnten Höhenlagen muss sich dein Körper erst einmal an die neuen Bedingungen gewöhnen.

SCHUHWERK & SOCKEN

Das richtige Schuhwerk erspart dir sehr viel körperliches Leid – angefangen von Blasen und Druckstellen bis hin zu gefährlichen Stürzen durch Umknicken. Gleiches gilt für Wandersocken; sie sollten gut passen (lieber etwas zu klein kaufen) und Verstärkungen an der Ferse und Fußsohle haben, damit du hier keine schmerzhaften Blasen bekommst.

Endlich was Neues ausprobieren

Lust was Neues auszuprobieren?

WENN JA, HABEN WIR EIN PAAR VORSCHLÄGE FÜR DICH.

- **PLOGGING:** Joggen und gleichzeitig Abfall sammeln – was vor nicht allzu langer Zeit in Schweden begann, erfreut sich mittlerweile weltweiter Beliebtheit.
- **OUTDOOR-YOGA:** Die Frischluftvariante der beliebten Yoga-Praxis. In freier Natur praktizieren ist ein Genuss für alle Sinne, ermöglicht es Vitamin D zu tanken und die Seele zur Ruhe kommen zu lassen.
- **SPEED HIKING:** Die athletische Form des Wanderns. Ausgerüstet mit Stöcken und leichter Kleidung werden Touren in anspruchsvollem Gelände möglichst rasch zurückgelegt.
- **SLACKLINING:** Das Balancieren auf einem gespannten Gurtband. Ein Ganzkörpertraining, das die Körperspannung fördert und wofür man nur zwei Bäume und eine Slackline benötigt.
- **OUTDOOR ESCAPE GAME:** Der beliebte Escape Room in freier Natur – eine kreative Weiterentwicklung der Schnitzeljagd! Die ideale Verbindung von Teamerlebnis, Rätselspaß und Bewegung an der frischen Luft.

Neues

Von Vorteil
FÜR MENSCH & NATUR

Nachhaltigkeit

BEIM WANDERN

Wandern ist eine recht schonende Sportart für die Natur und unsere Umwelt, wenn wir einige wenige Dinge beachten. Denn das Gleichgewicht ist hier extrem sensibel: Jedes zurückgelassene Papierchen in schönster Umgebung, jede Plastikwasserflasche oder auch noch so tolle Outdoorjacke, dafür voll von chemischen Inhaltsstoffen, fallen ins Gewicht. Folgende fünf Punkte geben euch einen kurzen Überblick, was ihr für euch und die Natur tun könnt. Denn Umweltschutz betrifft uns alle, schließlich haben wir nur eine Erde und mit dieser sollten wir behutsam und respektvoll umgehen.

Und das kannst du machen …

Green-Guide

01 Nachhaltigkeit beginnt schon bei der Anreise: Je mehr Menschen mit dem Auto fahren, desto mehr CO_2-Ausstoß und desto mehr umweltschädlichen Gummiabrieb der Reifen gibt es. Doch viele Ausgangspunkte sind auch gut mit den öffentlichen Verkehrsmitteln zu erreichen. Also einfach mal das Auto stehen lassen. Oder Fahrgemeinschaften bilden.

02 Keine Einwegflaschen: Gerade das Trinken ist auf Wanderungen wichtig. Doch sollte man aus Rücksicht zur Natur und sich selbst zuliebe auf Einwegflaschen aus Plastik verzichten und lieber seine eigene Trinkflasche mitnehmen.

03 Kein Verpackungsmüll: Die Verpflegung für den Hunger zwischendurch ist mindestens genauso wichtig wie das Trinken. Brotdosen bieten sich zum Transport von Proviant an oder einfach alles in ein Bienenwachstuch einwickeln.

04 Wanderausrüstung leihen: Gerade beim Ausprobieren einer Sportart muss nicht gleich alles neu gekauft werden, was dann vielleicht im Keller landet. Manche Ausrüstungsgegenstände können auch erst einmal ausgeliehen werden. Auch ist es nicht notwendig, jedes Jahr ein neues Outfit zu kaufen. Achtet ihr schon beim ersten Kauf auf Qualität, macht sich das bemerkbar, denn qualitativ hochwertigere Produkte begleiten uns oft jahrelang.

05 Weniger ist mehr: Oft findet sich die schönste Natur in unmittelbarer Nähe. So muss es nicht immer die weit entfernte Gebirgskette sein. Auch Ziele, die aufgrund ihrer Bekanntheit an Wochenenden und in den Ferien total überlaufen sind, freuen sich über ein paar Besucher weniger. Weniger bekannte Ziele haben auch ihren Reiz und warten nur darauf, entdeckt zu werden.

Endlich
Sommerfrische

IMPRESSUM

© KOMPASS-Karten GmbH

Karl-Kapferer-Straße 5, A-6020 Innsbruck

1. Auflage 2023 (23.01)
Verlagsnummer 3534
ISBN 978-3-99121-851-7

Konzept und Bildnachweis

Konzept & Gestaltung: © KOMPASS-Karten GmbH

Projektleitung: Jeff Reding & Hannah Geuder

Text: KOMPASS-Karten AutorInnen (s. Klappe)

Grafische & Kartografische Herstellung:
© KOMPASS-Karten GmbH

Kartengrundlage: © KOMPASS-Karten GmbH unter Verwendung von OpenStreetMap Contributors (www.openstreetmap.org)

Titelbild: Almhütte in den Kitzbüheler Alpen;
© auergraphics - stock.adobe.com

Cover Rückseite: Wanderer mit Rucksack auf einem Berggipfel; © Maximilian - stock-adobe.com

Weitere Bildnachweise:
S.2/3; S.57; S.137: © Vit Kovalcik - stock.adobe.com
S.4/5: © larauhryn - stock.adobe.com
S.8/9; S.10/11: © Marissa - stock.adobe.com
S.15; S.24/25; S.97; S.105: Walter Theil
S.16: © Halfpoint - stock.adobe.com
S.18; S.67; S.73; S.89; S.124; S.127; S.129; S.133; S.139; S.145; S.210; S.214/215: Wolfgang Heitzmann und Renate Gabriel
S.21; S.109; S.111; S.117; S.123: © Mark Zahel
S.22; S.61; S.63: Raphaela Moczynski & Hannes Kleindiens
S.24/25: © Uwe Mueller - stock-adobe.com
S.27; S.31: Raphaela Moczynski
S.29: © ARochau - stock.adobe.com
S.35; S.41; S.45; S.47; S.49; S.51; S.53: Brigitte Schäfer
S.39: © Netzer Johannes - stock.adobe.com
S.43: © mauritius images / Roland T. Frank
S.55; S.204/205: © Stefan - stock.adobe.com
S.59: © Stefan Kaulbarsch - stock.adobe.com
S.71: © photonic - stock.adobe.com
S.74/75: S. Pilloni
S.77: M. Probst
S.81; S.85: Siegfried Garnweidner
S.83: © sasimoto - stock.adobe.com
S.93: © Sonja Birkelbach - stock.adobe.com
S.95: © carinthian - stock.adobe.com
S.99: © mmuenzl - stock.adobe.com
S.101; S.103: © Gerold H. Waldhart - stock.adobe.com
S.113: © Ingemar Wibmer
S.119: © Karin Jähnel - stock.adobe.com
S.121: © Daniel - stock.adobe.com
S.141: © christoph oberschneider/EyeEm - stock.adobe.com